교사리바이벌

Christian Teaching in Revival

너무나 귀하고 값진 내용이
들어 있어요.
가서도 교사의 경본 꼭 감당하시고
지금처럼만 섬겨 주시면
어디를 가서도 축복의 통로로 쓰임받는
줄 알아요.
집사님! 사랑해요!!   08.5.11
                    정민도사

김남준 조국 교회의 참된 부흥과 그리스도인의 거룩한 삶에 깊은 관심을 가지고 열정적으로 설교하고 집필하는 김남준 목사는 총신대에서 목회학석사, 신학석사 학위를 받고, 신학박사 과정에서 공부했으며, 안양대학교 신학부와 천안대학교 신학부에서 전임 강사와 조교수를 지냈다. 성경의 원리에 충실하면서 시류와의 영합을 거절하는 청교도적인 설교로 널리 알려진 저자는 현재 평촌에 있는 "열린교회"(www.yullin.org)를 담임하고 있다.

주요 저서로는 1997년도 기독교 출판문화상을 수상한 『예배의 감격에 빠져라』(규장)와 2003년도 기독교 출판문화상을 수상한 『거룩한 삶의 실천을 위한 마음지킴』, 2005년도 기독교 출판문화상을 수상한 『죄와 은혜의 지배』(생명의말씀사)를 비롯하여 『새벽기도』, 『거룩한 삶의 은밀한 대적 게으름』, 『성화와 기도』, 『하나님과 동행함』, 『이름 없이 빛도 없이』, 『가정, 또 하나의 천국』, 『자기 깨어짐』, 『자기 자랑』, 『김남준 목사의 시편 23편 강해』, 『하나님의 도덕적 통치』, 『교리묵상-마음지킴』, 『묵상 사랑』, 『교리묵상-하나님의 용서』, 『교리묵상-영적 전투』, 『교리묵상-성찬과 언약』, 『교리묵상-순종』, 『교리묵상-바꾸시는 하나님』, (생명의말씀사), 『구원과 하나님의 계획』, 『가족 구원』(부흥과개혁사), 『자네 정말 그 길을 가려나』(두란노) 외 다수가 있다.

교사리 바이블

ⓒ 생명의말씀사 2007

2007년 11월 15일 1판 1쇄 발행
2008년 3월 15일   5쇄 발행

펴 낸 이	김창영
펴 낸 곳	생명의말씀사
등 록	1962. 1. 10. No.300-1962-1
주 소	110-101 서울 종로구 송월동 32-43
전 화	(02)738-6555(본사), (02)3159-7979(영업부)
팩 스	(02)739-3824(본사), 080-022-8585(영업부)
지 은 이	김 남 준
교 열	태현주, 조해림
디 자 인	디자인집
제 작	신기원, 오인선
마 케 팅	이지은, 박혜은, 선승희
영 업	박재동, 김창덕, 김규태, 이성빈, 김덕현
인 쇄	영진문원
제 본	정문바인텍

ISBN 978-89-04-12131-1

저작권자의 허락없이 이 책의 일부 또는 전체를
무단 복제, 전재, 발췌하면 저작권법에 의해 처벌을 받습니다.

김남준 지음

교사리바이벌

Christian Teaching in Revival

생명의말씀사

● 개정판에 부치며

어린 영혼들을 섬기는 모든 교사들에게…

이 책은 조국 교회의 교회학교 지도자들과 교사들에게 많은 사랑을 받은 책입니다. 저는 이 책이 처음 출간될 당시의 일을 지금도 기억합니다. 8년 전 이 책이 처음 출간되었을 때, 저자인 저 자신도 그렇게 짧은 기간 동안에 많은 사람들에게 사랑을 받고 고전처럼 읽히게 되리라고는 생각하지 못했습니다.

불과 1년도 채 안 되는 기간 동안에 5만 부 가까이 출간되었고, 지금도 여전히 사랑을 받고 있습니다.

저는 아직까지 당시에 쓴 이 책의 내용 중에서 수정하거나 바꾸어야 할 어떤 부분도 발견하지 못했습니다. 새로운 내용을 좀 더 써서 덧붙일까 하는 마음도 있었지만 처음 태어나 사랑을 받던 내용 그대로 다시 내놓기로 하였습니다. 다만 판형을 바꾸고 디자인을 새롭게 하여 이렇게 출간하게 된 것입니다.

지금도 저의 소망은 한 가지입니다. 조국 교회의 미래는 자라나는 어린 세대들에게 있기에, 우리들은 그들의 참된 회심과 영혼의 변화, 하나님을 아는 지식의 증진을 위해 헌신하는 것입니다. 주님을 만나고 변화된 영혼들은 다음 시대가 어떻게 변한다 할지라도 능히 신앙을 지켜나가며 하나님의 나라를 이룰 것이기 때문입니다.

    자라나는 어린 영혼들을 섬기는 모든 교사들이 이 책을 읽으며 주님의 마음에 동참하게 되기를 기도합니다.

2007년 10월 31일
그리스도의 노예 **김남준**

| 목 차 |

개정판에 부치며 • 4
책을 열며 • 10
시작하는 이야기 • 14

1부 사명 리바이벌

| 제 1 장 |

그 마음입니까? _ 교사와 사명 사랑 • 21

닭 먹는 쥐 이야기 | 무리를 보시는 아픔 | 주님의 마음을 품고 | 우리는 다 양 같아서 | 유일한 목자 | 무지한 양떼를 어찌합니까? | 소명을 잃은 사람들 | 선한 목자가 그립습니다 | 그리스도처럼 사랑하기까지

| 제 2 장 |

그 기초입니까? _ 교사와 영혼 사랑 • 41

기초 공사의 중요성 | 하나님의 사랑을 입은 자 | 네가 나를 사랑하느냐? | 뜨거운 사랑입니까? | 한 영혼이 기쁨이 됩니까? | 신체검사 이야기 | 아낌없이 주는 사랑 | 자기를 주는 기쁨 | 우표가 뭐기에 | 결코 낭비가 아닌 허비 | 잊을 수 없는 손바람 | 자기가 깨어질 때 | 절망 속에 피는 축복 | 마음의 강제력 | 불붙는 사랑이 최고의 교재 | 미치기를 바라나이다

| 제 3 장 |

그 동지입니까? _ 교사와 동료 사랑 • 71

전쟁과 전우애 | 바울의 동역자들 | 하나 되게 하는 부흥 | 함께 섬기는 공동체 | 진리를 깨달은 외로움 | 섬기는 자를 향한 공격 | 뜨거운 동료애 | 구체적인 삶의 고백이 필요하다 | 다 잃어버리고 만난 사람들 | 마지막 만남을 그대와 함께

경건 리바이벌 2부

| 제 4 장 |

95 • **교사와 말씀 생활_ 진리의 사람**

어떤 공과 공부 시간 | 여리고 성을 누가 무너뜨렸니? | 진리의 사람인가? | 진리의 본질을 붙들라 | 진리를 향한 갈증이 있는가? | 담은 대로 나온다 | 차가운 지식에 생기를 | 하나님과 대면합니까? | 마음의 진리가 없기에 | 말씀 묵상 | 진리를 따라 살라

| 제 5 장 |

117 • **교사와 기도 생활_ 기도의 사람**

목양의 신비 | 단순 모방의 위험 | 눈물 속에 피는 꽃 | 사랑이 깊으면 기도도 깊다 | 기도 없이 영혼 사랑은 없다 | 사랑은 관심입니다 | 사랑을 길어 올리는 기도 | 보이지 않는 섬김 | 교사를 위해 기도하게 하라 | 변화를 동반하는 섬김 | 변화받으려면 자신을 던져야 | 기도하는 교사입니까?

| 제 6 장 |

139 • **교사와 독서 생활_ 독서의 사람**

책을 너무 안 읽습니다 | 경력이 쌓일수록 떨어지는 생산성 | 성경만 읽는다고? | 신앙 서적의 유익 | 어떤 신앙 서적을 읽을까? | 가슴 아픈 현실 | 독서 토론회를 가지라 | 책을 많이 읽는 사람들의 위험 | 짜파게티를 아십니까? | 독서는 잡다해도 가르침은 깨끗하게 | 두 가지 독서 방법 | 신앙 전기의 유익

3부 섬김 리바이벌

| 제 7 장 |
🔴 교사가 전도할 때 _ 전도를 실천하라 • 161

수영장에서 생긴 일 | 교사는 전도자입니다 | 처음 시작하는 마음입니까? | 불타는 전도자가 되어 | 전도자의 눈에 보이는 영혼들 | 영혼을 위해 흘리는 눈물 | 물질이 아니라 전도입니다 | 전도와 하나님의 축복 | 전도해 본 교사들은 압니다 | 식지 않는 구령의 열정으로

| 제 8 장 |
🔴 교사가 심방할 때 _ 잃은 양을 찾으라 • 181

어떤 심방 일기 | 진실한 사랑의 마음으로 | 꼭 만나기를 기도하라 | 첫 대면에서 | 말씀으로 권면하라 | 함께 기도할 때 | 감동적인 마무리를 위하여 | 잃은 양을 찾아서

| 제 9 장 |

197 · 교리를 가르치라 _ 교사가 가르칠 때 1

그들이 누구든지 | 성경 공부 운동과 교리 | 교리란 무엇인가? | 성경을 공부하는 두 가지 방법 | 교리를 가르치라 | 개혁의 방향 | 열린교회의 경험 | 청교도 가정의 교리 교육 | 금수만도 못한 인간 | 유감스러웠던 성경 퀴즈 대회 | 성경 지식으로 사상이 되게 하라 | 교리를 경험하라 | 피 묻은 교리를 가르치라 | 교리를 배우고 싶은 그대에게 | 어떻게 교리를 가르칠까? | 믿음의 도리를 붙들게 하라

| 제 10 장 |

225 · 회심을 겨냥하라 _ 교사가 가르칠 때 2

고뇌하는 목자 | 회심이란 무엇인가? | 회심의 도구로 온 교사 | 회심에 이르게 하는 진리 | 복음이 기쁘지 않은 것은 | 전능하신 하나님의 진노 | 아무 희망이 없는 인간 | 지옥의 교리를 가르칩니까? | 대속과 믿음의 교리를 가르치라 | 이해하게 하라 | 깨달음 없이 변화는 없다 | 불붙는 사랑의 마음으로 | 지상에 내려온 하늘나라 | 우리에겐 꿈이 있습니다

● 책을 열며

교사가 리바이벌을 일으킬 수는 없지만…

깨알 같은 글씨로 채운 노트를 든 채 떨리는 마음으로 교회학교 학생들 앞에 처음 선 때가 엊그제 같은데 벌써 30년 가까운 세월이 흘렀습니다. 그 후 신학을 공부하고 목회의 길에 들어선 다음부터는 교사들 앞에 설 때 그런 마음을 느끼게 되었습니다. 왜냐하면 가르침을 받는 영혼들이 누구든지, 교사들이 영적으로 건강하지 못하다면 복음 사역의 성공을 기대하기 어렵기 때문입니다.

오늘날 교회 교육 현장을 둘러싼 우리의 논의는 너무 환경 중심적인 것 같습니다. 물론, 성공적인 교회 교육을 위해서는 좋은 환경과 잘 정리된 교재와 정비된 교육 시설이 꼭 필요합니다. 그러나 그 무엇도 교사만큼 결정적이지는 않습니다. 지금보다 훨씬 더 열악한 교육 환경에서도 교회가 영적인 거목들을 배출하던 때도 있었습니다. 이제 교회 교육을 위한 우리의 논의에서 사람이 중심이 되었으면 좋겠습니다.

교육에 필요한 모든 것을 갖출 수 있고, 얼마든지 교육 환경 개선을 위하여 투자할 수 있는 교회들은 굳이 그 옛날 한국전쟁 때처럼 '맨 주먹 붉은 피로'만 싸울 필요는 없습니다. 그러나 조국 교회들 중 90% 이상이 장년 교인 수가 200명을 채 넘지 못하고, 남의 건물에 세 들어 예배를 드리는 열악한 재정 상황에서 오늘날 우리 가운데 오고 가는 환경 중심적인 교육 논의는 대부분의 교회 현실과는 거리가 멉니다.

조국 교회에서 자라나는 교회학교 지체들을 가르치는 교사들은 대부분 지적으로나 영적으로 미숙한 그리스도인인 경우가 많습니다. 규모가 크지 않고 인적 자원이 충분하지 않은 교회에서는 고등학교를 갓 졸업한 어린 청년들이 교회학교 교사를 하고 있습니다 **경우에 따라서는 중고등학생들까지 교회학교 교사를 하고 있습니다.**

조국 교회의 열악한 교육 시설을 조사한 어느 전문가는 "한국 교회의 교육이 정상화되려면 시설 면에서 800%의 확충이 필요하다."고 말합니다. 저 역시 그런 안타까운 지적에 전적으로 공감합니다. 그리고 우리가 속히 그런 좋은 환경에서 편안하게 성경을 가르치고 배울 수 있는 날이 오기를 고대합니다. 그렇지만 당장 손쉽게 바꿀 수 없는 시설이나 열악한 교육 환경만을 탓하고 있을 수는 없습니다.

가장 손쉽게 투자하여 가장 커다란 성과를 거둘 수 있는 분야는 교사들을 위한 투자입니다. 말씀에 은혜 받은 교사들이 말씀을 깨닫는 영혼들을 길러내고, 열렬한 기도 속에서 사는 교사들을 통하여 영혼들은 기도가 무엇인지를 배웁니다. 하나님의 사람은 존재하는 것만으로도 그리스도의 제자들을 만들어 냅니다. 교사들을 하나님의 사람으로 세우는 일이 중요한 것도 바로 이 때문입니다.

　참된 리바이벌**부흥**은 사람을 통해서 오지 않습니다. 죽은 사람이나 마찬가지인 교회에 새로운 생명을 부어 주시는 부흥은 오직 하나님만이 가져오실 수 있습니다. 그러나 일반적으로 하나님은 이 놀라운 일을 조짐 없이 행하지 않으십니다. 그분은 교회 위에 보편적인 부흥을 주시기 전에 먼저 개인에게 부흥을 주십니다. 그리고 그들로 하나님의 마음으로 한 교회와 도시, 혹은 온 나라 위에 부어 주시는 부흥을 소망하게 하십니다. 제가 이 책에 '교사 리바이벌'이라는 제목을 붙인 것도 바로 교회학교의 소망이 교사의 심령에 부흥을 주시는 하나님께 있다는 사실을 일깨우기 위해서입니다. 이 작은 책이 조국 교회 교사들의 심령에 부흥을 주시는 하나님의 도구가 되기를 비는 마음 간절합니다.

이 책은 3부로 구성되어 있으며, 각 장 끝에는 그 장에서 다루는 주제에 대하여 더 깊은 통찰을 얻을 수 있고, 도전받을 수 있는 추천 도서들이 두세 권씩 자세히 소개되어 있습니다. 제가 최초로 이런 시도를 하는 것은 책을 읽고 단지 자극을 받을 뿐 아니라, 교사로서 자기 발전의 길을 계속 걸어가도록 격려하기 위해서입니다. 교회학교 교사 모임에서 이 책을 스터디 교재로 사용하여 함께 나누면서 그 추천 도서들을 읽어 간다면 큰 유익을 얻을 수 있으리라고 확신합니다.

그리스도의 노예 **김남준**

● **시작하는 이야기**

꿈꾸는 산(山) 아저씨

> 산에 산에 산에는 산에 사는 메아리
> 언제나 찾아가서 외쳐 부르면
> 반가이 대답하는 산에 사는 메아리
> 벌거벗은 붉은 산엔 살 수 없어 갔다오.
> 산에 산에 산에다 나무를 심자.
> 산에 산에 산에다 옷을 입히자.
> 메아리가 살게시리 나무를 심자.

초등학교 시절 마루로 된 교실에서 선생님 치시는 다 낡은 풍금 소리에 맞추어서 부르던 동요입니다. 그때는 산도, 사람도 모두 헐벗고 지냈습니다. 어쩌다 소풍이라도 가서 놀다가 실수로 나뭇가지라도 하나 꺾으면, 그 아이는 친구들에게 둘러싸여 영락없이 놀림을 당해야 했습니다. 아이들은 가락에 맞춰 이런 노래를 부르곤 했습니다. "큰-일 났-다. 큰-일 났-다. 누구누구는- 나무 꺾었대-요. 큰-일-났-다."

친구들이 이렇게 놀려대면 우리는 마치 친구의 손가락이라도 부러뜨린 것마냥 죄의식에 어쩔 줄 몰랐습니다. 30여 년 전의 이런 나무 사랑이 모여서 이제는 우리 나라의 거의 모든 산이 푸르름으로 가득하게 되었습니다.

묘목이 거목으로 자라서

저는 조국 교회의 교회학교를 볼 때마다 30년 전의 그 붉은 민둥산이 생각납니다. 산은 척박하기 그지없지만 도무지 나무를 심는 일에 투자할 엄두를 내지 못하던 가난한 시절에는 홍수만 나면 산이 무서웠습니다. 왜냐하면 산에서 쏟아져 내려오는 흙탕물에, 우리가 살던 집이며 곡식을 심어 놓은 논밭을 잃어버리고 심지어는 사랑하는 사람들까지 잃어야 했기 때문입니다.

오늘 우리는 교회학교라는 산에 정성껏 나무를 심고 가꾸어야 합니다. 그런 수고와 애씀이 당장은 많은 열매를 거두지 못할지라도 어떻게 그 산을 가꾸고 나무를 심어야 하는지를 가르쳐 주시는 하나님의 말씀을 따라서 신실하게 가꾸어야 합니다. 그러면 30년 후, 아무리 세상이 타락하고 각박해져도 교회에는 든든히 선 믿음의 사람들이 가득할 것입니다. 마치 비바람이 아무리 거세어도 거목은 쓰러뜨릴 수 없는 것처럼 말입니다.

산에 묘목을 심으면, 그 묘목은 자라면서 산에게 신세를 집니다. 산의 흙에 뿌리를 내리면 흙은 자라는 나무에 물과 양분을 공급해 줍니다. 수시로 산에 올라 비료를 주고 잔가지도 쳐 주는 산 아저씨의 자상한 손길에 빚을

지기도 합니다. 곁에 서 있는 커다란 나무의 그늘 아래서 뙤약볕을 피하기도 하고, 그 나무의 뿌리가 머금은 습기에 목을 축이기도 합니다.

그러나 그 묘목이 자라서 거목이 되면, 이제는 더 이상 산의 신세를 지지 않고 오히려 산이 그 큰 나무에게 신세를 집니다. 하늘을 찌를 듯 거목으로 자란 나무들이 장엄한 숲을 이룰 때 이제는 그 산 때문에 그 나무들이 존재하는 것이 아니라, 그 거목들 덕택에 산이 존재합니다.

두 사람이 마주보고 팔을 벌려 감싸도 그 둘레를 다 안을 수 없을 정도로 큰 아름드리 거목은 발아래 그늘을 만들어 온 산의 습기를 보존하고 그 아래 각종 약초와 풀꽃, 그리고 아름다운 화초들이 자라게 해줍니다. 이름 모를 수많은 종류의 풀벌레들이 거기에 살 집을 마련하고 그 때문에 예쁜 새들이 그 큰 나무들이 이룬 숲에 깃듭니다.

꽃피고 향기 가득하던 계절이 지나고 가을이 되면 나무는 어마어마한 양의 낙엽을 산자락에 깔아 주고 그 나뭇잎들은 부엽토가 되어서 온 산을 기름지게 합니다. 그리고 나면 부엽토 위에는 큰 나무들이 바람에 실어 보낸 씨앗들이 떨어져 온 산에 작은 묘목이 스스로 자랍니다. 언젠가는 그 묘목들도 거목이 될 것입니다. 그러면 멀리 떠났던 메아리도 다시 돌아와 그 산에 살게 될 것입니다.

그 숲에 가고 싶다

아아, 그때 그곳은 얼마나 아름다운 숲이 될까요? 산에는 거목들이 가득하고 그들 사이사이에는 아빠 엄마 나무와 키재기를 하면서 빨리 크고 싶어 하는 언니 형 나무들이 자라고, 더 작은 아기 나무들이 기름진 땅에서 나무 가족들의 보호를 받아 자라면서 발아래 재잘거리는 시냇물과 동무하는 그 곳, 하늘에 흐르는 구름이 자기를 향해 손 흔드는 나뭇가지들을 내려다보고 새들이 나무 사이를 오가며 소식을 전해 주며 풀벌레의 합창이 아침을 깨우는 그 숲, 여러분은 그립지 않습니까?

이제 여러분이 이 꿈을 꿀 차례입니다. 교사는 벌거벗은 붉은 산에 묘목을 심는 산 아저씨입니다. 교사인 여러분이 이름 없이 빛도 없이 영혼들을 섬기며 사는 것은 두 가지 이유 때문입니다. 하나는 하나님의 사랑을 너무 많이 받았기 때문이고, 또 하나는 남이 모르는 꿈이 있기 때문입니다.

지금은 작은 묘목과 같은 영혼들, 물을 주어도 곧 시드는 듯하고 비료를 주어도 잘 자라는 것 같지 않지만 눈물로 그들을 돌보면 언젠가 그들이 장엄한 거목으로 자라게 되리라는 바로 그 꿈입니다. 지금은 그 영혼들이 교회의 신세를 지는 묘목이지만, 언젠가는 거목처럼 자란 그 영혼들 때문에 교회가 교회다워지는 날이 오리라고 믿기 때문입니다.

1

사명 리바이벌

1. 그 **마음**입니까? | 2. 그 **기초**입니까? | 3. 그 **동지**입니까?

Christian Teaching in Revival

교사로서, 영혼들을 목자 없이 유리하며 고생하는 양떼들로 바라보시고
마음 아파하시던 그리스도의 마음이 있습니까?

| 제1장 |

그 마음입니까?
교사와 사명 사랑

"예수께서 모든 성과 촌에 두루 다니사 저희 회당에서 가르치시며 천국 복음을 전파하시며 모든 병과 모든 악한 것을 고치시니라 무리를 보시고 민망히 여기시니 이는 저희가 목자 없는 양과 같이 고생하며 유리함이라"(마 9:35-36).

Christian Teaching in Revival

닭 먹는 쥐 이야기

제가 중학교 다닐 때의 일입니다. 어느 날 학교 앞에서 파는 병아리를 두 마리 사다가 기른 것이 계기가 되어 닭을 몇 마리 기른 적이 있었습니다. 저는 학교 갔다가 돌아오는 길이면 시장에 들러서 배추 잎사귀도 주워 오고 사료도 사다 먹이면서 닭을 길렀습니다. 그렇게 해서 병아리를 키워 중닭이 되면 집안 식구들이 제게서 그 닭을 사서 고아 먹곤 하였습니다.

그러던 어느 날 아침, 닭장을 들여다본 저는 소스라치게 놀랐습니다. 하얀 닭 한 마리가 피를 철철 흘리며 쓰러진 채 눈만 깜박거리고 있는 것이었습니다. 그 닭은 수탉이었는데 꽤나 큰놈이었습니다. 가만히 옆구리를 들추어보니 누군가가 옆구리를 날카로운 칼이나 송곳 같은 것으로 뜯어 낸 듯했습니다. 하지만 왜 그 닭이 그렇게 심한 상처를 입었는지 알 수 없었습니다.

나중에 닭장을 잘 살펴보니, 닭장 속에 들어간 쥐가 자고 있는 닭의 날개 속으로 들어가 살을 마구 물어 뜯어서 파헤쳐 놓은 것을 알 수 있었습니다. 더 놀라운 사실은 쥐가 그렇게 물어 뜯는 동안 닭은 감각도 없는지 가만히 앉아서 속수무책으로 당하곤 한다는 점이었습니다. 닭장에 쥐가 들어올 만한 구멍을 모두 막아 버리고 나서야 닭들이 더 이상 같은 피해를 입지 않았습니다.

하나님을 모르고 구원의 길이신 그리스도를 알려고도 하지 않는 버려진 영혼들의 상태도 이와 같이 속수무책입니다. 교사는 단지, 자기에게 보내진 영혼들에게 고급 지식을 나누어 주기 위하여 존재하는 일꾼이 아닙니다.

그는 인간이 누구인지를 새롭게 안 사람입니다. 그는 사람들이 이 세상에서 무엇을 누리며 살든지 목자이신 그리스도의 사랑을 받고 그분을 사랑하는 관계 속에서 살아가지 아니한다면, 쥐에게 물어 뜯기면서도 스스로 아무 대책도 세울 수 없는 닭장 속에 갇힌 닭과 같은 존재라고 생각하는 사람입니다. 그리고 그 불쌍한 인간들을 향한 하나님의 불붙는 사랑을 안 사람입니다.

예배 때 만날 수 없었던 사랑하는 영혼들을 주일 오후나 늦은 밤 심방하여 그들에게 복음을 전하거나, 잃어버린 영혼들을 붙여 주시기를 하나님께 간구하며 평일이나 토요일 오후, 이 골목 저 거리에서 전도하다가 다음 주일에 말씀을 들고 그들 앞에 서 보십시오. 여러분은 비로소 그들이 여러분이 맡은 학급의 숫자가 아니라 주님이 사랑하시는 영혼들이라는 사실을 느낄 것입니다.

무리를 보시는 아픔

예수 그리스도께서 사도들을 파송하기 전에 느끼셨던 심정은 곧 지금 우리를 교사로 부르신 마음이기도 합니다. 성경은 이렇게 말합니다. "예수께서 모든 성과 촌에 두루 다니사 저희 회당에서 가르치시며 천국 복음을 전파하시며 모든 병과 모든 약한 것을 고치시니라 무리를 보시고 민망히 여기시니 이는 저희가 목자 없는 양과 같이 고생하며 유리함이라" 마 9:35-36.

여기서 "민망히 여기시니"라는 말을 희랍어 성경 본문에서는 '에스프랑크니스데' $\dot{\epsilon}\sigma\pi\lambda\alpha\gamma\chi\nu\acute{\iota}\sigma\theta\eta$ 라고 기록하고 있습니다. 이 말의 원래 뜻은 '창자에 이르기까지 감동을 받다' be moved to one's bowels입니다. 그러므로 "민망히 여기시니"라는 말씀은 곧 예수님께서 영혼의 깊은 좌소인 창자가 흔들릴 정도로 깊은 감동을 받으신 상태를 묘사하는데, 이는 예수님께서 목자 잃은 양같이 고생하고 유리하는 그들의 영혼 상태를 통찰하실 때 얼마나 마음이 아프셨는지를 보여 줍니다. 그래서 이 부분을 우리 정서에 맞게 번역하면 이런 뜻이 됩니다. "예수께서 무리를 보시자 가슴이 찢어지는 듯 마음 아파하셨으니 이는 저희가 괴롭힘을 당하고 있으며 내버려진 자가 되고 있음이라."

또한 예수께서 "무리를 보시고"라고 할 때 '본다'는 말도 원어의 의미를 살펴보면 '사물의 배후를 꿰뚫어 보는 영적인 통찰 또는 직관을 가지고 보는 것'을 가리킵니다. 즉 이 구절은 단지 굶주림과 질병으로 고통 받는 모습 가운데 드러나는 인간의 비참한 상태가 아니라, 죄로 말미암아 사탄의 권세에 의하여 괴롭힘을 당하며 하나님에게서 버림 받은 자처럼 내동댕이쳐진 인간들의 영혼의 원래 모습을 바라보시는 예수님의 시각을 보여 줍니다. 그리고 그렇게 인간의 현 상태를 통찰하셨을 때, 그 상태가 얼마나 비극적이었는지 주님의 마음에는 찢어질 듯한 아픔이 그치지 아니하였음을 보여 줍니다.

이것이 바로 예수 그리스도의 사랑이고, 이것이 바로 하나님의 아들이 하나님을 알지 못하는 세상을 바라보시는 시각입니다. 우리 교사들에게는 바로 이러한 시각이 필요입니다. 인간을 복음의 빛 아래서 본다는 것은 하나님의 시각으로 그들의 영혼 상태를 바라보는 것을 의미합니다.

교사는 그러한 영적인 사고를 가지고, 하나님에게서 멀어진 인간의 비참한 상황을 단지 객관적으로 바라보는 데서 한 걸음 더 나아가 그들을 바라보시는 주님의 마음을 가진 사람들이어야 합니다. 그리고 그 마음은 바로 하나님을 떠난 인간들을 향해서 우리가 품어야 할 사랑입니다.

이러한 시각과 마음 자세야말로 교사가 갖추어야 할 자격 중에 가장 필수적인 것입니다. 탁월한 성경 지식과 자신의 섬김에 대한 기대도 이러한 시각과 마음 없이는 아무 것도 아닙니다.

주님의 마음을 품고

하나님께서 교회에 참된 영적 부흥을 주실 때, 교회와 그리스도인들은 인간에 대한 이러한 시각과 마음을 얻게 됩니다. 교회 역사를 살펴보면 한 교회가 부흥을 경험하기 전까지는 참된 선교가 무엇인지를 모르는 것도 바로 인간에 대한 그리스도의 시각을 느끼지 못하기 때문입니다.

하나님의 말씀으로 말미암는 거룩한 각성과 영적 부흥을 통하여 사람들은 예수님께서 목자 잃은 양 같은 자기 백성들을 바라보셨던 마음의 고통을 함께 느끼게 됩니다. 그래서 이때 그리스도인들은 세상을 위하여 기도를 하게 되는 것입니다.

주님을 알지 못하고 평범하게 먹고 마시며 살아가는 가족과 이웃, 친구들을 보면서 예전에는 그저 '예수님을 믿으면 좋을 텐데······.' 하고 생각하는 데 그쳤다면, 어느 순간 예수님이 그러셨던 것처럼 찢어지는 마음의 고통 없이는 그들을 바라볼 수 없고 그들에게 복음을 전하지 않고는 견딜 수 없는 마음이 됩니다. 그들 영혼의 심각한 상태를 깨닫고 그들을 돕기 위하여 무언가 하지 않으면 화가 있을 것 같은 다급한 생각이 듭니다. 그리고 그들의 영적 상태를 깊이 염려하고 그들을 위하여 무엇인가 도움을 주고 싶은 절박한 마음이 들게 됩니다. 교사의 섬김도 바로 이러한 하나님의 마음을 반영하는 사역이 되어야 합니다.

당시에 무리를 보시며 고통스러워하시던 예수 그리스도의 마음은 지금도 이 세상을 향해 계속되며, 우리도 그 마음을 품으신 예수님께서 누군가를 도구로 쓰셔서 섬기게 하신 까닭에 구원에 이르게 되었습니다. 교사는 바로 이렇게 행하시던 예수님의 섬김을 뒤따르기 위하여 부름 받은 사람입니다.

영혼을 섬기도록 부름 받은 우리에게는 과연, 목자 없이 유리하며 고생하는 양떼들을 바라보며 마음 아파하시던 그리스도의 마음이 있습니까?

우리는 진정 교사로서 주님의 마음을 품은 사역을 하고 있습니까? 우리의 섬김과 분주한 사역들은 바로 주님이 그 자리에서 하고 싶어 하시던 사역이었으며, 그 사역에 임하는 우리의 마음은 바로 그렇게 영혼들을 섬기시던 주님의 마음입니까? 교사로서 주님을 대신하여 섬기는 이 섬김이 참으로 영혼들을 향한 주님의 아픔을 덜어 드리고 있습니까?

우리는 다 양 같아서

주님의 품으로 돌아가기 전, 우리 영혼의 상태는 이사야 선지자의 지적과 같이 "다 양 같아서 각기 제 길로 간"[1] 모습이었습니다. 아담의 타락 이래 인간은 항상 자기 눈에 더 좋아 보이는 길을 갔지만, 그 결과는 고작 고통하며 유리하는 삶뿐이었습니다. 오늘날 인간들이 행복한 삶을 살려고 아등바등해 보지만, 그들의 의지나 노력과는 관계없이 이 세상에 고통과 아픔이 그치지 않는 것도 바로 인간 존재의 이면에 있는 이러한 영혼의 모습 때문입니다.

청소년들 중에 문제아는 항상, 문제가 있는 가정의 산물이라고 알려져 왔지만, 때로는 아무 문제가 없는 가정에서도 가출하는 청소년들이 생기는 경우를 자주 봅니다. 청소년 전문가들의 견해도 이런 정황에 무게를 실어 줍니다. 경제적으로 아무 어려움이 없고 부모가 이해하고 사랑해 주는데도 집을 나가는 그들에게 그 사유를 물으면 종종 이런 대답을 한다고 합니다. "인생을 화끈하게 즐기기 위해서 가출하는 거예요."

요즘은 가정 문제가 아니라 마음껏 향락을 즐기고자 하는 욕망이 가출의 원인이 되고 있습니다. 잠시 누릴 쾌락 때문에 부모의 따뜻한 사랑도 가족

---

1) "우리는 다 양 같아서 그릇 행하여 각기 제 길로 갔거늘 여호와께서는 우리 무리의 죄악을 그에게 담당시키셨도다"(사 53:6).

관계도 귀찮아하는 청소년들이 늘고 있다는 보도는 우리를 우울하게 만듭니다. 그러나 우리는 바로 이 지점에서 이런 불행을 궁극적으로 해결하실 수 있는 분은 오직 그리스도뿐이시라는 사실을 발견하게 됩니다. 허무한데 굴복하며 살아가는 인간들을 가슴 저미는 아픔으로 바라보시는 예수 그리스도의 마음을 받아들이고 목자이신 그분의 인도를 따라 사는 것만이 세상을 위한 대안이며, 고통 받는 영혼들에 대한 최종적인 해결책입니다.

본문의 '고생하며 유리하다'라는 말은 희랍어 원문에서는 수동태로 되어 있습니다. 스스로 괴로운 것이 아니라 누군가로부터 괴롭힘을 당하며, 스스로 유리하는 것이 아니라 누군가가 그들을 유리하게 하므로 고통을 당하고 있는 것입니다. 그리고 바로 그 때문에 주님이 사도들을 파송하셨고 우리를 교사로 세우셨습니다.

유일한 목자

이처럼 죄인을 긍휼히 여기고 사랑하시는 분은 우리 주 예수 그리스도뿐입니다. 세상 사람들의 사랑 고백은 말뿐일 때가 많지만 우리 주님의 사랑은 눈에 보이도록 확증된 사랑입니다. 주님은 우리를 사랑하시기에 구원하시려고 하늘의 영광스러운 보좌를 버리고 낮고 천한 이 땅에 친히 내려오셨습니다.

무리를 민망히 여기시고 복음을 전하기까지 예수 그리스도께서는 어떻게 살아오셨습니까? 이 땅에서 그분의 생애는 멸시와 천대투성이였으며, 당신이 사랑하는 사람들로부터 미움과 배신까지 당하셨습니다. 그리고 결국에는 그토록 사랑하시던 백성들에게 핍박을 받으시며 골고다 언덕을 오르셨습니다. 이렇게 당신을 왕으로 삼으려는 사람들의 요청을 거절하고 고난 받기를 자처하신 것은 목자 잃은 양같이 고생하며 유리하는 백성들을 구하시기 위해서였습니다. 그리고 우리를 향하신 사랑이 동기가 되어 십자가의 모진 고난을 감당하실 수 있었습니다.

지금 우리 교사들은 주님이 그렇게 사랑하신 영혼들을 책임지고 있는 것입니다. 인간이 하나님을 떠나 그 은혜를 잃고 고통하며 방황하고 유리하는 것은 자신들의 죄악과 잘못 때문이지만, 예수님께서는 그것을 모두 우리 탓으로만 돌리지 않으셨습니다. 예수님의 사랑이 무엇인지 안 사람들은 모두 이렇게 노래할 수 있는 신앙의 고백이 있습니다.

> 이 세상의 친구들 나를 버려도
> 나를 사랑하는 이 예수뿐일세.
> 예수 내 친구 날 버리잖네.
> 온 천지는 변해도 날 버리지 않네.

주님은 우리가 어떤 상황에 있든지 간에 고통당하는 우리 영혼을 보시고 불쌍히 여기시는 유일한 목자이십니다. 우리 교사들은 이 사실을 잃어버린 영혼들에게 깨닫게 하려고 부름 받았습니다. 그러므로 교사들의 마음속에는 먼저 주님을 목자로 모시고 살아가는 영혼의 기쁨이 있어야 합니다.

주님을 따르는 가난하고 병든 사람들을 향한 우리 주님의 마음을 생각해 보십시오. 그리고 예수님께서 벳새다 광야에서 기적으로 베푸신 떡과 물고기로 무리를 먹이실 때 제자들에게 하신 말씀을 생각해 보십시오. "내가 무리를 불쌍히 여기노라 저희가 나와 함께 있은 지 이미 사흘이매 먹을 것이 없도다 만일 내가 저희를 굶겨 집으로 보내면 길에서 기진하리라 그 중에는 멀리서 온 사람도 있느니라" 막 8:2-3. 주님께서 육신의 눈으로 보실 때 많은 사람들이 육신의 배고픔과 질병의 고통으로 신음하고 있었지만, 영적인 눈으로 통찰하셨을 때 그들의 영혼은 더욱 비참한 상태였습니다.

예수님 없이 살아가는 이 세상 사람들을 유린하는 악한 권세들은 인간을 죄악 된 세상으로 끌고 다니다가 절망하게 하거나 마음을 강퍅하게 만듭니다. 주님 없이 살아가는 인간들은 악한 자의 손아귀에 붙들려 있어 언제든지 그 손에서 움직이는 노리개와 같습니다. 그들은 자신의 행복을 위하여 하나님으로부터 자유를 얻었다고 생각하지만, 하나님 없는 삶은 악한 세력에게 사로잡힌 노예와 같은 삶일 뿐입니다.

무지한 양떼를 어찌합니까?

이런 사람들은 교회 바깥에뿐 아니라 교회 안에도 있습니다. 교사는 이런 사람들을 섬기기 위하여 부름 받았으므로 사람을 영혼으로 볼 줄 아는 주님의 시각이 필요합니다. 왜냐하면 그들의 본질적인 사명이 바로 버림 받은 인간의 영혼을 치유하는 것이기 때문입니다.

지금 이 순간에도 잠시 있다가 지나가는 허무한 일에 열심을 내면서 살아가는 인간들의 비참한 모습을 생각해 보십시오. 그리스도의 복음을 모르는 사람들은 무지해서 그렇다고 하지만, 다시 전도받을 필요가 없는 그리스도인들은 왜 온전히 목자의 품안에서 살아가지 않는 것일까요? 입술로는 그리스도인이라고 고백하지만 삶에서는 전혀 주님을 주인으로 모시지 않는 그들의 교회 생활이 정말 그들을 행복하게 하고 있습니까? 불신자들이 들판에서 유리하며 고생하고 있다고 치면, 그들은 마치 목자의 돌봄을 뿌리친 양들이 목장 한구석에서 울타리를 뚫고 들어온 이리의 습격을 받는 것과 같은 처지에 있습니다.

지금 주님에게 목자 잃은 양같이 고생하고 유리하는 양떼들처럼 보인 사람들은 다른 나라에서 온 이방인들이었습니까? 그들은 바로 가장 종교적인 민족 이스라엘 백성이 아니었습니까? 율법을 따라 절기를 지키고 제사를 드리던 사람들이 아니었습니까? 요즘으로 말하자면 교인들이 아니었느냐는 말입니다.

오늘날 우리 나라에 그리스도의 복음이 널리 전해졌다고는 하지만 그것이 곧 복음화를 의미하지는 않습니다. 교회 안의 신자들은 진정한 복음이 무엇인지 잘 모르고, 많은 그리스도인들의 마음은 바위처럼 굳어져 가며, 교회는 신령한 기쁨을 잃고 싸늘해져 가고 있습니다. 하나님께서는 이처럼 목자 잃은 양같이 살아가는 교회 안팎의 영혼들을 섬기게 하시려고 사도들의 뒤를 이어서 우리를 교사로 부르셨습니다. 그래서 교회 안에는 하나님의 은혜를 많이 받고, 거룩하신 주님의 마음을 이해하며, 그분을 위하여 사는 신자들이 가득하기를 꿈꾸며 한 영혼을 섬기는 교사들이 필요합니다.

그 진실성조차 의심스러운, 천국 가는 티켓 달랑 한 장 들고 거짓된 사랑의 교리에 죄악 된 마음을 달래 가며 교회를 떠나지 못한 채 살아가는 삶을 구원받은 자의 삶이라고 보기는 어렵습니다. 그들은 주님의 마음을 가진 교사의 불붙는 헌신이 아니면 아무 희망도 없습니다. 이제 복음으로 그들의 마음을 건드리기만 해도 무너져 내려 주님의 품안으로 쓰러져 안길 듯한 영혼들을 누가 섬길 것입니까? 누가 사실상 불신자나 다름없는 자들을 찾아가서 십자가의 사랑을 가르쳐 주어 참 신앙의 길로 돌이키게 할 것입니까? 주님께서 그런 영혼들에게 진리를 가르치도록 복음의 비밀을 맡기신 교사들의 헌신이 필요합니다.

소명을 잃은 사람들

에스겔 34장에는 목자 없는 양같이 고생하는 이스라엘 백성들의 고통이 기록되어 있습니다. 그때 하나님께서는 당신의 백성들을 그렇게 고생하며 유리하도록 내버려 둔 제사장들과 목자들을 향하여 준엄한 심판을 경고하셨습니다.

"여호와의 말씀이 내게 임하여 가라사대 인자야 너는 이스라엘 목자들을 쳐서 예언하라 그들 곧 목자들에게 예언하여 이르기를 주 여호와의 말씀에 자기만 먹이는 이스라엘 목자들은 화 있을진저 목자들이 양의 무리를 먹이는 것이 마땅치 아니하냐 너희가 살진 양을 잡아 그 기름을 먹으며 그 털을 입되 양의 무리는 먹이지 아니하는도다 너희 그 연약한 자를 강하게 아니하며 병든 자를 고치지 아니하며 상한 자를 싸매어 주지 아니하며 쫓긴 자를 돌아오게 아니하며 잃어버린 자를 찾지 아니하고 다만 강포로 그것들을 다스렸도다 목자가 없으므로 그것들이 흩어지며 흩어져서 모든 들짐승의 밥이 되었도다 내 양의 무리가 모든 산과 높은 멧부리에마다 유리되었고 내 양의 무리가 온 지면에 흩어졌으되 찾고 찾는 자가 없었도다 그러므로 목자들아 여호와의 말씀을 들을지어다 주 여호와의 말씀에 내가 나의 삶을 두고 맹세하노라 내 양의 무리가 노략거리가 되고 모든 들짐승의 밥이 된 것은 목자가 없음이라 내 목자들이 내 양을 찾지 아니하고 자기만 먹이고 내 양의 무리를 먹이지 아니하였도다 그러므로 너희 목자들아 여호와의 말씀을 들을지어다 주 여호와의 말씀에 내가 목자들을 대적하여 내 양의 무리를 그들의 손에서 찾으리니 목자들이 양을 먹이지 못할 뿐 아니라 그들이 다시는 자기를 먹이지 못할지라 내가 내 양을 그들의 입에서 건져내어서 다시는 그 식물이 되지 않게 하리라"겔 34:1-10.

선한 목자가 그립습니다

우리는 평신도로 영혼들을 섬기도록 부름 받은 교사들이지만, 흩어진 양 무리 같은 이스라엘 백성들을 바라보시던 목자이신 하나님의 마음은 지금도 우리에게 맡겨진 영혼들을 향하여 계속되고 있습니다.

자기에게 맡겨진 어린 양떼를 주님의 사랑과 마음으로 돌보며 그들을 위하여 희생하는 착한 교사들은 얼마나 복된 사람들입니까? 그들은 주님의 사랑을 많이 받을 것이며, 주님께서는 더 많은 양들을 맡기셔서 생명과 풍성한 삶을 살게 하실 것입니다.

그러나 교사로 부름 받았으면서도 주님이 맡기신 양떼에게 그 마음을 쏟지 아니하고 형식적인 섬김으로 삯꾼처럼 살아가는 사람들은 얼마나 불행한 사람들입니까? 그들은 자기도 사랑하지 않는 사람들을 사랑하라고 양떼들에게 항상 거짓으로 가르치고, 자신들은 조금도 사모하지 않는 하늘나라를 바라보며 살아가라고 교훈할 것입니다.

제가 전도사로 섬기던 때의 일입니다. 주일 저녁마다 교역자 회의가 있었습니다. 그때 여러 교역자들의 보고가 끝나면, 담임 목사님은 각 부서의 교역자들에게 실족해서 교회에 잘 나오지 않는 영혼들을 어떻게 돌보고 있는지를 소상하게 물으셨습니다. 한 부서의 교역자는 담임 목사님께서 자세히 캐묻자 몇 마디 못하고 고개를 숙였습니다. 담임 목사님은 아무 말 없이 침통한 표정을 지으셨습니다. 모든 교역자들이 흩어져 돌아가고 저 혼자 남았을 때, 담임 목사님은 교회 장부들을 가방에 챙기시면서 너무나 마음 아파하시는 표정으로 이렇게 중얼거리셨습니다. "양들을 저렇게 돌보다가 어떻게 주님을 만나려고 저러나. 아아, 마지막 날에 주님을 무슨 면목으로 뵈려고 저럴까……."

아아, 때때로 우리 교사들의 섬김은 어쩌면 이렇게 불성실한지요. 영혼을 향한 우리의 섬김은 우리를 구원하신 주님의 마음을 드러내지 못하고, 하나님을 향한 사랑은 교사로 부르신 주님의 추수하는 마음을 반영하지 못합니다.

우리를 교사로 부르신 부르심 앞에서 주님의 마음과 상관없이 아무렇게나 섬기며 살아온 날들이 얼마나 많았습니까? 추수할 일꾼을 부르시는 주님의 피맺힌 외침을 외면하고 형식적인 섬김이 마치 우리의 기쁨이라도 되는 양, 영혼들을 향한 우리 주님의 가슴 저미는 아픔을 느끼지 못한 채 기능공처럼 성경을 가르친 날들이 얼마나 많았습니까? 양들이 못된 짐승의 습격을 받아 찢기고 생명의 위협을 느끼는 그 곳에 함께 있어 주지 못했을 때가 얼마나 많았습니까? 자신을 위해서는 아무 것도 아끼지 않던 우리가 영혼들을 위해서 희생하는 데는 얼마나 인색하였습니까?

우리가 그렇게 섬기는 동안, 변화받아야 할 영혼들은 복음에 대한 감각에서 점점 무뎌졌고, 크나큰 하나님의 사랑을 가슴으로 깨닫기보다는 냉랭한 개념에 애처롭게 얽어 매인 채 지식에조차 빈약한 사람들로 변해 갔습니다. 우리가 분명한 복음 진리를 정직하게 가르쳐 주었더라면, 우리가 간절히 기도하여 성령의 능력이 우리의 가르침에 함께 했더라면 그리스도께로 돌아왔을 영혼들을 우리는 얼마나 많이 잃어버렸습니까? 이 모두 교사인 우리 안에 주님의 마음이 없었기 때문 아닙니까?

우리가 그렇게 섬기는 동안 교회학교에는 주님을 만나지도 못한 영혼들의 수가 많아졌고, 이제 주님은 당신을 떠나 방황하는 양무리를 찾으시려고 다시 우리 교회학교로 오셔야 하는 상황이 되었습니다. 이 모두 목자의 마음 없이 섬긴 우리 때문이 아니고 무엇입니까? 이렇게 하나님의 축복이 거의 없어 영혼들의 참된 변화가 없는 섬김의 현장에서 주님의 은총의 증거를 찾는 것은 하나님의 사랑을 확인하는 과정이라기보다는 교사로서 우리 자신의 태만한 삶을 합리화하는 것이나 다름이 없습니다.

그리스도처럼 사랑하기까지

언젠가 퓰리처상을 받은 보도 사진을 본 적이 있습니다. 굶주림으로 많은 사람이 죽어 가는 아프리카 대륙에서 세 살쯤 된 아기가 뼈만 앙상한 모습으로 쪼그리고 앉아서 울고 있는데, 그 뒤에 큰 독수리가 아기를 쪼아 먹기 위해 노려보고 있는 장면이었습니다. 아무에게도 도움을 받을 수 없는 그 불쌍한 어린아이를 단단히 노리고 있는 독수리의 눈빛이 섬뜩하였습니다.

동물의 세계에서 목자 없는 양은 맹수의 밥입니다. 아무 대항할 힘이 없는 목자 잃은 양은 사면에 그를 약탈하려고 도사리는 악한 짐승의 모습에 두려워 떱니다. 예수 그리스도께서는 바로 이런 사람들을 위하여 오셨고 우리를 교사로 세우셨습니다. 그 영혼들을 구원으로 인도하고 풍성한 삶을 살아가게 하시려고 말입니다.

그러면 우리는 왜 이런 주님의 마음을 모르는 채 섬길까요? 왜 고통스러워하는 영혼들, 하나님의 생명으로부터 멀어진 영혼들을 향한 우리 주님의 안타까운 마음이 우리 교사들에게는 없는 것일까요? 한때는 그런 마음을 가졌던 교사들조차 추수할 영혼들을 향한 연민에 찬 사랑이 속히 식어 버리는 이유는 무엇일까요? 그것은 우리가 주님을 진심으로 사랑하지 않기 때문입니다. 마음을 다하여 주님을 사랑하지 않기 때문에 주님의 형상을 가진 영혼들에게 줄 사랑이 없는 것입니다.

여러분은 금세기 복음 전도자로서 괄목할 만한 사역을 하였던 르우벤 아처 토레이 R. A. Torrey를 기억할 것입니다. 그가 신자 수가 200여 명 정도 되는 작은 교회에 부임했을 때의 일입니다. 목자가 없던 교회에 자기들을 돌볼 목사님이 오셨다고 환영하는 사람들이 달려 나와 짐을 받아 들자, 그는 짐도 풀지 않은 채 강단에 올라가서 환영하러 나온 모든 교인들에게 말했습니다.

"여러분, 저를 환영해 주셔서 감사합니다. 그러나 그리스도 안에서 여러분이 저를 얼마나 사랑하고 귀하게 여기시는지 이제부터 보여 주십시오. 오늘부터 매일 저녁 저를 위하여 기도해 주십시오. 하나님의 말씀이 이 강단에서 생수처럼 터져서 우리 교회를 통해 죽어 가는 수많은 영혼들을 구원하는 역사가 일어나게 해 달라고 기도해 주십시오."

잃어버린 영혼들을 깊이 사랑하는 목자의 마음을 읽은 교인들은 마음을 다하여 기도하기 시작하였습니다. 그러자 불과 6개월 만에 교회는 잃어버린 영혼들로 가득 차서 성도는 2,000여 명으로 불어났습니다. 예배가 끝날 때면 거리로 밀려나오는 인파 때문에 경찰이 동원되었는가 하면, 경찰서로

부터 더 이상 사람이 모이지 못하게 하라는 경고를 받을 정도가 되었습니다. 그러나 사실 그 많은 인파를 모은 것은 그 교회 교인들이 아니라, 잃어버린 영혼을 구원하고자 몸부림치는 그들을 축복하신 하나님 자신이었습니다.

교회 안에 잃어버린 세상을 향한 눈물이 마를 때에는 언제나 거짓과 탐욕이 가득하였습니다. 주님의 마음을 반영하지 않는 교사 생활은 단지 사람의 일에 지나지 않습니다. 사람 앞에서 안일한 풍조를 따라 형식적으로 섬기지 말고 주님의 마음으로 섬겨야 합니다. 참된 섬김의 길에는 항상 고난이 따르고, 같이 고민하는 동지도 많지 않습니다.

그러나 기억하십시오. 교사는 자기를 기쁘게 하도록 부름 받은 사람이 아니라 영혼들을 섬겨 하나님을 기쁘시게 하도록 부름 받은 그리스도의 종입니다. 오늘날 죽은 자와 방불하리만치 영혼들을 향한 사랑이 식어진 이때에, 우리가 이런 주님의 마음을 가지고 눈물로 기도하며 영혼들을 섬긴다면 주님이 얼마나 기뻐하실까요?

사랑하는 교사들이여, 생각해 보십시오. 우리가 이제껏 교사로 섬기는 동안 주님은 한 번도 우리를 홀로 버려 두신 적이 없습니다. 언제나, 부족한 섬김이지만 우리의 작은 섬김을 사용하셔서 잃어버린 영혼들에게 구원을 전파하게 하셨고, 우리의 가르침을 통해 그들이 주님을 만나게 해주셨습니다. 그분의 은혜는 우리의 작은 섬김보다 훨씬 컸습니다.

그럼에도 불구하고 우리는 이렇게 고백하지 않을 수 없습니다. "우리가 만약 좀 더 충성스럽게 영혼들을 섬겼더라면, 우리가 좀 더 주님의 마음으로 잃어버린 영혼들에게 전도하기를 힘썼더라면, 좀 더 빨리 우리의 복음 사역이 더 풍성한 열매 얻기를 불붙는 마음으로 사모하고 추수할 일꾼들을 보내 주시도록 열렬히 기도하였더라면, 우리의 교회학교에는 지금쯤 더 많은 영혼들이 모여서 하나님을 섬겼을 텐데……. 오, 주님! 우리의 태만을 용서하소서."

우리 모두 교회학교 현장에 우리 마음을 모아, 우리에게 맡겨진 영혼들과 복음 듣기를 기다리는 불쌍한 영혼들을 향한 사랑 때문에 우리의 심령이 아픔을 느끼기까지 주님의 사랑의 마음을 닮도록 기도합시다. 왜냐하면 교사인 우리를 향하신 주님의 뜻은 영혼들을 주님처럼 사랑하는 것이기 때문입니다.

| 묵 | 상 | 질 | 문 |

1. 마태복음 9장 35-36절에서, "무리"를 보시는 예수 그리스도의 마음이 어떠했습니까? 그 마음과 관련하여 교사의 가장 기본적인 자격이 무엇인지 생각해 봅시다.
2. 이사야 53장 6절에서 말하는 인간의 본성이 요즘 청소년들에게서 어떻게 드러납니까? 이들에게 주어져야 할 유일한 해결책은 무엇입니까?
3. 예수 그리스도께서는 죄인들을 향한 당신의 사랑을 어떻게 확증하셨습니까? 이러한 사랑에 대한 인식은 교사의 자격에 어떤 영향을 줍니까?
4. 많은 교사들이 주님의 마음 없이 섬기고 있는 현실은 무엇 때문입니까?
5. 교사로 섬기는 자들만이 누릴 수 있는 주님의 축복은 무엇입니까?

이 책을 꼭 읽으십시오

『영혼을 인도하는 이들에게 주는 글』

호라티우스 보나 지음
안보헌 옮김
서울: 생명의말씀사, 2006
144쪽

- 얇은 책이지만 그 중요성은 두께에 비할 바가 아니다. 기독교 복음 사역자들을 위한 대표적인 고전 중의 하나로 꼽는다. 호라티우스 보나(Horatius Bonar)는 스코틀랜드 장로교회 목사로서 1808년 12월 에든버러에서 태어나 1889년 81세를 일기로 하늘나라로 갔다. 그가 태어난 시대는 18세기의 위대한 부흥이 유럽을 휩쓸고 지나간 직후였다. 그는 비록 18세기 위대한 부흥의 시대 한복판에 있지는 않았지만, 영광스러운 부흥의 시대를 살면서 하나님을 섬겼던 거룩한 종들에게서 신앙적인 감화를 받았다.

- 특별히 그는 참된 부흥에 대한 애끓는 소원을 가지고, 지난 세기에 있었던 방대한 양의 부흥에 대한 역사적인 기록들을 정리하여 편집하기도 하였는데, 1754년에 출간된 그 유명한 『교회사에 나타난 부흥에 관한 기록 문집』(Historical Collection of Accounts of Revival)의 뒷부분이 바로 그의 노력으로 이루어졌다. 또한 그는 그 책의 재판에 붙인 감동적인 장문의 서문을 기록한 사람이기도 하다. 이 감동적인 서문은 본인이 번역한 『18세기 위대한 영적 부흥 上』에 실려 있다.

- 영혼을 섬기는 목양 사역에 종사하는 사람들을 향한 강력한 권면을 듣고 나면 마치 냉수 한 잔을 들이킨 것처럼 내 안에 잠자고 있던 목양의 정신이 눈을 뜬다. 이 책에 자주 등장하는 '목회자에게'라는 문구를 '교사', '구역장', '리더'라고 바꾸어 읽기만 한다면 우리 평신도 사역자들의 마음에 엄청난 도전을 줄 것이다. 이 책을 구입하는 사람은 10여 쪽을 채 읽기도 전에 이 책을 추천한 저자에게 고마운 마음을 느끼게 될 것이며, 다 읽고 나서는 가르치는 자로서 소중한 영혼들을 열심을 다하여 섬기지 아니한 죄를 떨리는 마음으로 회개하지 않을 수 없을 것이다. 저자가 섬기는 교회의 교사와 구역 인도자들의 필독서이기도 하다.

『자네, 정말 그 길을 가려나』

김남준 지음
서울: 두란노, 1997
265쪽
스터디 교재 있음

- 이 책은 영혼을 섬기는 사역에 뜻을 두고 신학교에 들어가려는 학생들을 위한 작품이다. 같은 출판사에서 나온 『설교자는 불꽃처럼 타올라야 한다』가 설교자를 위한 교과서라면, 이 책은 신학생들을 위한 지침서이다. 그런데 목회자의 길을 가기 위하여 준비하는 신학생들이나 영혼들을 섬기기 위하여 준비하는 교사 사이에는 공통점이 많다. 차이점이 있다면, 다만 후자의 사람들은 전자의 사람들만큼 공식적인 신학 훈련을 받지 않는다는 것뿐이다.

- 이 책은 영혼을 인도하는 사역의 관건은 누가 그 일을 수행하느냐에 달려 있다고 주장한다. 다시 말해서 하나님의 사람이 영혼을 섬길 때에만 그 일이 하나님의 사역이 될 수 있다고 강조한다. 이 책에서 저자는 그런 준비를 구체적으로 다섯 가지로 나누어서 설명하는데, 육체적인 준비(건강과 순결), 지성적인 준비(성경과 학문), 인격적인 준비(성품과 생활), 정서적인 준비(사랑과 열정), 영적인 준비(심령과 능력)가 바로 그것이다. 이 책은 '신학생, 여러분!' 이라는 말만 '교사들이여!' 라고 고쳐 읽으면 곧바로 교회 교육 현장에 적용될 수 있는 교훈들을 담고 있다.

- 특히 이 책의 5장 '정서적 준비'는 오늘날 영혼을 섬기는 사람들에게서 왜 사랑과 열정이 식어 가는지에 대한 이유를 밝히고, 개인의 경건 생활에서 거룩한 사랑의 정서 안에서 자라 가는 비결을 제시한다. 저자의 주장에 대한 풍부한 이론적 설명과 상세한 자료들과 논거들이 제시되고 있어 더 진전된 연구를 원하는 사람들에게는 귀중한 지침서가 될 것이다.

- 이 책이 나온 지 얼마 되지 않아 이 책을 읽고 자신의 신앙 기초가 매우 잘못되었다는 사실을 깨달은 여러 신학생들이 휴학을 하기도 했다. 지방 신학 대학의 조용한 도서관에서 한 학생이 이 책을 읽다가 대성통곡한 사건이 있은 후, 이 책이 그 학교 학생들의 필독서가 되었다는 이야기가 이채롭다.

교사인 우리에게 중요한 것은
우리가 가르치고 있는 영혼들에 대한 깊은 염려입니다.

| 제2장 |

그 기초입니까?
교사와 영혼 사랑

"내가 너희 영혼을 위하여 크게 기뻐함으로 재물을 허비하고 또 내 자신까지 허비하리니 너희를 더욱 사랑할수록 나는 덜 사랑을 받겠느냐"(고후 12:15).

Christian Teaching in Revival

기초 공사의 중요성

청소년 시절 집 짓는 일에 참여해 본 적이 있습니다. 고등학교도 들어가기 전이었는데, 도와주는 인부도 없이 우리 가족들끼리 한 해가 넘도록 작은 집 한 채를 지어 나가는 과정에 참여하면서 기초 공사부터 집 안팎을 칠하는 마무리 공정까지 거들었습니다. 건축에 대해서는 아무 것도 몰랐던 저는 그 일을 하면서 집의 기본 구조를 비롯하여 여러 가지 통찰을 얻었습니다. 그 중에서도 가장 인상 깊었던 것은 바로 기초 공사였습니다.

당시 서울시에서 철거민이었던 우리에게 집을 지으라고 준 땅은, 원래 푹 파인 하천 부지였는데 사람들이 그 낮은 땅에 쓰레기를 계속 갖다 버리고 그 위에 흙을 실어다 부어서 밭이 된 그런 곳이었습니다. 그러니 그 땅이 단단할 리가 없었습니다. 함께 우리 집을 짓던 아저씨는 기초 공사를 하기 위해 그 땅을 아주 깊이 팠습니다. 2층, 3층으로 높이 올릴 집도 아니고 허름한 단층집을 짓는데도 다른 집보다 두세 곱절은 더 깊이 파는 것이었습니다. 저는 어린 마음에 '왜 남들은 안하는 고생을 저렇게 하실까?' 라는 생각을 하였습니다. 우리는 땅을 깊이깊이 파서 두텁게 돌을 집어넣고 다진 후, 콘크리트를 바르고 그 위에 기초 공사를 하였습니다.

그 후 세월이 흐르면서 동네 다른 집들에는 심각한 문제가 생기기 시작하였습니다. 여러 차례 비가 오자 지반이 내려앉으면서 집집마다 벽에 보기 흉할 정도로 균열이 생겼습니다. 워낙 날림으로 지은 탓이기도 하였지만, 그것은 분명 허술한 기초 공사 때문이었습니다. 다른 집들은 모두 벽이

흉측하게 갈라지는데 기초 공사를 단단히 한 우리 집은 비교적 안전한 것을 보면서 기초가 얼마나 중요한지 새삼 실감하였습니다.

하나님의 사랑을 입은 자

마찬가지로 교사로서의 부르심에도 기초가 있습니다. 교회학교 교육을 위하여 헌신하려는 사람들도 이 기초가 제대로 닦이지 않으면 쉽게 낙심하여 중도에 포기하거나 아니면 매우 적은 열매밖에는 거두지 못합니다. 교사로서의 부르심의 기초는 가르치는 재능이나, 다른 사람들을 돌보는 데서 보람을 느끼는 자기 성취가 아닙니다.

다른 모든 섬김과 마찬가지로 교사로서의 부르심의 기초는 우리가 하나님의 사랑을 입은 자녀라는 사실을 자각하는 것입니다. 그것은 영혼을 돌보는 교사로서의 삶뿐 아니라 그리스도인의 삶에서도 진정한 출발점입니다. 그리스도인이라면 마땅히 '하나님의 사랑을 입은 그분의 자녀'이어야 합니다. 여기서 '사랑을 입었다'는 말은 우리에게 어떤 의로운 공로가 있어 그에 따른 대가로 사랑을 받았다는 뜻이 아니라, 우리는 아무 가치와 공로가 없는데도 불구하고 하나님께서 우리에게 오셔서 거저 사랑을 베풀어 주셨다는 의미입니다. 물론 교사들만 이 같은 하나님의 사랑을 받은 것은 아닙니다. 그러나 이들이 이러한 부르심을 다른 사람보다 더 깊이 느낌으로써 영혼을 섬기고자 하는 열망을 갖게 된다는 점에서 '하나님의 사랑을 입는 것'이 교사로서의 부르심의 기초라고 할 수 있습니다.

결국 '사랑을 입었다'는 말은, 하나님이 자신에게 보여 주신 크신 사랑 앞에서 자기가 아무 것도 아닌 존재임을 깨닫게 된 절대적인 사랑의 체험을 가리키는 말입니다. 교사로서 영혼을 위한 섬김은 이렇게, 잊을 수 없는 하나님의 사랑을 입은 자들이 그분께 드리는 최고의 사랑 표현입니다. 그리고 우리는 처음 교사로 부르심을 받을 때뿐만 아니라, 영혼을 섬기는 동안에도 계속해서 하나님을 향한 사랑이 우리의 모든 수고와 섬김의 동기가 되도록 해야 합니다.

네가 나를 사랑하느냐?

인생의 모든 일이 그러하듯이, 하나님을 향한 사랑이 동기가 되지 않은 모든 수고와 섬김은 그저 '사람의 일'일 뿐입니다. 우리가 무슨 일을 하든지, 하나님을 향한 참된 사랑의 경배에서 우러나지 않은 수고는 단지 불에 타 버릴 지푸라기와 같은 것입니다.

우리 주님께서 베드로에게 양떼를 맡기며 던지셨던 평범한 질문은, 교사가 한 사람의 목자로서 영혼들을 섬길 때 어떤 동기를 가져야 하는지 잘 보여 줍니다. 주님을 모른다고 세 번이나 부인하고 실패한 베드로를 찾아오신 주님께서 무슨 질문을 던지셨습니까?

주님께서는 그를 미래의 예루살렘 교회를 목양하는 목자로 불러 주시면서, 주님을 모른다고 부인한 실패의 책임을 묻지 아니하셨습니다. 그리스도께서는 목양이라는 일에 대한 헌신이나 그의 자격 여부 따위는 묻지 않으셨습니다. 심지어 주님께서 맡겨 주실 양떼를 사랑하는 일에 대해서조차 묻지 않으셨습니다. 주님이 던지신 질문은 오직 하나, "네가 나를 사랑하느냐?"는 질문이었습니다. 이는 베드로에게 과거 신앙 생활의 경력을 물으시는 것도 아니요, 미래의 예상 가능한 삶을 다짐하신 것도 아니었습니다. 이것은 시제상 현재 상태를 묻는 질문이었습니다.

그런데 주님의 이러한 질문은 이상하지 않습니까? 시몬 베드로는 앞으로 예루살렘 교회를 맡아 수많은 영혼을 구원하고 돌보게 될 텐데, 그때 주님은 거기에 계시지 않을 것이었습니다. 부활 후 이처럼 제자들을 대면하신 예수님은 이제 곧 승천하시고, 그 후에는 베드로와 예루살렘 교회의 힘없는 양무리만 남을 것입니다. 그렇다면 주님은 당연히 "네가 이 양떼를 사랑하느냐?"고 물으셔야 하지 않습니까? 그러나 주님은 "네가 나를 사랑하느냐?"고 물으셨습니다. 자신은 곧 그의 곁을 떠나실 텐데 말입니다.

"네가 나를 사랑하느냐?"라는 질문의 의미는 주님에 대한 사랑이 교사로서의 부르심의 기초가 되어야 함을 보여 줍니다. 그런데 많은 사람들이 이것을 간과합니다. 교사로 충성스럽게 섬기기 위해서는 반드시 영혼들에 대한 사랑이 섬김의 기반이 되어야 합니다. 그리고 영혼들을 향한 사랑에는 언제나 하나님을 향한 사랑이 선행되어야 합니다.

예수 그리스도께서는 베드로에게 교사로서의 부르심의 기초가 그리스도를 사랑하는 것임을 일깨우시기 위해서 이렇게 물으셨습니다. 교사의 직분은 하나님께서 우리에게 주신 것입니다. 그러나 하나님께서는 당신의 양 무리를 위하여 교사로 부르신 사람들에게 당신의 사랑을 경험하게 하시고, 그래서 당신을 사랑하는 것이 그들의 행복임을 알게 하심으로써 양무리의 목자가 되게 하십니다.

우리가 어린아이들에게 성경 한 구절을 읽어 줄 때, 연약한 구역 식구들을 심방하기 위하여 그들에게 다가갈 때, 복음을 전하기 위하여 굳게 닫힌 이웃집 대문을 두드릴 때, 주님이 보내셨기에 우리가 거기에 있는 것입니다.

그리스도를 향한 참된 사랑 없이 영혼들을 섬기는 사람에게는 교사나 리더 또는 구역장이라는 직분이 오히려 예수 그리스도께 가까이 다가가지 못하게 하는 방해물이 됩니다. 우리를 교사로 부르신 그리스도와의 관계가 제대로 서 있으면 섬기는 직분을 통해 그분께 더 가까이 나가게 되지만, 그렇지 못하면 반대로 그 일 때문에 주님과 더 멀어지는 것입니다. 예수님께서는 바로 이와 같은 목양의 비밀을 아셨기에 베드로에게 "네가 나를 사랑하느냐?"고 물으셨습니다.

우리가 오늘날 이만큼이나마 믿음을 가지고 교사로서 영혼을 섬기고 있는 것은, 우리가 미처 얼굴도 기억하지 못하는 수많은 사람들이 우리를 위해 흘린 눈물이 있었기 때문입니다. 우리 영혼을 마치 자기 것인 양 소중히 여기며 이름 없이 빛도 없이 섬기던 그들의 수고하는 마음을, 당신 자신을 향한 사랑으로 아시고 축복하셨던 하나님의 은혜가 있었기에, 우리가 지금 이렇게 거미줄 같은 믿음이나마 붙들고 영혼을 섬기고 있는 것입니다. 그리고 우리 또한 그런 하나님의 사랑에 붙들려서 아무도 알아 주는 사람 없고 우리의 수고를 기억해 주는 이 없어도 이렇게 영혼들을 섬기고 있는 것입니다.

이따금 영혼들을 섬기던 사람들의 입에서 "내가 어떻게 섬겼는데……." 라는 원망의 말이 흘러 나오는 것은 결국 그가 자기 직분을 누구 앞에서 감당했는지를 보여 줍니다. 우리의 헌신적인 가르침과 돌봄을 입었던 이들이 우리에게 다가와서, "오랫동안 보살펴 주셔서 감사합니다. 당신께로부터 한없는 사랑을 입었습니다."라고 말해 줄 때 우리가 할 수 있는 말은 이런 것이어야 합니다. "저는 아무 것도 해준 것이 없습니다. 저는 하나님께 부름 받은 교사로서, 그저 당신을 섬긴 것이 아니라 당신을 만나게 해주신 그리스도를 섬겨 왔기 때문입니다. 그분의 사랑 때문에 당신을 섬긴 것밖에 없습니다."

예수 그리스도를 향한 사랑의 감격이 없는 사람이 다른 영혼을 섬길 때 그 깊이는 천박할 수밖에 없습니다. 인내와 성숙한 경건으로 마음을 다하여 섬길 수 있는 원동력은 교사로서의 일에 대한 사랑이나 영혼에 대한 의무감이 아니라, 자신의 구속주이신 그리스도께 대한 사랑과 인격적인 헌신입니다. 많은 교사들의 경우, 그들의 섬김은 너무나 자주, 하나님 한 분께 대한 사랑에 기초하기보다는 주변의 여건이나 환경에 쉽게 영향을 받습니다. 주님 한 분을 향한 사랑이 그를 강권하지 못하기에 이처럼 견고함이 없는 섬김이 비롯됩니다.

뜨거운 사랑입니까?

여러분은 교사로서의 섬김의 기초가 분명합니까? 십자가에서 하나님의 깊은 사랑을 경험하고, 그 사랑에 대한 반응으로 주님을 뜨겁게 사랑하는 것이야말로 교사로 섬길 때 가장 중요한 자격입니다. 그리스도를 향해 뜨거운 사랑을 품은 사람들은 반드시 그분의 진리를 알고 싶어 합니다. 다시 말해, 사람들이 복음 진리에 냉담한 이유는 주님을 사랑하지 않기 때문입니다. 그리스도를 아는 지식에 붙들린 교사에게는 그 진리를 모르고 살아가는 영혼들을 지켜보는 일이 너무나 큰 고통입니다. 그리고 어찌하든지 자기가 도움을 주고 싶다는 마음을 갖습니다.

우리는 교사로서 영혼들에게 하나님을 가르칩니다. 하나님은 분명히 살아 계시지만 보이지 않는 분이십니다. 우리에게 가르침을 받는 영혼들은 단지 우리 입술에서 흘러 나오는 지식으로만 생명을 얻게 되는 것은 아닙니다. 그래서 가장 정확하게 진리를 가르치는 교회학교 안에도 죽은 영혼들이 있을 수 있습니다. 기독교 신앙은 단지 입술에서 머리로 전수되는 것이 아니며, 그리스도인의 영적 비밀은 삶을 통하여 체험되고 전수됩니다. 하나님의 사랑을 받고 그 사랑에 매여 살아가는 사람들의 삶에는 하나님의 살아 계심을 떠올리게 만드는 특별한 것이 있습니다. 그것이 바로 교회 교육에서 가장 중요한 기초입니다.

우리가 하나님을 사랑할 때 우리의 마음에는 영혼을 섬기기 원하는 간절함이 생깁니다. 하나님의 사랑을 깊이 체험한 사람들이 영혼을 섬기지 않고 살아간다는 것은 거의 불가능한 일입니다. 자신을 죄와 불행에서 건져 주신 하나님께서 그들의 마음을 움직이시고 하나님의 사랑을 부어 주셨는데, 어떻게 그들이 영혼을 사랑하지 않고 견딜 수가 있겠습니까? 그 영혼에게 가장 필요한 것이 무엇인지를 알게 하셨는데, 어찌 그것을 주지 않을 수 있겠습니까? 하나님의 사랑을 모르고 살아가는 영혼들이 하나님을 알게 되기를 바라는, 간절한 목마름을 주신 분이 하나님 자신이신데 누가 그 거룩한 부담에서 자유로울 수 있겠습니까?

하나님의 사랑을 경험하지 않은 사람들에게 영혼을 섬기도록 허락하는 것은 위험한 모험입니다. 그들은 영혼들에 대한 의무를 다하지 못할 것입니다. 자신도 체험하지 못한 하나님을 어떻게 다른 사람에게 가르칠 수 있으며, 자신도 사랑하지 않는 하나님을 어떻게 사랑하도록 가르칠 수 있겠습니까?

삶으로 하나님의 사랑을 보여 줄 수 없는 사람들의 공과 교습은 장기 자랑이나 앵무새의 흉내 내는 소리에 지나지 않습니다. 교사는 먼저 주님 앞에서 그분의 성품을 배웠던 한 사람의 학생으로서 그분의 사랑에 울먹이는 감격을 지닌 사람이어야 합니다. 그가 그렇게 사무치는 하나님의 사랑에 대한 누를 수 없는 감격으로 영혼들 앞에 서 있는 것만으로도 그는 이미, 자기 앞에 있는 영혼들에게 신앙의 진수를 가르치고 있는 셈입니다.

느끼지도 못한 진리를 가르치고 맛보지도 못한 하나님의 사랑을 전할 때, 교회 안에서는 복음 진리에 무디어진 마음을 가진 경박한 그리스도인들이 자라게 됩니다.

돌같이 단단하게 굳어진 심령과 하나님의 사랑 앞에서도 얼음장같이 차디차게 변해 버린 강퍅한 마음을 녹이는 것은 인간의 감언이설이나 현란한 말솜씨가 아닙니다. 그들은 경험하지 못한 하나님의 사랑을 경험하고 진리 안에서 살아가는 교사의 가르침만이 그들을 변화시킬 수 있습니다.

자연주의자 장 자크 루소 J. J. Rousseau는 그의 대표적인 저서 『에밀』 Emile에서, 교육에서 체험이 얼마나 중요한지에 대해 다음과 같이 말하였습니다. "어린아이에게 선과 악을 가르치기 위해 한 시간 동안 설명해 주는 것보다 아름다운 숲속에 한 시간 동안 머물게 하는 것이 훨씬 더 효과적이다."

자연을 체험함으로써 자연 질서에 눈뜨게 하는 것이야말로 인간 사회 속에서 통용되어야 할 질서와 조화를 이해시키는 가장 좋은 방법이라는 지적입니다. 인간을 지나치게 낙관적으로 본 그의 교육 사상에 전적으로 동의하지는 않지만, 교육에서 체험의 중요성을 강조했다는 점에서는 우리에게 시사하는 바가 있다고 생각합니다.

루소는 인간으로 하여금 선이 무엇인지를 알게 하기 위하여 자연을 경험하게 만들어야 한다고 했지만, 저는 그러한 경험이 진리 안에서 하나님의 성품을 향하여 이루어져야 한다고 믿습니다. 진리에 대한 기독교의 가르침이 인격적이려면, 교사 자신이 그리스도와의 인격적인 관계 속에서 주님의 사랑을 체험하는 일이 선행되어야 합니다.

한 영혼이 기쁨이 됩니까?

전도자로서뿐만 아니라 가르치는 자로서 우리 교사들의 훌륭한 모범이 되는 사도 바울은 "내가 너희 영혼을 위하여 크게 기뻐하노라"고 고백했습니다. 바울의 고백은, 주님께 대한 사랑 때문에 영혼을 섬길 때 그 영혼들의 존재 자체가 우리에게 진정 기쁨이 됨을 가르쳐 줍니다. 그러므로 한 영혼의 구원을 인하여 즐거워할 줄 모르는 사람은 교사일 수 없습니다.

"오늘 구원이 이 집에 이르렀으니 이 사람도 아브라함의 자손임이로다 인자의 온 것은 잃어버린 자를 찾아 구원하려 함이니라" 눅 19:9-10.

세리장 삭개오가 주님을 영접했을 때 하신 주님의 이 말씀은 한 영혼의 가치를 알고 기뻐하시는 주님의 마음을 보여 줍니다. 예수 그리스도께서는 온 인류를 위하여 죄를 대속하시려는 원대한 구원 계획을 가지고 이 세상에 오셨지만, 삭개오 같은 죄인 하나가 구원받은 사실을 그토록 기뻐하셨습니다.

이는 삭개오가 사회의 저명 인사였기 때문이 아닙니다. 그가 예수님의 선교 활동이나 교회의 경영에 물질적인 유익을 줄 수 있는 재력가였기 때문도 아닙니다. 그것은 오직 한 영혼의 가치를 아시는 예수님의 애정으로 인한 기쁨이었습니다. 우리 교사들에게도 바로 이와 같은 마음이 필요합니다.

사도 바울이 고린도 교회의 그리스도인들을 생각할 때마다 걱정과 염려스러운 마음을 가졌던 것도 이러한 사랑 때문입니다. 그는 자신이 전도자의 소명을 따라 세웠던 그 교회가 교회의 머리이신 그리스도의 기대를 따라 건강한 교회로 자라지 않는다는 소식에 근심하고 있었습니다.

고린도 교회가 위치한 고린도 시는 항구 도시로서 비교적 풍요로운 삶을 영위하는 곳이었습니다. 그러나 사도의 관심은 그들이 얼마나 윤택한 경제생활을 누리고 지적인 생활을 영위하느냐가 아니었습니다. 바울은 그들의 영혼에 관심이 있었습니다.

사도 바울은 자기 서신에서 그들의 헌금 생활을 몇 차례 언급하였는데, 그것은 그 자신이 고백하는 대로 자기에게 부족한 물질을 구걸하기 위해서가 아니라, 마음을 다하여 물질로 섬기지 못하는 그들의 실상을 보면서 하나님 앞에 있는 그들의 영혼이 건강하지 못한 것은 아닌지 고민하였기 때문입니다.

교사들에게는 자신이 가르치는 영혼들에 대한 깊은 염려가 있어야 합니다. 한 영혼이 그리스도께로 돌아오고, 그 영혼의 변화로 말미암아 그들의 삶이 하나님의 백성다운 거룩한 삶이 되어 그들을 통하여 그리스도의 이름이 이 세상에 높아지는 것이 교사 된 우리의 소망이어야 합니다. 우리가 마음을 다하여 성경을 가르치고, 한 사람 한 사람 영혼들의 이름을 부르며 눈물로 기도하고, 문전에서 박대를 받으면서도 그들을 찾아가 복음을 전하고 심방하는 것도 이런 거룩한 목표 때문입니다.

교사로서 자신이 가르치는 영혼들의 내적인 변화를 위해 안타까운 마음으로 애쓰지 아니한다면 그의 섬김은 단지 '선생짓'에 불과합니다. 그리고 그와 같이 형식적인 섬김은 그가 교사이기 이전에 그리스도 앞에서 제자로 온전히 헌신되지 못했음을 보여 주는 것입니다.

신체검사 이야기

초등학교를 다닌 사람이라면 누구나 해마다 하던 신체검사를 기억할 것입니다. 신체검사를 하는 날이면 모든 학생이 손에 건강 기록부를 들고 다니면서 키와 가슴둘레를 재고, 시력도 측정하곤 했습니다. 기록부 한 면에는 초등학교에 입학한 이후 자신의 신체 발달에 관한 기록이 실려 있는 것을 볼 수 있습니다. 세월이 흐르면서 키가 자라고 몸무게도 늘어나고, 가슴둘레도 점점 커집니다. 중고등학교에 입학한 후에, 혹은 어른이 되고 나서 예전에 다니던 초등학교 교실이나 친구들과 걷던 골목길을 다시 찾아가 보면, 갑자기 우리가 거인이 되어 버린 듯한 생각이 듭니다. '야아, 이렇게 작은 책상에 앉아서 공부하고, 이렇게 좁은 골목길에서 뛰어 놀았다니……'

우리는 이처럼 성장을 거듭하며 어린아이에서 청소년을 거쳐 어른이 됩니다. 만약 갓 태어난 아기가 출생한 지 여러 해가 흘러도 신체적으로 조금도 성장하지 않고 그대로라면, 아기의 부모는 염려가 이만저만이 아닐 것입니다. 우리에게 맡겨 주신 영혼들을 바라보는 주님의 마음도 그렇습니다.

교사인 우리의 사명은 두 가지입니다. 첫째는 아직 구원받지 못한 영혼들에게 복음을 전하여 구원에 이르게 하는 것이고, 둘째는 구원받은 영혼들이 주님을 닮은 성품을 키우고 거룩한 삶을 살아가도록 가르치는 것입니다. 따라서 영혼들을 대하는 우리의 관심도 두 가지로 집중됩니다. 우리가 가르치는 영혼들이 구원을 받았는지의 여부와 그의 성품과 삶이 그리스도를 충분히 드러내고 있는지의 여부입니다.

그래서 교회에 새로 등록한 신자들을 심방하면서 제가 제일 먼저 묻는 질문은 이것입니다. "태어나서 이제껏 이 험한 세상을 어찌 살아오셨습니까?" 지난날에 그 사람이 경제적으로 얼마나 큰 부를 누리며 살았는지, 젊은 시절에 얼마나 뛰어난 미모를 자랑했는지를 알고 싶어서 하는 질문이 아닙니다. 그의 인생 여정이 그의 영혼에 어떤 변화 과정을 가져다 주어서 오늘까지 이르게 되었는지 알기 위해서입니다. 교사로서 우리에게는 영혼들에 대한 이러한 관심이 지속되어야 합니다.

우리가 섬기는 양떼들의 삶의 정황은 수시로 변합니다. 아버지가 갑자기 직장에서 해고를 당하거나, 어머니가 병들어 가난에 시달리기도 하고, 질병이나 인간 관계로 괴로움을 당하기도 합니다. 그리고 우리는 양떼들의 그러한 환경 변화에도 민감하게 관심을 가지며 그들을 돕고자 합니다.

그러나 그저 그들의 형편이 조금 나아지는 것만이 우리 교사의 기쁨은 아닙니다. 그렇게 힘든 과정을 거치면서 그들의 영혼이 하나님을 향해 새롭게 변화되고 성장하는 것이야말로 교사가 진정으로 바라는 것입니다. 우리에게 맡겨진 영혼들의 변화에 관심을 가지고 기뻐하는 것은 바로 우리가 이 일을 위하여 부름 받았기 때문입니다.

우리는 단지 그들과 친구가 되어서 그들을 즐겁게 하기 위하여 부름 받은 사람들이 아닙니다. 우리는 우리에게 맡겨진 영혼들을 근원적으로 회복시키기 위해 부름 받은 사람들입니다. 하나님과의 망가진 관계를 바로잡고, 사람들과의 회복될 수 없는 관계를 치유하며, 자기 자신에 대한 태도를 고치도록 가르치기 위하여 부름 받은 사람들입니다. 따라서 교회학교에서 계획하는 모든 행사는 그 프로그램들이 영혼들에게 어떤 유익을 끼칠 수 있을지를 미리 자문自問한 후에 심사숙고하여 결정하고 수고해야 합니다.

교사로서의 섬김에 가장 중요한 두 가지 가치가 있는데, 하나는 하나님의 영광이고 또 하나는 영혼들의 하나님을 향한 변화와 성장입니다. 교사는 그 가치를 위하여 쓰임 받을 수만 있다면 다른 것은 아무래도 상관이 없다는 마음 자세를 가져야 합니다. 우리 교사들은 바로 그런 가치 있는 일들을 위하여 수고해야 할 존재로 부름 받았습니다.

아낌없이 주는 사랑

이어서 사도 바울은 영혼을 섬기는 자로서 그들을 위하여 "재물을 허비하고"라고 고백합니다. 이 '허비' 虛費라는 말이 얼마나 재미있는 번역입니까? 원래 '허비'라는 말은 '쓸데없이 낭비하다'는 뜻이 아닙니까? 그러나 사도 바울에게는, 자기에게 맡겨진 영혼들을 위한 헌신이 쓸데없는 낭비일 수 없습니다. 그래서 사도는 지금 영혼을 위한 헌신과 희생을 말하면서 잠시 이 세상 사람들과의 관점에서 이 말을 하는 것입니다. 그가 양떼들의 영혼에 깊은 애정을 가지고 그들의 신앙 성장을 기뻐하게 되니까 자기 재물을 허비할 수 있게 되었다는 이야기입니다.

어떤 사람이 물질에 대해 어떤 태도를 견지하는지를 유심히 살펴보면, 그가 하나님의 사랑을 얼마나 깊이 경험했는지를 간접적으로 알 수 있습니다. 물질에는 거의 집착하지 않으면서도 또 다른 측면에서 편견과 아집에 사로잡혀 하나님의 변화의 손길을 거부하며 살아가는 사람들도 있기는 합니다만, 하나님께 자기 인격을 위탁한 사람들은 대체로 물질에 대한 과도한 집착과는 결별하게 됩니다.

우리는 종종, 하나님께서 자기 영혼을 위해 행하신 놀라운 일들을 자랑스레 떠벌리고 다니면서도 교회와 이웃과 영혼들을 물질로 섬기는 데는 지극히 인색한 그리스도인들을 만납니다. 그들에게 사랑이 부족하다는 이유 이외에 다른 것으로는 설명하기 어렵습니다. 여기서 사도 바울은 헌금 이야기를 하는 것이 아닙니다. 그 자신의 고백과 같이, 그의 진정한 기쁨은 그들이 가진 물질이 아니라 그들의 영혼 자체였습니다.

부유한 항구 도시에 위치한 고린도 교회는, 천막 고치는 일을 업으로 삼으며 동료와 자신의 쓸 것을 스스로 충당하며 복음을 전하는 사도 바울로부터 경제적인 도움을 받아야 할 정도로 가난한 교회가 아니었습니다. 그런데도 사도 바울은 "내가 너희를 위해 물질을 아낌없이 허비하노라."고 말합니다.

　우리가 영혼을 돌볼 때 가장 쉽게 허비할 수 있는 것이 바로 물질입니다. 그가 어떤 사람이든지 하나님과 섬기는 영혼들을 위해 사용하는 물질을 아까워한다면 그는 하나님을 위하여 거의 아무 것도 바친 것이 아닙니다. 사람들은 흔히, 기꺼이 드리는 신자들의 헌금 생활이 훈련의 결과인 양 말하곤 합니다만 그것은 훈련으로 되지 않습니다. 영혼을 위하여 물질을 허비하는 것은 사랑의 문제이지 결코 훈련과 숙달의 문제가 아닙니다. 아낌없이 드리는 마음은 하나님께서 부으시는 사랑과 그 사랑에 반응하는 성도의 사랑에서 비롯됩니다.

　물론 인간은 삶의 전방위적인 부분을 하나님께 의탁함 없이 물질에 대한 집착에서 자유로워질 수 없습니다. 하나님께 대한 신뢰 그리고 하나님의 백성으로서 물질이 아니라 그분의 은혜로 살아간다는 신앙 고백 없이는 자기가 아닌 다른 사람들을 위하여 허비하기까지 물질을 사용하기란 결코 쉽지 않습니다. 그러나 우리가 이전에 그렇게 집착하던 물질도 마음을 바치는 사랑과 비교하면 아무 것도 아닙니다.

　생각해 보십시오. 변하지 않는 영혼들을 붙들고 눈물로 씨름하는 것과 그들을 위하여 몇 가지 선물을 준비하는 것 중 어느 것이 더 쉽습니까? 영혼들에게 가르칠 진리가 먼저 자신의 마음에 스며들도록 말씀과 더불어 씨름하면서 토요일을 보내는 것과 공과 공부 시간을 교제 시간으로 때우기 위하여 햄버거를 사 먹이는 것 중 어느 것이 더 쉽습니까?

　여기서 우리는 영혼을 섬기는 교사의 삶이 어떠해야 하는지를 보게 됩니다. 교사는 그 직무와 섬기는 영혼들을 위하여 자신의 전부를 쏟아 부어야 합니다. 영혼을 섬기는 교사의 직무는 아르바이트하듯이 감당할 수 있는 일이 아닙니다. 그러기에 주어진 시간에만 열심히 일하면 약속된 시급을 받을 수 있는 아르바이트와 달리, 교사의 의무와 부담은 영혼들에게 하나님의 말씀을 가르치는 공과 공부 시간에만 제한되지 않습니다.

주일에 교회에 와서 성경을 가르치고 상담해 주는 시간은 잠깐이지만, 그 잠깐 동안의 만남을 위하여 일주일 내내 준비가 필요합니다. 교사란, 사랑하는 영혼들과의 짧은 만남을 꿈결 같은 시간으로 여기며, 끊임없이 자기 온 마음과 소유를 쏟아 부어서라도 그 영혼들의 변화를 갈망하는 사람들이어야 합니다. 사랑은 자기가 사랑하는 대상 이외에는 모두 하찮게 생각하는 정서에 기초합니다. 하나님이 맡겨 주신 영혼들을 진정으로 사랑하게 되면, 그 영혼들의 변화를 위해서라면 아무 것도 아깝지 않을 것입니다. 이것이 바로 자신을 교사로 불러 주신 하나님을 향한 사랑이기도 합니다.

자기를 주는 기쁨

제가 처음 크게 은혜를 받은 것도 교회학교를 섬기면서였고, 목회에 소명을 받고 신학을 하기로 한 것도 유년 교회학교에서 교사로 봉사하던 때였습니다. 은혜를 받고 나니 그 영혼들을 위하여 무엇인가 헌신하고 희생할 수 있다는 것이 그렇게 기쁠 수가 없었습니다. 하나님 앞에 나아갈 때마다 사랑하는 주님께 드릴 것이 별로 없다는 사실이 몹시 안타깝기만 했습니다.

저는 처음 은혜를 받았을 때, 어린 영혼들을 섬기며 사는 것이 너무나 즐거워서 연애하는 것도 잊어버렸습니다. 아침 출근길에 지하도 계단을 오르내리고 전철을 타고 내릴 때나, 잠자리에 들거나 이른 새벽 깊은 잠에서 깨어날 때나 언제나 제 머릿속은 영혼들에 대한 생각뿐이었습니다.

아침 일찍 출근하면서 교회에 들러 거기 모인 아이들에게 성경을 읽어 주고 한 사람씩 기도해 준 후 아이들의 손을 잡고 학교 정문 앞까지 데려다 준 후에야 출근하곤 하였습니다. 퇴근 때 교회에 들르면 저녁을 먹고 골목에 나온 어린아이들이 성경을 배우려고 저를 기다리고 있었습니다. 어린 영혼들을 심방하고 기도해 준 다음 교회에서 집으로 퇴근하는 길은 언제나 섬기는 기쁨으로 가득하였습니다.

저는 그때 평생 이런 사역을 계속할 수 있다면 얼마나 복될까 하고 생각하곤 하였습니다. 하나님께서는 제가 아직 목회자가 되기를 결심하기도 전인 그때 그런 섬김의 과정을 통하여 목회에서 가장 중요한 이치들을 미리 습득하게 하셨습니다. 제가 주님과의 인격적인 만남과 사랑의 경험은 반드시 영혼들을 위하여 무엇인가 헌신하도록 만들어 준다고 말씀드리는 것도 바로 이 때문입니다.

해마다 여름 성경학교를 계획하는 시기가 되면 당회나 제직들과 교회학교 교사들 사이에 예산을 가지고 줄다리기를 하는 상황이 종종 벌어집니다. 잘되는 교회학교의 풍경은 아닙니다. 저는 평신도로서 교회학교 지도자로 섬길 때부터, 지도자들과 교사들이 그 해 여름 성경학교를 위하여 넘치도록 마음껏 헌신할 수 있도록 기회를 마련해 주었습니다. 그 결과는 언제나 넘치도록 부어 주시는 하나님의 축복을 불러왔습니다.

교회의 재정 출납을 관리하는 재정 위원들이나 교회학교 교사들 모두 섬기는 자로서 영혼들의 변화에 관심을 가져야만 합니다. 돈이 많고 적고, 혹은 누가 그 비용을 충당하는지는 그리 중요하지 않습니다.

저는 여러 교회학교를 돌아보았지만, 교회학교 운영을 위하여 돈타령하는 교회 치고 참된 부흥을 경험하는 곳을 본 적이 없습니다. 그리스도가 십자가에서 보여 주신 말할 수 없는 사랑에 감동된 사람들에게는 물질과 자신을 드려 헌신할 기회를 얻는 것이 마치 밭에서 보화를 찾아낸 것처럼 기쁘기 그지없는 일입니다. 무엇 때문에 망설이겠니까? 주님을 위하여 죽고 영혼들을 위하여 사는 것밖에는 참된 보람이 없는데 말입니다.

우표가 뭐기에

제가 아직 직장을 다니던 시절, 알고 지내던 중년 신사 한 사람이 있었습니다. 우표 수집이 취미였던 그에게는 여러 해 동안 애써 모은 우표를 보관하는 일이 큰 골칫거리였습니다. 집에 대형 금고를 들여 놓고 그 안에 우표를 보관하던 그 사람은, 어느 날 예전에 모아 두었던 우표를 정리하다가 난처한 일을 만났습니다. 오랫동안 보관했던 우표가 금고 속에서 습기에 차 누렇게 색이 바랬던 것입니다.

그는 방 두 칸짜리 집에 살면서 두 아이와 아내를 거느린 집안의 가장이었습니다. 그러던 그가 결국 아이들 방을 빼서 전세로 주고, 그 전셋돈으로 습기가 차지 않도록 우표를 잘 보관할 수 있는 일제 금고를 마련하였습니다. 네 식구가 한 방에서 사는 불편을 감수하고서 말입니다.

한낱 취미 생활로 우표를 모으는 사람도 거기에 마음을 쏟다 보면 아까운 것이 없는 법인데, 하물며 십자가의 사랑에 감동을 받아 영혼 섬기는 일에 자신을 바친 교사가 무엇이 아깝겠습니까? 진정한 교사라면, 영혼들이 잘되는 일에는 무엇을 바쳐도 아깝지 않을 것입니다. 하물며 언제든지 다시 얻을 수 있는 재물이야 말해서 무엇 하겠습니까? 우리가 물질을 허비하는 것이 영혼들을 세우는 데 도움이 된다면 말입니다. 가장 쉽게 버릴 수 있고, 가장 쉽게 다시 얻을 수 있는 물질조차 아까워하는 사람의 영혼 섬김에서는 부으시는 하나님의 축복을 기대할 수 없습니다.

그리스도 앞에서 아끼는 것이 많은 사람들의 마음은 정결하지 않습니다. 그리고 그렇게 마음이 정결하지 않은 사람이 하나님의 임재 앞에서 사는 것은 불가능합니다. 왜냐하면 예수님이 친히 이같이 말씀하셨기 때문입니다.

"마음이 청결한 자는 복이 있나니 저희가 하나님을 볼 것임이요" 마 5:8.

온 마음을 다해 자신에게 맡겨진 영혼들을 섬기는 사람은 자기 것을 버리는 것이 조금도 아깝지 않습니다. 그들은 그렇게 자신을 희생하면서 섬길 기회만 오면 마치 그 기회를 기다렸다는 듯이 소중히 여기며 섬길 사람들이기 때문입니다.

결코 낭비가 아닌 허비

이어서 사도는 "내 자신까지 허비하리니……."라고 말합니다. 잃어버린 영혼들 그리고 이미 구원받은 고린도 교회 교인들의 거룩한 성숙을 위하여 쏟아 붓는 자신의 수고가 얼마나 큰지, 영혼을 세우는 이 일의 중요성을 모르는 사람들의 안목으로 평가하자면 사도 바울이 마치 자신을 허비하는 것처럼 보인다는 의미입니다. 그러나 그렇게 자기를 허비하는 삶의 원조는 우리 주님이셨습니다.

예수 그리스도께서는 잃어버린 영혼을 구원하시기 위하여 하늘 영광을 버리시고 낮고 천한 이 세상에 오셨습니다. 우는 자들과 함께 우시고 고통받는 자들과 함께 고통당하시면서 소외된 자들의 친구로, 세상에서 낙인찍힌 자들의 이웃으로 일생을 사셨습니다.

그분께서 십자가에서 자기 몸을 화목 제물로 주셨을 때 누가 그 곁에서 그분의 눈물과 흐르는 피를 닦아 드렸습니까? 하늘의 해도 빛을 잃은 그 고통스러운 순간에, 그분의 사랑을 받았던 많은 사람들 가운데 몇 명이나 주님을 못박아 사랑을 원수로 갚는 세상을 미워하며 그분 곁에 서 있었습니까? 그럼에도 불구하고 우리 주님은 이렇게 기도하셨습니다. "아버지여, 저들의 죄를 용서해 주옵소서."

예수 그리스도가 이 땅에 살면서 당하신 희생과 고난, 그리고 그 모든 아픔과 헌신이 모두 쓸데없는 낭비였다고 생각하는 사람들도 있을 것입니다. 그러나 결코 그렇지 않습니다. 그분의 희생과 사랑은 우리의 반응에 따른 것이 아니라 그분의 영혼 안에 거하시는 하나님 아버지의 사랑의 성품에서 흘러 나왔기에, 그분은 우리를 위하여 허비하는 삶을 사셨습니다.

지금 사도 바울의 이 고백은 자신에게 맡겨진 영혼들에게 자그마한 유익이라도 끼칠 수 있다면 자신의 커다란 희생을 큰 것으로 여기지 않겠다는 의미입니다. 영혼들의 행복을 위해서라면 자신의 물질뿐 아니라 자기 자신까지 송두리째 주고 싶다고 말하고 있는 것입니다. 교회가 살기 위해서는 이런 교사들이 필요합니다. 목자 잃은 양 같은 영혼들을 사랑하는 마음이 없거나, 있더라도 아주 적은 교사들은 객관적이고 실리적인 관점에서 이렇게 반문할 수 있을 것입니다. "그 일이 유익하지 않다는 것은 아닙니다만, 그렇게까지 커다란 희생을 치를 필요가 있겠습니까?"

마음을 다하여 자기 주인을 섬겼던 어느 충성스러운 하인의 일화가 생각납니다. 날이 몹시 춥던 어느 날, 주인이 외출하기 위하여 대청마루를 내려서는데 웬일인지 새로 산 신발이 보이지 않았습니다. 주인은 틀림없이 종이 신발을 탐하여 훔쳐 갔다고 여기고 마당을 쓸고 있던 종을 불러 새 신발이 어디 갔느냐고 호통을 쳤습니다. 아니나 다를까, 종은 품안에서 신발을 꺼냈습니다. 그러나 사실은, 주인을 진심으로 사랑하는 그 종은 자기 주인이 추운 날씨에 차가운 신발 신을 것이 안쓰러워서 신발을 가슴에 품어 자기 체온으로 따뜻하게 덥혀 놓았던 것입니다. 사랑하는 마음에서 우러나온 허비입니다.

잊을 수 없는 손바람

저도 그런 사랑을 받아 본 적이 있습니다. 오랫동안 부모님과 떨어져 서울에서 생활해야 했던 저는 할머니의 사랑을 유난히도 많이 받았습니다. 힘겹도록 가난하던 시절, 할머니와 저는 슬레이트로 지붕을 얹은 집에서 살았습니다.

무더운 여름, 밤늦도록 공부하다가 찌는 듯한 더위 속에 홑이불을 허리에 감고 누워 깊은 잠이 들라치면, 시각도 알 수 없는 그 한밤중에 어디선가 시원한 바람이 불어 와 온몸을 식혀 주곤 했습니다. '우리 집에는 선풍기도 없는데 어디서 이렇게 시원한 바람이 불까?' 하고 의아해 하며 자다가 눈을 떠 보면 할머니께서 주무시다 말고 일어나 앉으셔서 부채질을 하고 계셨습니다. 땀을 흘리며 곤히 자는 다 큰 손자가 안쓰러워 부채질을 해주시느라 당신은 언제나 잠을 설치곤 하셨습니다. 세월이 흘러도 잊히지 않는 바람입니다. 지금도 그 밤에 우두커니 홀로 앉아 부채질하시던 할머니의 모습을 떠올리면 눈가에 촉촉이 눈물이 고입니다.

다른 사람들 눈에는 그런 할머니의 희생이 허비로 보였겠지만, 저를 유난히 사랑하셨던 그분에게는 그러한 희생이 허비가 아니라 보람이었습니다. 저를 사랑하시던 할머니의 마음이 그분의 수고를 허비로 여기지 않도록 한 것입니다.

교사인 우리는 누구입니까? 자신을 태워서 온 방을 밝게 비추는 것이 양초의 사명이듯, 우리 또한 주님의 사랑하시는 영혼들을 위하여 자신을 허비하도록 세워진 사람이 아닙니까? 그렇게 살게 하시려고 남들은 만나지 못한 주님을 만나게 하셨고, 남들은 받지 못한 사랑을 받게 하신 것이 아닙니까? 우리는 우리가 가르치는 영혼들과는 비교가 되지 않는 하나님의 크신 은혜와 자비를 입은 사람이기에, 영혼들을 위하여 치르는 희생이 결코 아깝다고 말할 수 없습니다.

저는 교사인 독자 여러분에게 묻습니다. 여러분께 맡겨진 영혼들이 여러분 인생의 전부입니까? 그들 영혼이 잘될 수만 있다면 여러분은 언제 어디서 무엇을 견디며 살든지 괜찮습니까? 잠을 잘 때 그들 꿈을 꾸고, 잠을 깨면 떠오르는 첫째 생각이 그 영혼들입니까? 그들을 사랑하는 마음에 병이 다 날 정도로 그 영혼들의 이름 석 자가 여러분 마음 깊은 곳에 새겨져 있습니까?

자기가 깨어질 때

우리는 눈물로 예수님의 발을 씻겨 드리고 향유를 부었던 여인, 성경이 '죄인'이라고 기록하였던 여인을 기억합니다. "그 동네에 죄인인 한 여자가 있어 예수께서 바리새인의 집에 앉으셨음을 알고 향유 담은 옥합을 가지고 와서 예수의 뒤로 그 발 곁에 서서 울며 눈물로 그 발을 적시고 자기 머리털로 씻고 그 발에 입맞추고 향유를 부으니"눅 7:37-38.

같은 사건을 기록한 다른 복음서에서는 이 같은 여인의 행동을 본 제자들의 반응을 이렇게 기록합니다. "제자들이 보고 분하여 가로되 무슨 의사로 이것을 허비하느뇨 이것을 많은 값에 팔아 가난한 자들에게 줄 수 있었겠도다"마 26:8-9.

또 다른 복음서는 이 향유가 약 300데나리온이나 나가는 값진 물건이었다고 기록합니다막 14:4. 이 금액을 오늘날의 가치로 환산해 보면, 약 1,500만 원에서 1,800만 원이나 되는 거액입니다. 여인은 예수님의 한 끼 식사 자리를 향기롭게 하기 위하여 이 같은 고가의 향유를 몽땅 부어 버렸습니다.

여인과 같은 구원과 사랑의 감격이 없었던 제자들에게 그 여인의 행동은 이해할 수 없는 허비처럼 보였습니다. 그러나 예수님을 진심으로 사랑하는 여인에게는 결코 허비가 아니었습니다. 제자들과 이 여인의 차이는 경제적인 생활 수준의 차이가 아니라 사랑의 수준 차이였습니다.

주님을 진실로 사랑하는 이 여인에게는 향유의 가격이나 자신의 경제적인 처지 따위는 하나도 중요하지 않았습니다. 그분은 자신에게 가장 값진 것을 한 몸에 받으시기에 합당한 분이시라는 믿음이 가장 중요했습니다.

여인이 옥합을 깨뜨렸을 때 온 방안이 아름다운 향기로 가득했던 것처럼, 우리 교사들이 자신을 깨뜨려 영혼을 위하여 허비할 때 그의 섬기는 현장은 그리스도의 향기로 가득 찹니다. 그 아름다운 사랑의 향기가 희생을 통하여 내뿜어져 나올 때, 그 향기로 인하여 하나님은 그 섬김 가운데 계십니다.

신앙 양심이 마비되어 버린 영혼들이 하나님을 만나는 감격에 벅찬 목양의 축복이 있기 전에, 먼저 그 자리에는 항상 자신을 깨뜨려 허비하도록 바친 사람들이 있었습니다.

절망 속에 피는 축복

우리가 정말 하나님을 깊이 사랑한다면 그만큼 처절하게 주님을 위하여 살아야 합니다. 그러한 바람이 영혼을 섬기는 동기가 되어야 합니다. 예수를 믿고 그 뒤를 따라가는 우리가 영혼을 섬기는 도중에, 그들을 위하여 아무 것도 할 수 없다는 생각으로 절망해 보지 않고는 하나님께서 영혼을 축복해 주시는 은혜로 말미암는 희락이 무엇인지도 모릅니다.

섬기는 영혼들 앞에서 자신이 얼마나 연약한지를 체험해 보지 않은 사람은 그들을 통해 받는 위로가 얼마나 큰지도 모릅니다. 사도 바울은 이러한 경험의 표본입니다. 그는 영혼을 위하여 고난에 넘치는 삶을 사는 것이 무엇인지 알았으며, 힘에 지나도록 심한 고생을 받아 살 소망까지 끊어지는 것이 무엇인지를 경험으로 알았습니다.

그런데도 바울은 그렇게 섬기며 사랑하는 영혼들에 대한 기쁨과 자랑을 이렇게 말합니다. "그러므로 나의 사랑하고 사모하는 형제들, 나의 기쁨이요 면류관인 사랑하는 자들아 이와 같이 주 안에 서라" 빌 4:1. 이것이 바로 교사인 우리에게도 반복되어야 할 고백입니다.

마음의 강제력

이처럼 영혼들을 섬기기 위하여 부름 받은 교사들은 하나님을 사랑하는 마음으로 자기의 모든 것을 던져 헌신해야 합니다. 그럴 때 비로소 섬기는 우리 자신도 변화될 수 있습니다. 교회학교에서 진정한 하나님의 부흥을 보기 원한다면, 섬기는 사역을 통하여 영혼들이 회심하여야 한다는 단호한 목표가 필요합니다.

주님을 위하여 생사를 건 한 사람의 교사는 자기를 희생하지 않으려고 몸을 사리는 수백 명의 교사가 할 수 없는 일을 해냅니다. 하나님이 그와 함께 하시기 때문입니다. 교사로서의 사명감은 그 일을 하지 않으면 안 된다는 신직인 강세틱을 마음에 느끼는 것으로 시작됩니다. 이 사명을 감당하게 하는 분은 내 속에 있는 '나'가 아니라 '하나님'이십니다. 그래서 아무리 그러한 의무감을 잊어버리려고 애를 써도 도무지 뿌리칠 수 없는 마음의 강제력이 바로 교사로서의 소명감입니다.

사도 바울은 자신이 부득불 복음을 전하지 않으면 화가 있으리라고 말했습니다. 예수 그리스도께서 바울을 만나셨을 때, 그에게 복음을 전하지 않으면 심판하겠다고 말씀하셨습니까? 그렇지 않습니다. 주님은 단지 이렇게 말씀하셨습니다. "일어나 네 발로 서라 내가 네게 나타난 것은 곧 네가 나를 본 일과 장차 내가 네게 나타날 일에 너로 사환과 증인을 삼으려 함이니 이스라엘과 이방인들에게서 내가 너를 구원하여 저희에게 보내어 그 눈을 뜨게 하여 어두움에서 빛으로, 사단의 권세에서 하나님께로 돌아가게 하고 죄 사함과 나를 믿어 거룩케 된 무리 가운데서 기업을 얻게 하리라" 행 26:16-18.

그리스도께서는 사명을 주셨을 뿐, 그것을 감당하지 않으면 심판이 임하리라는 처벌 조항은 말씀하지 않으셨습니다. 그런데도 바울은 자신이 복음을 전하지 아니하면 화를 당할 것이라고 확신했습니다. 무엇이 그를 그렇게 만들었습니까? 그리스도를 위하여 잃어버린 영혼들에게 복음을 전하지 아니하면 견딜 수 없을 것 같은 고통이 그렇게 만들었습니다.

불붙는 사랑이 최고의 교재

우리는 오늘날 교회 교육의 어려움을 말하면서 입버릇처럼 "요즘은 옛날과 너무나 다르다."고 이야기합니다. 물론 사람도, 사회 환경도 너무나 달라졌기에 우리에게는 새로운 교육 방법이 필요합니다. 그러나 방법과 시대 상황 때문에 어쩔 수 없는 한계처럼 이해되는 악조건들은 대부분 영혼에 대한 뜨거운 사랑으로 극복할 수 있습니다.

하지만 영혼에 대한 뜨거운 사랑이 부족한 것은 그 어떤 것으로도 대신할 수가 없습니다. 영혼을 구원하고 그들을 좋은 그리스도인으로 세우는 섬김은 언제나 어려운 일이며 교사에게 수많은 희생을 요구합니다. 더 나은 방법이 있을지는 모르겠지만, 지름길이라는 것은 있을 수 없습니다.

교회 교육에서 아무리 지적하여도 지나침이 없는 가장 근본적인 문제는, 교사들의 가슴에 영혼들을 향하여 자기의 모든 것을 내어 주려는 불붙는 그리스도의 사랑이 없다는 것입니다. 영혼을 인도하는 자가 마땅히 지녀야 할 이러한 사랑에 대하여 사도는 말합니다. "우리가 만일 미쳤어도 하나님을 위한 것이요 만일 정신이 온전하여도 너희를 위한 것이니 그리스도의 사랑이 우리를 강권하시는도다" 고후 5:13-14上.

그리스도를 깊이 사랑하는 인격에서 흘러 나오는 영혼 사랑이야말로 최상의 교재이며 최고의 부흥 방법입니다. 계곡에서 급히 흐르는 물을 잠시 가두어 두거나 돌아가게 할 수는 있어도 흐르지 못하게 할 수는 없듯이, 교회학교에 아무리 여건상의 어려움이 많다고 할지라도 그것이 영혼을 향한 뜨거운 사랑을 막을 수는 없습니다. 영혼을 섬기는 교사로 부름 받은 우리의 참된 기쁨과 자랑은 우리의 섬김을 통하여 구원을 얻은 주님의 자녀들입니다. 거룩한 성도의 길을 걸어온 그 백성들이 그리스도 앞에 설 때 그들은 우리가 주님께 드릴 향기로운 예물이 되는 것입니다.

우리와 같이 영혼 섬기는 길을 걸었던 사도 바울은 빌립보 교회 교인들을 자기의 "기쁨이요 면류관"이라고 불렀습니다 빌 4:1. 그는 예수님께서 보여 주신 모범을 따라 자신을 아낌없이 허비하면서 그 영혼들이 그리스도 예수님의 면전에서 자기와 함께 설 것이라는 사실 자체를 면류관으로 여겼습니다. 바로 그러한 소망 때문에 바울은 고난이 넘치는 섬김의 현장에서도 하나님을 바라볼 수 있었습니다. 우리 교사들은 바로 이렇게 섬기며 살다가 하나님 앞에 가도록 부름 받은 사람들입니다.

미치기를 바라니이다

하나님의 일은 하나님에 대한 사랑으로 미친 사람들만이 해낼 수 있습니다. 우리가 그 동안 교사로서 무엇을 하면서 살아왔는지 생각해 보십시오. 우리가 가르치는 영혼들이 우리의 섬김을 통하여 얼마나 구원받았는지 생각해 봅시다. 혹시 너무나 많은 날 동안 책임감 없이 사명감 없이 아무렇게나 교사 생활을 해 오지는 않았습니까? '조금만 더 철저히 가르치고 조금만 더 눈물 뿌리는 헌신으로 영혼들을 섬겼더라면 좀 더 많은 영혼을 그리스도를 아는 지식에 이르게 할 수 있었을 텐데……' 하는 후회가 우리에게 있지 않습니까?

만약 우리가 적당히 영혼들을 섬기고도 하나님 앞에 반성하는 마음과 가슴 아파하는 회개가 없다면, 교사인 우리의 영혼이 우리의 섬김을 받는 영혼들보다 더욱 위험한 상황에 놓여 있는 셈입니다.

우리 교사들은 모두 세상 사람들이 쉽게 동의해 줄 수 없는 목표에 미친 사람들이 되어야 합니다. 세상에서는 일찌감치 포기한 사람들, 혹은 세상에서 버려진 영혼들의 운명을 직시하며, 그들이 그리스도의 사람이 되는 일이 우리의 섬김을 통하여 이루어지기를 바라는 마음에 미친 사람들이 되어야 합니다. 비정상적인 사람처럼 미쳐야 합니다.

바울이 그리스도의 복음을 인하여 체포당해 베스도에게 심문받을 때의 일을 기억해 보십시오. 목숨을 걸고 그리스도에 대하여 증언하는 사도의 말을 들으며, "바울아 네가 미쳤도다 네 많은 학문이 너를 미치게 한다"라고 소리 지르는 베스도에게 바울이 무어라고 말했는지 생각해 보십시오.

그는 말합니다. "베스도 각하여 내가 미친 것이 아니요 참되고 정신 차린 말을 하나이다……아그립바가 바울더러 이르되 네가 적은 말로 나를 권하여 그리스도인이 되게 하려 하는도다 바울이 가로되 말이 적으나 많으나 당신뿐 아니라 오늘 내 말을 듣는 모든 사람도 다 이렇게 결박한 것 외에는 나와 같이 되기를 하나님께 원하나이다" 행 26:25-29.

　교사들이 이렇게 영혼들을 위하여 미치지 아니하면 황폐한 교회학교가 되어 버립니다. 영혼들을 위하여 생사를 걸지 않는 교사는 삯꾼입니다. 삯꾼은 어떤 상황에서든지 양떼를 위하여 생명을 거는 일이 없지만, 선한 목자는 언제나 그 일이 필요한 상황에서는 생명을 걸고 양떼들을 지키고자 합니다. 왜냐하면 그의 인생의 가치는 양떼들이 생명을 보존하고 풍성한 삶을 살아가는 데 있기 때문입니다. 이처럼 목숨을 건 섬김의 차이는 곧 사랑의 차이입니다.

| 묵 | 상 | 질 | 문 |

1. 당신이 교사로 섬기게 된 동기는 무엇이었습니까? 저자는 교사로서의 부르심의 기초가 주님을 사랑하는 것이라고 말합니다. 당신이 갖고 있던 섬김의 동기와 저자가 이야기하는 부르심의 기초가 어떻게 다릅니까?
2. 예전에 비해 오늘날의 교회에는 훌륭한 프로그램과 실력 있는 교사의 가르침이 넘쳐 납니다. 그럼에도 영혼들의 참된 변화가 희박한 이유가 무엇인지 생각해 봅시다.
3. 당신은 교사로 섬기면서 부득이하게 '재물을 허비' 해야 할 때, 인색한 마음이 들었던 경험이 있습니까? 예수 그리스도께서 잃어버린 영혼들을 위해 어떤 생애를 사셨는지 본 장을 통해 살펴보면서 그 이유를 생각해 봅시다.
4. 교사들은 영혼을 섬기되 어느 정도까지 섬겨야 합니까(행 26:25-29)? 영혼들을 위해 생사를 건다는 것은 구체적으로 무엇을 의미합니까?

이 책을 꼭 읽으십시오

『불꽃 목양에 빠져라』

김남준 지음
서울: 규장문화사, 1998
277쪽
스터디 교재 있음

● 이 책은 목회자를 위한 책이 아니라 평신도들에게 목양이 무엇인지를 알게 하려는 의도에서 저술된 책이다. 책 전체가 다루는 성경 본문은 그 유명한 목자의 장(章)인 요한복음 10장 1-18절이다. 저자는 교회 목양 현장에서 나타나는 아픔 가운데 대부분은 목양이 무엇인지 잘 모르는 사역자들과 목양받는 것이 무엇인지 잘 이해하지 못하는 영혼들 때문에 생긴다고 주장하면서, 가르침을 받는 영혼들에게도 목양이 무엇인지를 바로 가르쳐 주고자 한다. 원래 저자가 염두에 둔 독자층은 교회학교 교사와 청년부 리더, 장년 구역장이었는데 순수하게 목회자를 위한 책으로 오해되었다.

● 이 책에서도 영혼들을 목양하기 위한 사역은 그 원리에서 목사와 교사가 마찬가지라고 주장한다. 저자는 이 책에서 한 사람의 그리스도인이 영혼을 섬기는 사역으로 부름 받은 것은 일에 대한 헌신이 아니라 먼저 개인적으로 그리스도를 만남으로써 시작된다고 주장하는데, 이것은 양들이 그리스도 때문에 그에게 목양을 받게 되는 것과 마찬가지라는 사실을 성경적으로 논증해 간다. 저자는 이 책에서 영혼을 돌보는 목자의 소명과 그의 직무, 불완전한 인간을 사용하셔서 영혼을 목양하게 하시는 하나님의 계획, 목양의 궁극적인 목표, 목자와 양 사이의 경험, 목양을 통하여 양들에게 풍성한 삶이 이루어지지 않는 이유, 목양의 선교적인 사명들을 성경의 원리와 조국 교회의 현실에서의 적용 사이를 오가며 친절하게 논증하고 있다.

● 교사들이 이 책을 읽는다면 한편으로는 목회자에게 어떤 목양을 기대해야 하는지를 배우게 되고, 다른 한편으로는 자기에게 영혼들을 맡기실 때 하나님이 무엇을 기대하셨는지를 깨닫게 되어, 사역의 방향과 나아가야 할 진로가 분명하게 보일 것이다.

『하나님의 깊은 사랑을 경험하라』

- 저자는 이 책에서 사랑하는 연인을 잃은 어느 청년의 실연 경험과 하나님의 사랑을 잃어버린 시인의 경험을 비교하면서 사랑이라는 정서의 질적인 공통점을 설명하고, 사랑의 고전인 아가서가 왜 연인의 사랑을 소재로 하나님과 성도, 그리스도와 교회의 사랑의 관계를 예증하려고 했는지를 밝힌다. 그리고 아가서를 통한 논증을 끝낸 후 곧바로 신약, 아니 성경 전체의 최대 교훈인 "마음과 뜻과 성품과 목숨을 다하여 주님을 사랑하는 것"에 대하여 반 권 이상의 분량을 할애하여 구체적으로 논증해 간다.

- 이 책은 단지 사랑에 관한 분석적인 논문이 아니라, 글을 읽어 가는 동안 자기 속에 하나님을 향한 사랑이 얼마나 박약한지를 깨닫게 하여 하나님과의 친밀한 사랑을 그리워하고 갈망하게 만드는 힘이 있다. 저자가 화두에서 인용하는 청교도 존 오웬(John Owen)의 글은 인용만으로도 사랑에 관한 잘못된 의식의 허를 찌른다. "성도가 하나님을 사랑한 나머지 상사병에 걸릴 수도 있다는 사실을 모르는 사람들에게 성경의 진리가 얼마나 보이겠는가?"

- 교사가 영혼을 섬기는 이유가 그 일이 좋아서가 아니라 남다른 하나님의 사랑을 알았기 때문이라는 저자의 주장에 동의한다면, 결국 우리의 모든 사명감과 섬김의 문제는 하나님을 사랑하는 일에 귀착된다. 좋은 교사가 되는 길은 섬김만을 가지고 고민하는 것이 아니라 섬기는 자신의 영적인 한계와 씨름하는 것이다. 그런 점에서 이 책은 스스로 보지 못하는 자기 영혼의 어려움과 한계의 원인을 밝히고 치료책을 제시한다.

- 시원한 편집, 아름다운 사진과 그림이 독자들의 시선을 편안하게 해 줄 것이다. 최근에 출판된 책이지만, 책을 만드는 과정 중에 여러 사람에게 영적으로 커다란 각성을 안겨 주어 자신들 속에 하나님을 향한 사랑 없음에 많이 울게 만든 책이다. 개인적인 독서는 물론 그룹 스터디도 권하고 싶은 책이다.

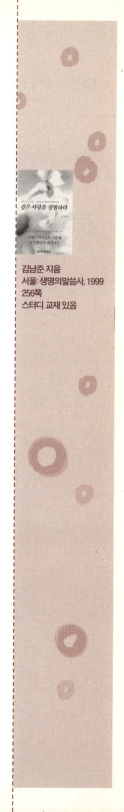

김남준 지음
서울: 생명의말씀사, 1999
256쪽
스터디 교재 있음

서로 하나님을 사랑하도록 격려하고,
영혼들에게 진리를 가르침으로써 이루고 싶은 거룩한 공동체의 모습을
교사들의 모임 안에서 먼저 이루어 가야 합니다.

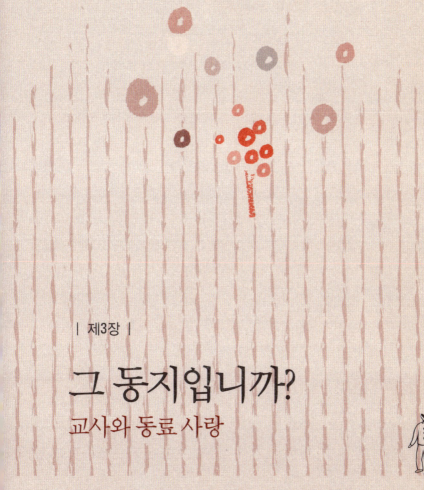

| 제3장 |

그 동지입니까?
교사와 동료 사랑

"너희가 그리스도 예수 안에서 나의 동역자들인 브리스가와 아굴라에게 문안하라 저희는 내 목숨을 위하여 자기의 목이라도 내어 놓았나니 나뿐 아니라 이방인의 모든 교회도 저희에게 감사하느니라"(롬 16:3-4).

Christian Teaching in Revival

전쟁과 전우애

제가 어린 시절에는 어쩌다가 아버지와 마주 앉으면 제일 신나는 이야기가 전쟁 이야기였습니다. 참전 용사이신 아버님은 한국전쟁 때 북한군의 사격으로 다리에 관통상을 입으셨습니다. 어린 마음에 저는 아버지가 참전 용사라는 사실이 자랑스러웠고, 아버지가 전쟁 이야기를 들려주실 때면 마치 제가 거기에 가 있는 듯한 착각을 할 정도로 대화에 흠뻑 빠져 들곤 하였습니다.

아버지의 전쟁 이야기를 들으면서 제일 흥미를 느꼈던 주제 중 하나는 '전우애'였습니다. 평화로운 때에는 그렇게 자기만 알던 이기적인 군인들이 비 오듯 총알이 쏟아지고 사방에 포탄이 떨어져서 여기저기서 아군과 적군이 함께 죽어 가는 상황이 되면 상상을 초월하는 전우애를 발휘한다고 합니다. 뒤에서 적군의 집중 사격을 받고 피투성이가 되어 쓰러진 전우의 모습을 보면 갑작스레 전의에 불타는 군인으로 변한다는 것입니다.

적군의 사격을 피하여 바위 뒤에 단단히 붙어 있던 군인들 역시 전우가 피를 흘리며 죽어 가는 모습을 목격하면, 자기도 모르게 벌떡 일어나 적진을 향해 사격을 하며 달려간다는 것입니다. 그렇게 군인들은 서로에 대한 사랑을 확인하게 됩니다. 영혼을 섬기는 현장도 전쟁터와 같습니다. 비록 총소리도 들리지 않고 탱크도 보이지 않지만, 그곳은 소리 없는 영적 전쟁터입니다. 교사들은 거기서 한편으로는 구원받은 영혼들을 지키고, 또 한편으로는 아직 구원받지 못한 영혼들을 마귀의 손아귀에서 탈취하여 구하도록 부름 받은 전사입니다. 또한 교사들은 이렇게 동일한 목표를 위하여 부름 받은 동료 교사들에게 전우애를 품은 동역자가 되어야 합니다.

바울의 동역자들

사도 바울을 보십시오. 그의 주변에는 항상 헌신적인 동지가 있었습니다. 그래서 로마서는 말합니다. "나의 동역자들인 브리스가와 아굴라에게 문안하라 저희는 내 목숨을 위하여 자기의 목이라도 내어 놓았나니."

사도 바울 주위에는 이처럼 목이라도 내어 놓을 많은 동역자들이 늘 있었습니다. 그는 한 교회만 섬기지 않고 세계를 두루 돌아다니며 선교사의 삶을 산 사람이었습니다. 그런데 그에게는 세상 어디를 가든지, 자기 목숨도 아끼지 않고 그를 도우려는 사람들이 있었습니다. 그들은 사도 바울이라는 개인에게 매료된 사람들이 아니라 그를 사로잡고 계신 그리스도께 사로잡힌 사람들이었습니다. 사도 바울이 로마에 있는 그리스도인들에게 보낸 편지의 마지막 장을 보면 36명의 이름이 나옵니다. 그들은 모두 사도 바울에게는 잊을 수 없는 동역자들이었습니다. 정도의 차이는 있지만 그들은 모두 브리스가와 아굴라처럼 주님을 사랑하는 사람들로서 사도를 위해서 목이라도 내놓을 만한 사람들이었습니다.

그러나 사도 바울은 그들을 자기 사람으로 만드는 데는 추호도 관심이 없었으며, 오로지 사람들에게 예수의 복음을 전하고 그들 가슴속에 예수 그리스도의 참사랑을 심어 주는 데만 관심이 있었습니다. 자기 자신은 그 사람들에게서 잊혀진 바 되고, 오직 그리스도 예수만이 그들에게 기억되기를 원한 사람이었습니다.

바울의 이런 목회 정신은 고린도전서 첫 장에서도 잘 나타납니다. 그 당시 고린도교회 성도들은 도시의 정신을 따라 파당을 이룬 채 서로 분쟁하고 있었습니다. 이를 안타까워하던 사도는 이렇게 말합니다. "이는 다름 아니라 너희가 각각 이르되 나는 바울에게, 나는 아볼로에게, 나는 게바에게, 나는 그리스도에 속한 자라 하는 것이니 그리스도께서 어찌 나뉘었느뇨 바울이 너희를 위하여 십자가에 못박혔으며 바울의 이름으로 너희가 세례를 받았느뇨 그리스보와 가이오 외에는 너희 중 아무에게도 내가 세례를 주지 아니한 것을 감사하노니 이는 아무도 나의 이름으로 세례를 받았다 말하지 못하게 하려 함이라" 고전 1:12-15.

그는 자신이 단지 복음을 전하는 그리스도의 도구일 뿐 아무 것도 아니라고 말합니다. 그러면서 햇빛과 비를 주셔서 열매 맺게 하시는 분은 오직 하나님이심을 강조합니다. 사도 바울의 삶의 목표는 철저하게 그리스도를 드러내는 것에 맞추어져 있었습니다. 그러나 그는 언제나 홀로 일하지 않았습니다. 그의 곁에는 항상 헌신적인 동역자들이 있었습니다.

사도에게는 복음으로 말미암는 신앙의 감화력이 있었기 때문에 그가 말씀을 전하는 곳에서는 언제나 사람들이 그리스도를 만났습니다. 그리고 그리스도를 만난 그들은 사도에게 주신 그리스도의 부르심에 동참하기를 원했고, 그렇게 그와 함께 섬기는 것을 영광으로 알았습니다.

사도 바울의 관심은 그들을 자기 사람으로 만드는 데 있지 않았습니다. 그는 오로지 그들을 자기와 함께 그리스도를 섬기도록 만들어 주신 하나님의 뜻을 기억하며 감사함으로 그들을 돌보고자 하였습니다.

교사가 되는 것은 단지 가르치는 자가 되는 것이 아니라, 지도자가 되는 것입니다. 사랑하는 영혼들에게 성경의 진리를 가르치고 그들의 삶에 신앙이 뿌리 내리도록 돌보는 것은 그저 기능에 그치지 않습니다.

우리에게는 인간적인 끈을 맺으려는 세속적인 리더십이 아니라 그리스도를 본받은 리더십이 필요합니다. 교사는 바로 이러한 영적인 리더로서 부름 받았습니다. 한편으로는 하나님의 말씀을 가르치지만, 그의 인격과 삶 자체가 영혼들에게 교재가 되는 그런 사람이 되어야 합니다.

교사와 교회학교 지도자들이 갖추어야 할 리더십은 하나님을 기쁘시게 하는 것이 그 목표가 되어야 합니다. 그들을 만나게 하신 분이 예수 그리스도이므로 그러한 목양 관계, 동역 관계를 통해서 어떻게 하나님께 영광을 돌릴 수 있을까 고민하는 것이 그들의 관심사가 되는 리더십이어야 합니다.

사도 바울의 리더십은 거기서 한 걸음 더 나아가, 자기를 따르는 사람들에게 열렬한 사랑과 존경을 받은 리더십이었습니다. 바울은 브리스가, 아굴라, 디모데 등 그와 관계를 맺은 수많은 사람들에게 열렬한 사랑을 받았는데, 그것은 그가 하나님께 충성하고 진리를 위해 살았을 뿐 아니라 그 자신도 그 사람들을 위해서라면 심장이라도 내어 줄 수 있는 사랑의 마음을 가졌기 때문이었습니다.

사도는 이런 자신의 심정을 빌립보 교회 교인들에게 이렇게 고백합니다. "내가 예수 그리스도의 심장으로 너희 무리를 어떻게 사모하는지 하나님이 내 증인이시니라 내가 기도하노라 너희 사랑을 지식과 모든 총명으로 점점 더 풍성하게 하사 너희로 지극히 선한 것을 분별하며 또 진실하여 허물 없이 그리스도의 날까지 이르고 예수 그리스도로 말미암아 의의 열매가 가득하여 하나님의 영광과 찬송이 되게 하시기를 구하노라" 빌 1:8-11.

하나 되게 하는 부흥

마틴 로이드 존스 D. M. Lloyd-Jones는 그의 책 『부흥』 Revival : Can we make it happen? - 생명의말씀사에서 이렇게 말합니다. "한 교회가 부흥을 경험할 때 비로소 하나 됨을 체험합니다."

교회가 진정으로 하나 되기 위해서는 영적인 부흥이 필요합니다. 가르치는 자들과 가르침을 받는 자들이 함께 부흥을 경험할 때, 동일하신 그리스도 예수의 성품을 체험하면서 교회는 놀라운 영적인 연합을 경험합니다.

하나님의 사랑을 경험하면 할수록 지체가 얼마나 귀한지를 깨닫고, 그래서 서로 사랑하게 됩니다. 그러므로 진리의 말씀에 의한 감화와 성령의 은혜가 없는 곳에는 결코 신령한 의미의 연합이 있을 수 없습니다. 왜냐하면 그리스도인들을 하나 되게 하시는 분은 하나님이시기 때문입니다. 교회가 부흥을 맞이할 때마다 깨닫는 것이 있는데, 지체들이 진실로 간절히 하나가 되고 싶어 한다는 것입니다. 일주일에 한 번 만나는 것으로는 만족할 수 없습니다. 서로 사랑하기 때문입니다.

교사들은 서로 격려가 필요한 섬김의 현장에 있는 사람들입니다. 영혼을 돌보는 사람들은 자주 낙심에 빠지기 쉽고, 적절한 자극과 도전이 없으면 안일로 흐르기 쉽습니다. 그렇게 되면 그 섬김은 하나님 앞에서 사랑의 감격으로 섬기는 봉사가 아니라 마지못해 하는 의무, 혹은 무의식적으로 아무렇게나 행하는 일상적인 사무가 되고 맙니다.

그래서 교사들은 한편으로는 하나님과의 관계에서 충만한 진리의 감화와 성령의 은혜 속에서 살아가야 하며, 또 한편으로는 사랑하는 교사들로부터 신령한 도전과 경건한 자극을 받을 수 있어야 합니다. 자신을 세우신 하나님을 사랑하도록 서로 격려하면서, 자신이 영혼들에게 진리를 가르침으로써 이루고 싶은 거룩한 공동체의 모습을 교사들의 모임 안에서 먼저 이루어 가야 합니다.

나아가서 그러한 모임을 통해 받는 신령한 힘으로 영혼들을 위한 탄식과 눈물을 간직한 착한 일꾼들이 되어야 합니다. 교사들이 함께 모여서 교제하고 최근에 자신이 새롭게 알게 된 하나님의 성품에 관하여 서로 나누고, 그러한 앎에서 비롯된 거룩한 삶을 서로 격려하며, 여기저기서 들려오는 영혼들에 관한 소식에 서로 염려하고 기뻐해 주는 모습을 상상해 보십시오. 그것이 곧 주님이 함께 하시는 동역의 현장이 아닙니까?

누가 믿음으로 산다면 함께 감사하며 마치 자기 일인 양 즐거워하고, 누가 실족하여 성령을 슬프게 한다는 소식이 들리기라도 하면 모두 함께 슬퍼하고 아파하면서 하나님의 도움을 함께 구해야 합니다. 이처럼 동역하게 하시려고 하나님께서 우리를 부르셨습니다. 그러므로 교사들은 같은 목적을 위하여 부름 받은 동료들을 소중하게 생각하며 영혼 섬기기를 힘써야 합니다. 주님을 사랑하는 다른 지체들과 더불어 하나님을 섬기며 살게 하신 것에 깊이 감사하며 살아야 합니다.

신령한 교제는 거룩한 삶으로 부름 받은 우리 각자의 소명을 생각나게 해주고, 참된 목자의 정신으로 영혼들을 돌보는 교사의 삶은 그에 미치지 못하는 자신의 삶 때문에 아파하는 교사들에게 도전이 됩니다.

우리는 성경을 통하여 그리스도를 만나고, 그분에게서 어떻게 교사로 섬기며 하나님을 기쁘시게 하고 영혼들에게 유익을 주는 존재가 될 수 있는지에 대하여 많이 배웁니다. 일생을 그리스도를 본받아 살려고 애쓴 교사의 삶과 인격이 그리스도의 모습을 반영하는 것은 당연합니다. 다만 그리스도는 우리의 완전한 모범이시고, 사람은 불완전한 모범이라는 차이가 있을 뿐입니다. 그러나 함께 그리스도를 바라보며 같은 진리 안에서 살아가는 교사들의 삶은 마땅히 서로를 격려하게 됩니다.

신앙이 어린 사람들은 그리스도 안에서 우리가 하나의 지체 됨을 지켜 나가는 것과 사람을 의지하는 것을 쉽게 혼동하지만, 그것은 같지 않습니다. 사람을 의지하는 교제는 사귐이 깊어질수록 하나님을 덜 필요로 하지만, 하나 되게 하신 것을 지켜 나가는 동지애는 사귐이 깊어질수록 하나님을 더욱 의지하게 만들어 줍니다. 하나님을 의지하는 마음이 함께 섬길 동지를 주신 것에 감사하게 하고, 함께 섬기면 섬길수록 하나님을 더 바라보는 마음을 갖게 합니다. 교사로 부름 받은 우리가 불쌍한 영혼들을 위하여 함께 군사 된 자로서 동료애를 갖는 것과 하나님만을 의지하며 살아가는 것은 결코 충돌하지 않습니다. 더불어 하나님을 섬기는 공동체의 모습을 이루어 가는 데에는 서로를 향한 사랑이 필요합니다.

함께 섬기는 공동체

옛말에 '一人 百步는 不如 百人 一步'라는 말이 있습니다. '한 사람이 백 발자국을 뛰어가는 것과 백 사람이 손잡고 한 발자국을 걸어가는 것은 똑같은 성취가 아니다.'라는 말입니다.

하나님이 우리에게 전해 주신 복음 신앙은 공동체에 부여하신 것입니다. 따라서 우리가 하나님을 경험하고 하나 됨에 대하여 알면 알수록 복음 진리의 참뜻을 더 잘 이해하게 됩니다. 자기밖에 모르는 철저한 개인주의자들이 공동체의 삶을 통해서 구체적으로 드러나는 복음의 의미를 이해하는 데 한계를 느끼는 이유도 바로 이 때문입니다.

요즘 들어 우리의 삶도 너무 서구화되어 버렸기 때문에 동양인이지만 그런 어려움을 느낍니다. 두레나 향약 제도에서 볼 수 있듯이 옛날 우리 선조들의 삶은 공동체 안에서의 삶이었습니다. 어른들과 일가친척을 모시고 한 집에 더불어 사는 씨족 사회에는 성경을 잘 이해하게 하는 공동체적인 요소가 있습니다.

특히 저는 구약을 연구하다 보면 성경 문화와 우리 문화의 공통점을 발견하고 순간순간 감탄할 때가 많습니다. 하나님께서 우리에게 성경의 그것과 유사한 공동체 문화를 주셔서 다른 나라 사람들은 좀처럼 이해하기 힘든 성경의 진리를 볼 수 있게 하시는 것을 깨닫습니다.

우리는 교회라는 공동체 안에서 거기에 속한 지체들을 가르치도록 하나님으로부터 부름 받은 사람들입니다. 그래서 우리는 사랑하는 형제자매들과 함께 한 기관의 교사가 되어, 혹은 한 구역의 구역장이나 인도자가 되어 영혼을 섬기게 된 것을 한없는 복으로 생각하여야 합니다.

우리가 만약 유년부나 중등부, 고등부, 대학부, 혹은 청년부에서 가르치는 교사로 섬기고 있다면, 그렇게 함께 영혼들을 섬기도록 만난 교사들과의 모임이 한없이 기쁘고 즐겁게 다가와야 합니다. 그리고 서로 사랑하며 섬기는 과정을 통해서 다같이 그리스도를 더 많이 알아 가도록 힘써야 합니다. 목자도 없이 길 잃은 한 마리 양에 불과했던 우리가, 이렇게 하나님의 거룩한 부르심을 입어 영혼들을 섬기는 구원의 도구가 되었으니 얼마나 놀라운 일입니까?

그런 놀라운 변화 뒤에는 항상 눈물 없이는 회상할 수 없는 사연들이 있습니다. 자신만이 아니라, 때로는 은혜 가운데, 때로는 힘겨움 가운데 자기를 하나님이 그 자리에 세우신 것으로 알고 섬기는 다른 교사들에게도 그런 사연이 있습니다. 그런 사람들이 한마음이 되어 영혼들을 섬겨 교회를 세우게 하시려고 우리를 거기에 두신 것입니다. 그래서 유난히도 동역자들을 아꼈던 존 웨슬리 John Wesley 는 이런 말을 남겼습니다.

"진심으로 하나님을 섬기길 원하십니까? 그렇다면 신앙의 동지들을 찾으십시오. 성경은 혼자 믿는 종교에 대해서는 아는 바가 없습니다."

진리를 깨달은 외로움

제가 하나님을 만나고 영혼의 깊은 변화를 경험했을 때의 일입니다. 그 이후로는 성경을 보는 눈이 열려 예전에는 수 차례 읽어도 발견할 수 없었던 진리가 눈에 들어오고, 그 진리가 제 생활을 바꾸어 놓기 시작했습니다. 한편으로는 고통스러운 일이었지만, 한편으로는 환희에 넘치는 기간이었습니다.

그러던 어느 날 아침, 저는 아내와 함께 신약성경 중 복음서 한 장을 펴 놓고 새벽 경건의 시간에 깨달은 내용을 나누고 있었습니다. 은혜 받은 말씀들의 내용을 한참 이야기해 나가는 중 저는 마음이 뜨거워지는 감동을 느꼈습니다. 그런데 제 이야기를 듣던 아내가 약간은 빈정거리는 투로 이렇게 반문하였습니다. "그러면 결론적으로 당신만 잘났단 말이에요? 다른 사람들은 그렇게 안하는데, 그럼 그 사람들은 다 잘못 믿고 있다는 말이네요. 다른 교회는 다 썩었단 말인데, 그러면 지금 우리 세상에는 제대로 믿는 사람이 하나도 없다는 말이잖아요." 이런 식으로 저의 깨달음을 비아냥거렸습니다. 그것도 다른 사람이 아닌 바로 제 아내가 말입니다.

그 다음부터 한동안은 아내 앞에서 성경을 펴지 않았습니다. 그리고 아내가 영적으로 변화되기를 기도하기 시작했습니다. 이태 후쯤 아내는 저의 설교를 들으며 영혼의 깊은 변화를 경험하고 자기 의義로 가득 차 있던 옛 신앙과 결별하고 아름다운 복음의 세계로 들어왔습니다. 그리고 우리는 복음 사역의 동지가 되었습니다. 자기 의로 차 있던 아내의 신앙 생활을 결국 하나님께서 주기도문 강해를 통해서 변화시키셨습니다.

서로 동일한 하나님을 만나고 진리가 그들을 변화시킬 때 진정한 성도의 교제가 나타납니다. 제가 교회를 개척하기 전 교제를 나누었던 어느 전도사님도 그러했습니다. 처음에는 제가 읽고 감동받은 책을 주면 시큰둥하게 생각하면서 책에서 틀린 글자나 찾아내곤 했는데, 얼마 후에는 그쪽에서 오히려 복음 진리에 대한 깊은 이해와 부흥에 대한 갈망이 불붙기 시작하였습니다. 그리고 우리는 하나님 나라에 대하여 깊은 공감을 가지고 동료 의식을 느낄 수 있었습니다.

섬기는 자를 향한 공격

한 사람이 하나님을 등진 채 죄의 길로 걷다가 하나님을 향해 돌아서서 주님을 섬기며 살아가는 것은 기적입니다. 더욱이 자기를 구원하신 하나님의 놀라운 사랑을 알고 그 사랑 때문에 영혼을 섬기며 살아가는 것은 너무나 놀라운 일입니다.

그러나 우리는 잊지 말아야 합니다. 그렇게 하나님 사랑에 사무쳐서 살아가려는 사람들에게는 그를 시기하는 세상의 유혹과 마귀의 공격이 많습니다. 지금이라도 여러분이 하나님을 기쁘시게 하고자 하는 결심으로 무엇인가를 결단하고 그렇게 살려고 애를 써 보십시오. 여러분은 즉각적으로 알지 못하는 힘과 환경이 여러분이 결단한 선한 뜻을 따라 살지 못하도록 시험하는 것을 느낄 것입니다.

신령한 교사일수록 그런 시험이 많습니다. 양떼가 위험에 처했을 때 지팡이와 막대기를 버리고 즉시 달아나는 목자는 해를 입을 이유가 없습니다. 그러나 양떼를 노리는 대적들로부터 양을 지키기 위하여 싸우는 목자는 늘 상처 받기 쉽고 피 흘리는 고통을 지불해야 할 위험이 있습니다.

진실한 목양의 마음을 가진 교사일수록 시험이 많습니다. 왜냐하면 악한 것들이, 그를 무너뜨려 버리면 더 많은 양떼들이 유리하게 될 것을 알기 때문입니다. 충성스러운 교사일수록 시험이 많습니다. 악한 영들이 항상 목양의 정신으로 영혼들을 돌보는 섬김의 자리에서 이들을 퇴출시켜 버리려는 간교한 짓을 시도하기 때문입니다. 교사들이 서로 사랑하고 격려하여야 할 또 다른 이유가 바로 이것입니다.

뜨거운 동료애

바로 옆에 있는 교사가 누구인지도 모르는 채 자기 할 일만 다한다는 태도로 영혼들을 섬기는 것을 하나님은 결코 기뻐하시지 않습니다. 우리는 각 지체가 하나님의 은혜에 대한 신령한 체험을 공유함으로써 하나가 된다는 사실을 믿으며, 또 한편으로는 하나님이 이미 하나 되게 하신 것을 힘써 지키도록 자신을 가르쳐야 합니다.

하나님 앞에서 늘 학생이 되어 배우려 하지 않는 사람은 남을 가르치는 자리에서 그 일에 익숙해져도 그저 교사로서의 기능만 할 뿐입니다. 우리가 영혼들에게 가르치는 지식은 매일 하나님 앞에서 배우는 새로운 지식과 경험으로 불붙을 때에야 비로소 냉랭한 개념이 아니라 타오르는 진리가 되어 영혼을 살리는 도구가 될 수 있습니다.

교사는 하나님을 너무나 사랑하기 때문에 그분이 사랑하신 영혼들을 위하여 목숨을 내놓은 사람입니다. 그리고 우리는 그 일을 혼자가 아니라 사랑하는 동료들과 함께 이루어 갑니다. 함께 섬기며 사랑하며 살아갈 교사들을 주신 하나님께 감사하십시오. 그들이 여러분 곁에 없었더라면 영혼을 섬기는 이 길이 얼마나 더 고달프고 힘들었겠습니까?

변화하지 않는 영혼들을 데리고 씨름하는 가운데 마음이 많이 지쳐 있는 사랑하는 동료들을 위하여 기도하십시오. 하나님께서 그에게 지치지 않는 열정과 거룩한 끈기를 주시도록 기도해 주십시오. 그를 위로하십시오. 그리고 주님의 말씀을 다시 한번 들려주십시오. "우리가 선을 행하되 낙심하지 말지니 피곤하지 아니하면 때가 이르매 거두리라 그러므로 우리는 기회 있는 대로 모든 이에게 착한 일을 하되 더욱 믿음의 가정들에게 할지니라" 갈 6:9–10.

우리를 교사로 부르신 분이 지존하신 하나님이시므로, 그분이 우리를 다른 곳으로 사명을 주어서 보내실 때까지는 여기서 이렇게 고난을 받으면서라도 영혼들을 섬겨야 한다고 서로 격려하십시오. 교사는 때때로 동료 교사들의 위로를 통하여 자신 역시 하나님 앞에서 사랑받는 한 마리 양임을 새롭게 배웁니다.

서로 사랑하되 마치 피를 나눈 형제처럼 사랑하십시오. 각자의 소유로 다른 교사들을 섬기고 그들의 보람과 기쁨에 동참하고, 섬기는 과정에서 느끼는 고통과 아픔도 함께 하십시오. 하나님께서 그에게 혼자 짊어지도록 주신 고난 이외에는 모두 서로 짐을 나누어지십시오. 서로 사랑의 빚을 지며 사랑으로써 그 빚을 되갚으십시오.

영혼 섬기는 일을 돕기 위하여 땀 흘리는 교사들에게 눈물의 기도를 주십시오. 고통 받는 양떼들을 섬기는 일에 승리하기를 눈물로 기도하는 교사들을 친구로 여기고, "사람이 자기 친구를 위하여 목숨을 버리면 이에서 더 큰 사랑은 없나니"[2]라고 하신 주님의 말씀을 기억하며 아낌없이 주십시오.

구체적인 삶의 고백이 필요하다

'그리스도를 위하여 산다.'는 고백은 너무 추상적입니다. 어떻게 그리스도를 위하여 삽니까? 그리스도만을 위하여 살고 싶은, 그분을 향한 사랑이 교사의 삶에 어떤 식으로 나타나고 있습니까?

사도 바울은 그리스도를 위한 자기의 마음을 이렇게 고백합니다. "나의 간절한 기대와 소망을 따라 아무 일에든지 부끄럽지 아니하고 오직 전과 같이 이제도 온전히 담대하여 살든지 죽든지 내 몸에서 그리스도가 존귀히 되게 하려 하나니 이는 내게 사는 것이 그리스도니 죽는 것도 유익함이니라" 빌 1:20-21.

그리고 그가 그리스도를 향하여 가지고 있던 절대적인 사랑은 전도자의 삶으로 나타났습니다. 그는 동일한 감격으로 말합니다. "오직 성령이 각 성에서 내게 증거하여 결박과 환난이 나를 기다린다 하시나 나의 달려갈 길과 주 예수께 받은 사명 곧 하나님의 은혜의 복음 증거하는 일을 마치려 함에는 나의 생명을 조금도 귀한 것으로 여기지 아니하노라" 행 20:23-24.

순교를 무릅쓰고 예루살렘을 향해 올라가던 사도의 이 거룩하고 강인한 고백이 끝난 후, 사도는 자신의 유언과도 같은 당부를 듣기 위하여 에베소로부터 온 사랑하는 동역자들과 밀레도에서 작별 인사를 나눕니다. 성경은 그 광경을 이렇게 전해 줍니다. "이 말을 한 후 무릎을 꿇고 저희 모든 사람과 함께 기도하니 다 크게 울며 바울의 목을 안고 입을 맞추고 다시 그 얼굴을 보지 못하리라 한 말을 인하여 더욱 근심하고 배에까지 그를 전송하니

---

[2] "내 계명은 곧 내가 너희를 사랑한 것같이 너희도 서로 사랑하라 하는 이것이니라 사람이 친구를 위하여 자기 목숨을 버리면 이에서 더 큰 사랑이 없나니 너희가 나의 명하는 대로 행하면 곧 나의 친구라"(요 15:12-14).

라"행 20:36-38.

우리는 여기서 주님을 지극히 사랑하던 사도의 인격에 깃든 두 가지 특징을 볼 수 있습니다. 하나는 복음을 듣지 못한 이방인들을 위한 헌신이며, 또 하나는 동역자들에 대한 깊은 사랑입니다. 사도 바울에게는 사랑하는 동역자들을 향한 깊은 애정이 자신의 고유한 사명을 잊어버리게 한 것이 아니라 오히려 불붙게 하였습니다.

우리 교사들에게도 이러한 헌신과 사랑이 둘 다 필요합니다. 섬겨야 할 영혼들을 위한 뜨거운 사랑과 동역자들을 피붙이처럼 여기는 사랑 말입니다. 이것이 바로 진정한 교회의 모습이요 복음을 경험한 교사들의 모습입니다. 교사로서 영혼들에게 사랑을 가르치는 우리에게 동지애가 없다는 사실은 참으로 슬픈 일입니다. 그것은 교사가 복음을 제대로 체험하지 못한 증거이기 때문입니다. 여러분은 함께 섬기는 교사들에게서 이런 동지애를 느끼고 있습니까? 그리스도 이외에 도와주는 이 없는 이 외로운 영적 전쟁 현장에서 서로를 절실히 필요로 하고 있습니까?

다 잃어버리고 만난 사람들

우리는 마지막으로 만난 사람들입니다. 왜냐하면 이제 우리는 세상에 살지만 세상에 속한 존재들이 아니기 때문입니다. 독자 여러분이 어찌하든지 영혼을 섬기고자 하는 마음을 가진 것만으로도 여러분은 이미 세상에서 이해받을 수 없는 사람이 되어 버렸습니다.

저는 예수 그리스도를 만난 후 모든 것을 잃어버렸습니다. 더욱이 주님을 믿는 것이 장난이 아니라는 사실을 깊이 경험한 후에는 제게 그리스도는 둘 중 오직 하나일 수밖에 없다는 진리를 절실하게 깨달았습니다. 즉 그분이 내 인생의 전부이거나 아무 것도 아니거나 둘 중 하나라는 겁니다.

진정한 신앙이 무엇인지 알게 되고 난 후에는 가까웠던 친구들도, 취미 생활을 함께 하는 동호인들도 없어졌습니다. 지금이라고 해서 좋아하는 것이 아예 없지는 않지만, 마음 놓고 해볼 정도로 유혹을 느끼지는 않습니다. 또 마음 놓고 그렇게 해볼 시간도 없습니다. 비단 저뿐 아니라, 이처럼 하나님을 만나고 십자가에서 돌아가신 그리스도의 참사랑을 알게 된 사람이라면 누구나 그럴 것입니다.

만약 그리스도인이라고 하면서도 아직도 세상에 있는 친구들과 친밀한 교분을 나눌 수 있다면 당신은 정말 이상한 사람입니다. 그들이 아직도 당신에게 만족을 줄 수 있다면, 당신은 그리스도께는 매우 불만족스러운 그리스도인임에 틀림없습니다. 신실한 교사에게는 공휴일도 없고, 금쪽 같은 휴가는 여름 성경학교나 수련회에 헌납한 지 이미 오래입니다.

교사로서 충성스러운 섬김을 다하려면 그리운 사람들과 만나지 못하는 것을 이상하게 생각하지 않아야 하고, 다시 가 보고 싶은 곳을 가지 못하는 일을 고통스럽게 여기지 않아야 합니다. 왜냐하면 우리 인생이 우리 것이 아님을 알기 때문입니다. 이제 우리에게 남은 사람들은 우리의 사랑하는 양들과, 함께 섬기며 사는 동역자들뿐입니다. 그들이 우리의 자랑이자 즐거움입니다.

교사인 우리는 그들과의 관계 안에서 하나님이 우리를 사랑하시는 것을 봅니다. 그리고 우리가 섬기도록 부름 받은 이 자리가 얼마나 자랑스럽고 분에 넘치는 자리인지 알게 됩니다. 영혼을 섬기도록 부름 받은 교사로서 우리는 서로 사랑하지만 서로에게 실망하거나 미워하지 않습니다. 왜냐하면 우리는 함께 오직 주님만을 바라보기 때문입니다.

세상에서 만난 많은 사람들이 우리를 떠나기도 하고 우리 곁에 남아 있기도 하지만, 그들보다 중요한 사람들이 우리와 더불어 영혼들을 섬기고 있습니다. 모든 것을 잃어버리고 그 대가로 얻은 이 섬김의 자리가 사랑스럽게 느껴지지 아니하고, 영혼 섬김이라는 같은 배를 타고 부름 받은 교사들 가운데 서로를 향한 사랑이 흐르지 않는다면, 우리는 확실히 망가진 교사임에 틀림없습니다.

마지막 만남을 그대와 함께

잃어버린 영혼들을 추수하기 위하여 함께 부름 받은 동역자들은 이전에 우리가 소중하게 여기던 모든 것을 버리고 마지막으로 만난 사람들입니다. 우리는 교회를 섬기는 교사이기 이전에 그리스도께서 피로 사신 양들이고 말로 형언할 수 없는 그 사랑 때문에 또 다른 연약한 양들을 섬기도록 자원한 사람들입니다.

우리도, 우리 곁에서 함께 영혼을 섬기는 동료 교사들도 그렇습니다. 우리가 십자가를 볼 때마다 함께 부름 받은 교사들을 복음의 동지로 사랑할 수밖에 없는 이유는 그들 모두 그리스도께서 당신의 보혈로 피 바른 존재들이기 때문입니다.

그러므로 이제 당신 곁에 있는 교사들과 동역자들을 사랑의 눈으로 보십시오. 혹시 그들을 원망하는 마음이나 미워하는 감정을 품고 있다면, 아마도 당신은 함께 섬기는 목장을 황폐하게 하는 사탄의 술책에 놀아나고 있는지도 모릅니다. 서로 섬기십시오. 무엇보다 서로 용납하고 긍휼히 여기는 마음을 가지십시오. 그들과 함께 영혼을 섬기면서 무엇 때문에 아파하는지, 무슨 도움이 필요한지, 무엇을 위하여 기도해 주어야 할지 늘 세심하게 살피십시오.

교사로 섬기는 것이 단지 일이 되지 않게 하십시오. 당신은 교사로서 영혼을 섬기는 사람이기 이전에 먼저 하나님을 섬기는 사람임을 잊지 마십시오. 당신이 맡은 영혼들에게 그리스도의 참사랑이 무엇인지 가르치기 이전에, 먼저 교사들 사이에서 그 사랑을 몸소 보여 주십시오.

신앙이 좋고 유능한 교사들이 모인 교회학교일수록 서로 마음 상하는 일이 많고, 마음 깊은 곳에서 서로 용납하지 못하는 경우가 많습니다. 그런 사람들일수록 자기 주장이 뚜렷하게 마련이기 때문입니다. 유능하고 열심 있는 교사들이 모인 교회학교를 파괴하려는 사탄에게 가장 좋은 작전은 교사들 사이에 미움과 갈등을 불러일으켜서 그들로 한마음이 되지 못하게 하는 것입니다. 그리스도 안에서 함께 하나님을 섬기도록 부름 받은 지체들이 서로 미워하고 용납하지 못하는 모습이 성령의 역사를 얼마나 심각하게 방해하는지 사람들은 잘 모릅니다.

    교사들은 그리스도의 사랑을 몸소 본받고 가르쳐서, 미움과 패역으로 가득 찬 사람들의 마음에 맺힌 것을 풀어 주고, 그들이 용서할 수 없는 사람들과도 십자가의 사랑으로 화해하게 만들기 위해 부름 받은 사람들입니다. 그렇게 부름 받은 사람들끼리 서로 용서하고 불쌍히 여기며 사랑하지 못한다면, 영혼들에게 가르치는 아름다운 교훈이 어찌 그리스도를 드러낼 수 있겠습니까? 자기 일만 챙기고 다른 사람들은 어찌 살든지 전혀 돌아보지 않는다면, 교회나 회사나 별로 다를 바가 없습니다. 교회는 그리스도가 아니면 아무 희망이 없는 사람들이 가슴 저린 사연을 안고 주님을 만나서 모인 곳입니다. 그리고 교사들은 그러한 사람들 가운데 주님의 큰 사랑을 가슴에 새기고 그 사랑의 빚을 갚는 심정으로 영혼들을 섬기려 거기에 서 있는 사람들입니다.

    한 지체, 한 교사가 너무나 귀하지 않습니까? 당신이 불완전한 것처럼 그들도 불완전합니다. 그래서 이해와 사랑과 용서와 자기를 주는 헌신이 필요합니다. 교사 한 사람 한 사람의 희생과 용납이 없이는 아름다운 사랑으로 연합된 교사들의 모임은 불가능하기 때문입니다. 우리는 혼자 섬기도록 부름 받은 사람들이 아니라 함께 섬기도록 부름 받은 한 가족입니다.

    교사들의 마음을 갈라놓아 교회학교를 무기력하게 만들려는 사탄의 공격을 잠재우는 가장 훌륭한 무기가 세 가지 있는데, 그것은 눈부신 진리와 능력 있는 기도 그리고 끊을 수 없는 사랑입니다.

    교사로서 서로 용납하기 힘들 때마다 우리 자신이 단지 십자가의 보혈로 말미암아 용서받은 죄인일 뿐임을 기억하십시오. 그리고 그리스도께서 우리를 얼마나 오래 참으시고 결국은 어떠한 사랑으로 우리를 정복하셨는지를 생각하십시오. 서로 사랑하며 섬기는 그 곳에서 우리는 하나님을 보여 줄 수 있습니다. 맑은 눈빛으로 우리 입술에서 흘러 나오는 가르침을 주님의 교훈으로 받는 영혼들 앞에서 말입니다.

| 묵 | 상 | 질 | 문 |

1. 교사로서 섬김에 있어 아이들과의 관계가 아니라 같은 교사나 담당 교역자와의 관계에서 어려움을 겪었던 경험이 있으면 나누어 봅시다.
2. 교회가 참된 부흥을 경험하는 것과 하나 됨을 체험하는 것의 관계를 알아봅시다.
3. 저자는 동료 교사들을 격려하고 섬기는 구체적인 방법을 제시하였습니다. 그것이 무엇인지 살펴보고, 자신이 동료 교사들이나 담당 교역자를 어떻게 섬기고 있는지 점검해 봅시다. 만일 섬김의 부족을 느낀다면 앞으로 어떻게 섬겨야 할지 구체적인 방법을 생각해 봅시다.
4. 당신이 교사가 된 이후, 잃어버린 것과 얻게 된 것은 무엇입니까?
5. 하나 됨을 방해하는 사탄의 공격에 대항하는 무기는 눈부신 진리, 능력 있는 기도, 끊을 수 없는 사랑이라고 저자는 말합니다. 당신에게 이 무기들이 있습니까? 없다면 어떻게 이 무기들을 구비할 수 있을까요?

이 책을 꼭 읽으십시오

『맺힌 것을 풀어야 영혼이 산다』

김남준 지음
서울: 두란노, 1998
234쪽
스터디 교재 있음

- 모든 죄가 성령을 슬프게 하지만, 특별히 우리 마음속에 교묘하게 숨어들어서 우리로 하여금 하나님을 만나지 못하게 하는 죄가 바로 미움의 죄이다. 특별히 유능한 교사들이 모인 교회학교나 젊은이들의 공동체에서는 더욱 이 미움의 죄가 역사하여 사람들의 마음을 하나님에게서 멀어지게 하며, 그렇게 되면 많은 기도와 헌신에도 불구하고 부흥을 경험할 수 없게 된다.

- 이 책은 그러한 미움과 용서의 문제를 성경적으로 풀어 나감으로써 미움이 구체적으로 어떻게 개인의 영혼을 황폐하게 만들며, 왜 많은 사람들이 쉽게 화해하지 못한 채 미워하고 증오하며 살아가는지를 자세히 다룬다. 특히 한국인의 정서와 심성을 깊이 이해하는 저자의 깊은 통찰과, 자기도 어찌할 수 없는 미움 가운데 아파하는 사람들에 대한 애정 어린 이해가 책을 읽는 사람들의 마음에 깊이 있게 다가온다. "하늘 의사(heavenly doctor)가 그립습니다."를 화두로 시작하는 이 책은 먼저 산상수훈에 나오는 미움과 예배의 문제를 다루면서, 미움과 용서의 문제가 단지 피해를 주고받은 당사자들만의 문제가 아니라, 하나님 앞에서의 문제라는 사실을 부각한다.

- 특별히 저자는 이 미움의 문제를 '패역'과 연결시키면서, 우리가 흔히 어쩔 수 없는 상처라고 말하면서 인간 관계에서 스스로 피해자인 것처럼 생각하며 살아가는 태도가 얼마나 잘못된 것인지 보여 주고, 그런 부정직한 태도로는 참된 치유에 도달할 수 없다고 설명한다. 저자는 이 책에서, 미워하는 사람을 용서하지 않고는 교사들이 하나 될 수 없고, 그 결과 영혼을 위하여 한마음으로 기도할 수도 없다고 단언한다. 또한 저자는 그리스도인들의 용서의 기초는 자신의 신앙 인격이 아니라 십자가에서

자기를 버려 우리를 용서하신 그리스도의 사랑에 대한 감격이라고 못박는다. 마지막으로는, 부모에게 상처 받은 자녀들이 어떻게 부모를 용서하고 용납할 수 있는지를 보여 주면서 끝을 맺는다.

● 만약 교사들이 하나 되지 못하고 있다면 이 책과 교재로 그룹 스터디를 해보기를 권한다. 이 책의 출처는 책이 출판되기 3년 전에 '미움과 용서'라는 주제의 시리즈로 선포되었던 메시지이다. 좀 더 생생하게 설교로 듣기 원하는 독자들은 저자가 섬기는 교회의 문서선교부(031-424-5273)로 연락하면 설교 테이프를 구할 수 있다.

경건리바이벌

2

4. 진리의 사람 | 5. 기도의 사람 | 6. 독서의 사람

Christian Teaching in Revival

진리를 담고 진리를 가르치는 교사가 되십시오.
그리고 단지 성경 지식에서만 선생이 되지 말고,
그것을 실천하며 사는 삶에서도 스승이 되어야 합니다.

| 제4장 |

진리의 사람
교사와 말씀 생활

"······예수께서······입을 열어 가르쳐 가라사대"(마 4:25–5:2).

Christian Teaching in Revival

어떤 공과 공부 시간

어느 교회에서 중고등부를 섬기던 때의 일입니다. 그 교회는 주일 예배 시간은 한 시간도 채 되지 않는 반면, 공과 공부는 거의 두 시간씩 배정되어 있었습니다. 몇 주 동안 그 교회학교를 섬기면서 저는 이상한 점을 발견하였습니다. 교사들이 성경을 열심히 가르치지 않는다는 사실이었습니다.

공과 공부를 하기 위해 반별로 흩어진 후, 어느 여교사는 모여 있는 아이들을 둘러보며 이렇게 말했습니다.

"애들아, 너희들 일찍 교회 나오느라고 아침도 못 먹었지? 선생님이 너희들 주려고 새벽부터 샌드위치를 만들어 오지 않았겠니? 이리 와서 먼저 이것부터 먹고 공과 공부를 시작하자."

그러자 대여섯 명 되는 학생들 중 한 아이가 "선생님, 마실 것이 없네요. 우유는 제가 사올게요." 하면서 지갑을 들고 일어섰습니다. 옆에 있던 아이 둘도 함께 일어서며 같이 간다고 따라나섰습니다. 교회 가까운 곳에는 우유를 살 만한 가게가 없었던지, 아이들은 좀처럼 돌아오지 않았습니다. 15분이 훨씬 넘어서야 커다란 우유팩 하나를 손에 들고 세 명의 학생들이 나타났습니다.

샌드위치와 우유를 맛있게 먹고 나니 이미 공과 시간은 30분 가까이 지났습니다. 저는 이제 성경 공부를 시작하려나 했습니다. 그랬더니 이번에는 선생님이 이렇게 말했습니다. "우리 지난주에 친구들이 어떻게 지냈는지 나누어 보기로 하자." 대여섯 명의 아이들과 선생님이 일주일 동안 학교와 가정에서 있었던 일, 즉 친구들 사이에 있었던 좋지 않은 일부터 시작해서 인기 배우 팬클럽 모임에 갔던 일까지 시시콜콜하게 나누고 나니 한 시간 반 가까이 흘렀습니다.

그러고 나서 학생들은 아직 성경을 펼치지도 않았는데, 교사는 이렇게 말했습니다. "애들아, 우리 모두 손잡고 서로를 위해 기도하고 공과 공부를 마치자. 공과는 다음 주에 두 과를 한꺼번에 하기로 하고……."

또 다른 반을 자세히 보니, 거기는 공과 공부 시간이 되자마자 아이들이 환호성을 지르며 일어났습니다. 무슨 일인가 하고 쳐다보니 그 중 한 아이가 신이 나서 이렇게 소리쳤습니다. "애들아, 오늘 공과 공부는 웬디스에서 햄버거랑 치킨을 먹으면서 한단다. 야호!"

교회학교에서 이런 일이 일어나는 것은 교사 자신이 말씀의 사람이 되지 못하기 때문입니다. 교사 스스로 개인적인 경건 생활 속에서 성경을 깊이 사랑하고 그 진리를 깨닫고 거기서 하나님을 만나는 말씀의 위력을 체험하지 못하기 때문에, 공과 공부에서 성경 교육이 약화되는 것입니다.

날마다 경건 생활 속에서 성경 진리를 깨닫고 그 은혜로 살아가는 교사들에게는 항상 그 깨달음을 사랑하는 양떼에게 나누어 주고 싶어 하는 마음이 있습니다. 그러나 성경을 가르치고자 하는 의욕이 없는 교사는 거기서 영혼들을 가르쳐야 할 이유를 상실한 사람입니다.

여리고 성을 누가 무너뜨렸니?

어느 목사님이 교회학교 학생들이 얼마나 성경을 잘 배우고 있는지 알아보기 위하여 어느 날 교회에서 뛰노는 초등학교 어린이를 하나 붙들고 이렇게 물어 보았습니다. "애야, 너 우리 교회학교 학생이지? 여리고 성을 누가 무너뜨렸는지 알고 있니?"

목사님이 이렇게 물어 보시자 그 아이는 갑자기 울먹이면서 이렇게 말했습니다. "목사님, 제가 안 그랬어요. 정말이에요."

아이의 대답에 너무나 기가 막힌 목사님은 그 아이를 가르친 교사를 찾아가 따졌습니다. "김 선생님, 내가 이 아이에게 여리고 성을 누가 무너뜨렸느냐고 물었더니 자기가 안 무너뜨렸다고 우는데 이게 도대체 어떻게 된 일입니까?"

목사님의 질문을 받은 교사의 대답이 더 가관입니다. "목사님, 사실일 겁니다. 그 아이가 그렇게 말했다면 정말 그럴 겁니다. 그 아이는 우리 반에서 가장 정직한 아이거든요."

할 말을 잃은 목사님은 교회학교 부장 장로님을 찾아갔습니다. 그리고 장로님께 말했습니다. "장로님, 교회학교 교육이 도대체 어떻게 되고 있는 겁니까? 여리고 성을 누가 무너뜨렸느냐고 물었더니 학생은 자기가 안 무너뜨렸다고 울고, 교사는 그 아이 말이 사실일 거라고 하니, 도대체 아이들에게 무얼 가르친 것입니까?"

그러자 장로님은 이렇게 말씀하시더랍니다. "목사님, 이미 무너진 걸 가지고 이제 와서 누가 그랬는지 따지면 뭐하겠습니까? 은혜롭게 우리 교회가 물어줍시다. 제가 절반을 내겠습니다."

누가 지어낸 이야기인지는 모르지만, 오늘날 성경 지식이 부족한 교회학교의 총체적인 문제점을 잘 꼬집었다고 생각합니다. 성경을 지식으로 전수하는 것만으로는 충분하지 않지만, 교회학교에서 성경을 가르쳐야 한다는 사실은 아무리 강조해도 지나치지 않습니다. 그러기 위해서는 교사 자신이 성경을 배우는 일에 기쁨을 맛보고, 그것을 가르치는 일에 보람을 느껴야 할 것입니다.

그래서 저는 교사들의 자질 향상을 위한 투자야말로 교회 교육에서 가장 중요한 투자라고 생각합니다. 비싼 상품을 사서 선심 쓰듯이 아이들에게 나누어 준다거나 먹고 마시는 일보다는 교사들을 훈련시키고 성경을 가르치기 위한 학습 자료들을 준비하고 연구하는 일에 투자하기를 힘써야 합니다.

진리의 사람인가?

이 성경 본문은 산상수훈의 도입부입니다. 저는 여기에 나오는 "입을 열어 가르쳐 가라사대"라는 부분을 읽을 때마다, 마치 굳게 닫혀 있던 댐이 열리면서 순식간에 수문으로 엄청난 양의 물이 쏟아져 나오는 듯한 인상을 받습니다. 물이 가득 고인 댐의 수문 뒤에는 어마어마한 압력을 가진 물들이 계속해서 댐을 밀치고 있다가, 수문이 열리면 누구도 막을 수 없는 압력과 속도로 물이 쏟아져 나옵니다. 예수님의 입에서는 그렇게 진리가 쏟아져 나왔고, 그렇게 쏟아지는 주님의 교훈을 들으며 무리는 감격과 경외심에 사로잡혔습니다.

이와 같은 예수님의 능력 있는 말씀 사역은 단지 그분이 하나님의 아들이셨기 때문에 가능했던 것은 아닙니다. 주님의 말씀 사역에는 몇 가지 중요한 요소가 있었습니다. 첫째는 진리에 대한 깊은 깨달음이었고, 둘째는 그 진리를 체험하신 것이었고, 셋째는 성령의 능력이었으며, 마지막은 그 진리대로 산 인격이었습니다.

우리 교사들도 마찬가지입니다. 자신이 먼저 하나님의 말씀을 깨닫고 진리의 사람이 되지 못한다면, 우리의 가르침에 귀기울이는 영혼들에게 무엇을 줄 수 있겠습니까? 우리는 과연 하나님의 말씀, 예수 그리스도의 복음 진리를 깊이 이해하고자 얼마나 애쓰고 있습니까?

정말 우리가 배운 진리를 체험하여 단지 머리로만 아는 지식이 아니라 체험으로 얻은 지식을 전해 주고자 합니까? 영혼들에게 진리를 가르치면서 그 사역이 영적인 섬김이라는 사실을 인식하고 있습니까? 성령의 능력 주심을 정말 간절히 의지하고 있습니까? 정말 가르치고자 하는 말씀대로 살아온 삶의 고민이 있습니까? 진리를 실천함으로 깨닫게 하시는 하나님을 기쁘게 하고자 하는 소원이 있습니까?

이상적인 교사를 '진리로 가득 찬 교사'라고 한다면, 어떻게 그런 교사가 될 수 있을까요? 저는 그 비결을 크게 세 가지로 말씀드리고 싶습니다. 첫째는 성경에 대한 지식이 풍부해야 하고, 둘째는 성경의 진리를 깊이 묵상해야 하며, 셋째는 진리대로 살아가야 한다는 것입니다.

사람들에게 복음 진리를 가르치는 것은 교사의 가장 중요한 사명입니다. 말씀을 사랑하고 깊이 깨달아 말씀대로 살고 싶어 하는 사람이 아니라면, 교사로서 그의 사역은 그저 자기 좋아서 하는 일에 지나지 않습니다.

오늘날 조국 교회의 가장 커다란 문제는, 영혼을 근본적으로 변화시키고 인간이 공통적으로 직면한 불행의 원인을 본질적으로 고치는 능력이 상실되고 있다는 것입니다. 교회 교육에 대해서도 여러 가지 논의가 활발하지만, 가장 중요한 문제는 역시 영혼이 변화되지 않는다는 점입니다.

영적인 변화가 없는 신앙 교육은 인간의 외면을 다듬어 주는 데 그칩니다. 교회 교육이 그저 교회가 필요로 하는 사람들을 적당히 제조해 내는 데 만족한다면, 교회는 머지않아 아무도 찾지 않는 곳이 되고 말 것입니다.

진리의 본질을 붙들라

교사로서 영혼을 섬기는 사람들은 무엇보다도 먼저 복음의 보편성, 진리의 본질을 붙들어야 합니다. 이는 곧 영혼들에게 진리를 깨닫게 해주는 사역이 우선되어야 함을 의미합니다.

교회 교육에서 하나님의 말씀을 깨닫게 하는 것 이외에 다른 요소들, 즉 즐기는 요소들이 우선순위를 차지해서는 안 됩니다. 하나님의 사람을 세우는 것이 교회 교육의 목표임을 망각할 때 이처럼 우선순위가 뒤바뀌는 현상이 나타납니다.

저는 오늘날 조국 교회의 중고등부나 청년 및 대학부 사역을 보면 염려스럽습니다. 소위 '문화적 접근'이라는 미명하에 열리는 각종 행사들이 진정한 의미의 복음 사역인지 의문이 들기 때문입니다. 중고등부 학생들의 눈높이에 맞는 교육을 한다고 하면서, 예배나 성경 공부를 이벤트성 문화 행사로 대체하려는 시도 등이 그렇습니다. 물론 하나님의 진리가 그 시대와 사람들에게 다가가기 쉬운 문화의 옷을 입고 전달되어야 한다는 주장을 모두 부정하는 것은 아닙니다.

그러나 우리는 복음의 보편성보다는 상황의 특수성에 과도히 집착하는 것 같습니다. 청소년을 위한 복음이나 대학생을 위한 복음이 따로 있을 수 없습니다. 내용을 전달하는 언어나 그 적용은 다를지 모르지만, 그들만의 예배 분위기가 아니면 그들이 복음을 받아들이지 않을 것 같다는 생각은 성경적인 판단이 아닙니다.

더욱이 교회학교에서 실시하는 이런 이벤트성 프로그램에 치중한 나머지 거룩하신 하나님을 경배하는 고유한 의미의 예배와 설교가 사라져 가는 오늘날의 현상은, 교회를 오래 다녀도 영혼들이 변화받지 못하는 데 중요한 원인을 제공하고 있습니다. 온전한 예배와 교육은 사라지고 뚜렷한 실체가 없는 문화 현상이 그 자리를 대체하고 있는 것입니다. 이런 식의 이벤트성 프로그램에 면역된 지체들은 교회 안에서 더욱더 자극적인 요소를 원하고 있습니다.

오늘날 심각할 정도로 쇠퇴한 예배만 해도 그렇습니다. 사람들은 예배 및 설교 시간을 통해 하나님과의 만남을 고대하기보다는, 너무나 지겨운 나머지 몸을 비틀며 인내심을 발휘해야만 하는 시간, 예배 후 다음에 이어질 메인main 프로그램을 위한 사전 의례 정도로 생각합니다. '예배'worship가 아니라 '기념식'ceremony에 가깝습니다.

교회학교는 분위기를 느끼게 하는 요소로 충만해지기보다는 우선 하나님의 진리를 깨닫게 하는 요소로 지배되어야 합니다. 물론 기독교는 체험의 종교입니다. 그리고 신앙은 체험적인 고백을 통하여 전승됩니다. 신앙의 세계에서도 백 번 듣는 것보다는 한 번의 체험이 더 나을 수 있습니다.

우리는 신앙 세계에서 육신의 병이 낫고 영적인 질병이 치유되는 경험을 할 수도 있습니다. 그러나 그 모든 것에는 한계가 있습니다. 그러한 뜨거운 열정과 체험이 우리로 하여금 저절로 거룩한 삶을 살게 하거나 주님의 인격을 닮은 사람으로 바꾸어 놓지는 않습니다. 모든 변화는 오직 진리의 말씀을 통해서 일어납니다.

그러므로 우리는 교회 교육에서 다음과 같은 세 축을 유지해야 합니다. 첫째는 정확한 복음 진리의 가르침이고, 둘째는 가르침을 받는 영혼들이 그것을 깨닫는 것이며, 셋째는 그러한 관계에 복을 주시는 성령님의 역사입니다.

사람들은 흔히 교회학교의 학생 수로 교회학교가 영적으로 살아 있는지 여부를 판단하곤 합니다. 그렇지만 학생들 머릿수보다 더 중요한 것은 그들 가운데 진리에 대한 풍성한 깨달음이 있는지의 여부입니다. 이러한 깨달음의 역사만 있으면 지금은 그들이 비록 소수일지라도 후일 수적인 성장까지 보장하게 될 것입니다.

반대로, 진리에 대한 깨달음이 없는 교회학교는 아무리 수가 많더라도 모래알같이 언제 흩어질지 모르는 모임에 불과합니다. 따라서 교사가 살아 있는 영혼으로 맡겨진 양떼를 제대로 돌보고 있는지의 여부는, 그가 얼마나 자기가 맡은 영혼들의 변화를 갈망하며 고민하는지에 달려 있습니다.

진리를 향한 갈증이 있는가?

사람은 누구든지 자기 속에 있는 것을 말하게 마련입니다. 교사도 마찬가지입니다. 자신의 가장 큰 관심사가 영혼들을 향한 가르침에도 영향을 주는 법입니다.

하나님의 말씀을 사랑하지 않는 사람이 그 진리를 가르친다는 것은 있을 수 없는 일이고, 있어서도 안 되는 일입니다. 지혜를 사랑하지 않는 사람이 어떻게 지혜를 가르치겠으며, 나라를 사랑하지 않는 사람이 어찌 애국을 말할 수 있겠습니까?

더욱이 신앙 세계는 하나님의 말씀을 아는 지식과 영적인 체험, 치열한 삶으로 엮인 세계입니다. 따라서 참된 지식 없이는 참된 그리스도인이 될 수 없고, 그의 삶 자체가 거룩한 지식에 의해서 움직이지 아니하면 그리스도인으로서의 온전한 삶도 없습니다. 모든 신앙 변화의 핵심에는 이와 같이 진리를 아는 지식이 있습니다.

담은 대로 나온다

지금은 대체로 살림살이가 넉넉해져서 옛날처럼 쌀을 가마니로 사 두고 밥을 해 먹는 가정이 많지 않습니다만, 예전에는 가마니 쌀을 사다 놓는 것만큼 든든한 월동 준비도 없었습니다. 정미소나 쌀집에서는 색대를 이용하여 가마니 속에 있는 쌀을 조금씩 꺼내어 쌀의 질을 살피곤 하였습니다. 가마니에 쌀이 가득 들었을 때에는 후크로 찌르기만 하면 쌀이 주르륵 쏟아지지만, 헐렁하게 담긴 가마니는 아무리 찔러도 쌀이 잘 나오지 않습니다.

영혼을 섬기도록 부름 받은 교사가 하나님의 말씀에 대한 지식으로 가득 차 있으면 언제 영혼들을 대하든지 가르칠 말씀이 그 입술에서 자연스럽게 흘러 나올 것입니다. 곤고한 자를 상황에 맞게 위로하고 격려할 수 있으며, 믿음의 싸움으로 분투하는 자들을 위해서도 적절한 말씀을 찾아 힘이 되어 줄 수 있을 것입니다.

어떤 상황에서 하나님의 말씀을 가르쳐야 하는데 아무리 상황이 그를 찔러도 진리가 쏟아져 나오지 않는다면, 그는 제대로 된 교사가 아닙니다. 그에게 가르침을 받는 양떼들이 불쌍할 뿐입니다. 그들은 늘 배고프고 목마르며, 아무리 오랫동안 그 목자를 따라다닌다 해도 치유받지 못한 상처를 간직한 채 살아갈 것입니다.

그러므로 교사 된 우리가 먼저 하나님의 말씀 깨닫기를 사모해야 합니다. 무엇보다도 성경을 사랑하고 그 성경 진리를 알기 위하여 헐떡이는 마음으로 애써야 합니다.

뿐만 아니라 교사 자신이 먼저 좋은 예배자가 되어 설교를 통해서 주시는 하나님의 말씀을 깨닫고 자신의 삶에 적용시키는 성실한 말씀의 사람이 되어야 합니다. 진리의 말씀을 깨닫는 즐거움이 무엇인지를 알고, 그 지식을 통해 나날이 그리스도를 본받아 가는 기쁨과 그분을 섬기는 유익을 체험해야 합니다. 그러한 과정을 통해 교사는 하루하루 진리의 사람이 되어 갑니다.

차가운 지식에 생기를

교사가 말씀의 사람이어야 한다는 문제와 관련해서 생각해 보아야 할 또 다른 요소가 있습니다. 그것은 다름 아닌 체험적인 요소입니다. 하나님께서 세례 요한을 이 세상에 보내신 목적에 대하여 성경은 이렇게 말합니다. "저가 증거하러 왔으니 곧 빛에 대하여 증거하고 모든 사람으로 자기를 인하여 믿게 하려 함이라"요 1:7.

세례 요한은 빛이신 그리스도 예수를 증언하기 위해서 보냄 받은 사람이었습니다. 송사를 하거나 재판을 할 때, 또는 억울한 일로부터 구제를 받거나 가해자를 법에 의하여 처벌하고자 할 때는 언제나 증인이 필요합니다. 그리고 증인은 법정에서 사건을 입증하고 재판장의 올바른 판단을 구하기 위하여 진실을 말해야 하는데, 이것이 바로 증언입니다. 법정에 증인으로 서기 위해서 가장 중요하고도 유일한 요건은 관련된 상황을 직접 목격한 체험입니다.

여러 해 전의 일입니다. 살인 사건이 일어났는데, 법정에서는 다섯 살 난 어린아이의 증언을 결정적인 증거로 채택하여 용의자를 단죄하였습니다. 보십시오. 아무리 나이가 어리다고 할지라도 그가 증언하고자 하는 상황을 현장에서 목격했다면 그의 증언은 곧 법적인 구속력을 갖습니다. 세례 요한이 바로 이러한 증언을 하기 위해 온 것과 마찬가지로 우리 교사들도 이 같은 일을 위하여 보냄을 받았습니다.

그러므로 교사는 자기가 가르치고자 하는 진리의 말씀을 영적으로 체험한 사람이어야 합니다. 그리고 지속적으로 하나님의 말씀을 통해 영혼에 영향을 받는 영적 세계가 있는 사람이어야 합니다. 만약 이러한 세계가 없다면, 그가 아무리 많은 성경 지식을 소유하고 가르친다 할지라도 그것은 단지 앵무새처럼 지식을 전달해 주는 데 불과하며, 따라서 그가 섬기는 교회는 그런 사람들 때문에 교회가 아니라 종교 지식을 전해 주는 학원처럼 변질될 위험이 있습니다.

우리는 말씀에 담긴 지식으로 하나님의 성품을 알게 되지만, 체험을 통해서 차가운 지식에 생기를 부여받게 됩니다. 영적 체험을 통해 진리에 대한 확신을 갖고, 그 확신에 의해서 새로운 삶이 산출되는 것입니다. 그러므로 오늘날 '성경 동화童話'라는 용어가 의미하듯이, 영적 체험이 없는 교사들이 가르치는 진리들이 마치 동화처럼 학생들에게 받아들여지고 있는 현실을 우리는 깊이 반성해야 합니다.

무엇 때문입니까? 왜 오늘날 교회 교육 시간에 생사를 건 진지하고 열정적인 가르침이 사라져 가고 차가운 지식의 전수만 남았습니까? 왜 영혼들이 성경의 내용을 받아들이기에 냉담합니까? 가장 큰 원인은 교사들이 기독교 교리를 깊이 묵상하지 않기 때문입니다. 좀 더 정확히 말해서, 교사들 자신이 가르치고자 하는 성경 내용을 통한 하나님과의 영적인 만남의 감격 없이 가르치고 있기 때문입니다.

하나님과 대면합니까?

요즘은 예전과 달라서 잘 만들어진 성경 공부 교재들이 기독교 서점마다 즐비하고 교회도 이런 것들을 열심히 활용하고 있습니다. 그럼에도 불구하고 우리가 잊지 말아야 할 사실이 있는데, 그것은 바로 가장 훌륭한 교재는 진리의 말씀에 붙잡힌 교사 자신이라는 점입니다.

점점 더 많은 교사들이 하나님을 의지하고 그분께 배운 체험적인 진리를 영혼들에게 가르치는 대신 이런 도구에만 더 의존하는 듯한 의구심이 듭니다. 물론 좋은 교재도 필요하고 잘 정리된 자료들도 때때로 유용합니다. 그리고 무엇보다도 교회 교육은 우발적이거나 즉흥적인 가르침이 아닌 체계적이고 조직적인 가르침이어야 합니다.

그렇지만 체계나 조직적인 가르침이 기독교 신앙의 전수에 있어서 체험의 중요성을 희석시킬 수는 없습니다. 기독교 신앙은 학원에서처럼 단순한 지식 전달만으로 전수되지 않고, 영적으로 변화를 받은 사람들의 진리에 대한 증언을 통해 인격적으로 전해지는 체험적인 종교입니다.

교사들은 하나님의 말씀을 영혼들에게 가르치기 전에 먼저 그 자신이 가르치고자 하는 바를 깊이 묵상하여야 합니다. 교사는 가르치기 전에 먼저, 성경 속에서 하나님과 홀로 대면함으로써 본문을 통해서 1인칭과 2인칭의 음성을 들을 수 있어야 합니다. 그러한 묵상 없이 어떻게 자신에게 결단을 촉구하시는 하나님의 음성을 들을 수 있으며, 그러한 음성을 듣지 않고 어떻게 자신의 가르침을 통해 영혼들이 하나님의 목소리를 듣게 할 수 있겠습니까?

오직 하나님의 말씀에 대한 정확한 해석과 그것을 토대로 하는 깊은 묵상만이 교사로 하여금 공과를 위한 메시지가 아니라 자신의 내면을 향한 하나님의 요구 앞에 서게 하며, 순종하려는 착한 마음을 품게 만들어 줍니다. 그러므로 교사에게 가장 커다란 적은 게으름입니다.

하나님의 말씀을 가르치기 위해서 할 수 없이 성경을 대하고 공과책을 읽는 사람이 되어서는 안 됩니다. 그것은 기독교 교육에서 가장 천박한 직업주의로 가는 지름길입니다. 교사들은 하나님께 가르침을 받고 거룩한 감화 속에서 살아가기를 힘써야 합니다.

교사는 마땅히 매일 성경을 읽고 그 성경 본문을 깊이 묵상하여 언제나 그 속에서 하나님과의 만남을 누리는 사람이 되어야 합니다. 가르치고자 하는 성경 공부 교재의 문제를 풀어 답을 다는 것만으로 가르칠 준비가 끝났다고 생각해서는 안 됩니다. 가르치기 위해서가 아니라 스스로 가르침을 받기 위해서 성경 앞에 서야 합니다.

깊은 묵상 속에서 말씀 생활을 하는 교사들의 강점은 성경을 친밀하게 가르칠 수 있다는 것입니다. 반대로, 말씀을 가르칠 때 마치 잘 알지 못하는 남의 이야기를 하는 것같이 말한다면 이는 성경 말씀 자체에 대한 깊은 묵상이 부족함을 드러내는 것입니다.

하나님의 말씀을 가르칠 때 나타나는 강한 성령의 역사도 역시 묵상을 통하여 이끌어 낸 확신 있는 가르침이 있을 때 가능합니다. 오늘날처럼 회의주의적인 분위기에서 살아가는 시대에는 더더욱 그런 가르침이 필요합니다. 진리에 대한 체험 없이는 결코 확신을 가지고 가르칠 수 없습니다.

그러므로 성경의 진리를 단지 개념으로만 이해하려고 하지 마십시오. 성경을 단지 머리로만 아는 것과 영혼 깊은 곳에서 우러나온 체험을 통해서 아는 것의 차이는, 마치 아름다운 해변을 그림으로 보는 것과 그 해변을 거닐어 보는 것의 차이와도 같습니다. 묵상이 아니고는 이런 식의 체험을 가질 수 없습니다. 성경에 대한 정확한 지식은 그림을 또렷하게 해주는 선과 같고, 체험은 그러한 묘사를 실물로 바꾸어 놓는 것과 같은 효과를 가져다 줍니다.

이처럼 하나님의 말씀을 깊은 묵상 속에서 체험한 사람들은 성경을 가르칠 때 영혼들의 손을 이끌어 장엄한 숲속으로 데려갈 수 있습니다. 물론 그 일은 성령이 하십니다.

그러나 체험한 진리를 말하는 사람들은 더욱 쉬운 방식으로 성령께서 역사하시도록 자신과 영혼들의 마음의 문을 열게 합니다. 그래서 하나님의 말씀을 가르치는 시간에는 성령과 함께, 교사와 듣는 영혼 모두가 그 진리의 숲속에서 경외심에 사로잡힌 어린아이처럼 되어야 합니다. 그 순간, 인간의 교만과 세속적인 사고 방식이 깨지고 사람들은 진리의 세계를 인식하게 됩니다.

마음의 진리가 없기에

교사들이 맡겨진 영혼들에게 열심히 성경 진리를 가르치지 않는 이유는 무엇입니까? 그리스도의 사람으로 만들라고 맡겨 주신 영혼들을 모아 놓고 하나님의 말씀을 가르치는 대신 세상 돌아가는 이야기들로 맥없는 공과 공부를 계속하는 것은, 교사의 마음속에 진리가 없기 때문입니다. 그렇다면 진리를 가르치는 교사가 되기 위해서는 어떻게 해야 합니까?

첫째로, 교사에게 풍부한 성경 지식이 있어야 합니다. 가르치는 교사의 마음속에 하나님의 진리가 가득 차 있으면 그것을 말하지 아니하고는 견딜 수가 없습니다.

모든 교사의 완전하고 영원한 모범이신 예수님의 생애를 생각해 보십시오. 예수님의 생애는 진리를 가르치신 생애였습니다. 십자가를 지고 돌아가시기까지 주님이 가장 공을 들이셨던 일은 성경의 진리를 가르치시는 일이었습니다. 예수님께서는 구약을 인용하시고 옛 계명과 새 계명을 비교하시면서 복음을 전하셨습니다.

주님의 가르침은 구약에 대한 해석이었는데, 메시아로서의 권위를 가지고 당신이 구주로 오신 시대에 우리가 어떻게 하나님을 믿고 섬겨야 할지를 가르치셨습니다. 그리고 그렇게 막힘이 없이 하나님의 말씀을 자신의 언어로 가르치실 수 있었던 이유 중 하나는 성경 자체를 아는 지식이 풍부하셨기 때문입니다.

우리 주님께서 입을 열어 하나님의 말씀을 가르치실 때 막힘이 없었던 이유가 단지 하나님의 아들이었기 때문이라고 말하는 것은 충분하지 않습니다. 주님은 부지런히 성경을 읽고 탐구하셨습니다. 열두 살 때 이미 성경을 깊이 이해하셔서 구약을 전문적으로 연구하는 학자들과 능히 토론하실 수 있었습니다. 교사들이 먼저, 이러한 열심을 배워야 합니다.

교사인 여러분은 성경 말씀을 얼마나 읽습니까? 교회 역사를 보면, 믿음의 선배들은 개인적인 경건 생활을 이어 가는 가장 중요한 비결이 성경 읽기와 기도라는 사실을 경험하였습니다. 이렇게 개인적인 경건 생활에서 승리할 때 공적인 예배의 유익도 증진됩니다. 그러므로 복음으로 영혼을 구원하고, 진리의 말씀을 통해 온전한 신앙인으로 세우도록 부름 받은 교사에게 성경을 사랑하는 생활은 참으로 중요합니다.

교사들은 교사이기 이전에 우선, 하나님의 사랑받는 자녀로서 성경을 부지런히 읽어야 합니다. 나아가서는 그 성경 지식을 통해 우리 삶과 교회와 세상을 볼 수 있는 시각을 길러야 합니다. 그리고 그 시야 안에서 하나님의 마음도 함께 물려받는 성도가 되어서 그렇게 부어 주신 하나님의 마음으로 인생을 살아가야 합니다.

말씀 묵상

둘째로, 교사들이 말씀의 사람이 되기 위해서는 성경을 깊이 묵상하는 습관이 몸에 배어야 합니다. 성경 통독만으로는 경건 생활이 충분하지 않습니다. 정기적으로, 가능하면 매일 하나님의 말씀 중 일부분을 읽고, 깊이 명상하고, 그 의미를 자기 삶 속에 적용하며, 깨달은 바를 붙들고 하나님께 간절히 기도하는 삶이 필요합니다.

묵상은 머리에 있는 성경 지식을 가슴에 이르게 하는 통로입니다. 예배 시간에 들은 설교 말씀이나 그 날 읽은 성경 말씀 중 일부를 깊이 생각하고, 자기 삶에 주는 의미를 마음 깊이 아로새기는 묵상의 훈련이 필요합니다.

시인들이 어떻게 깊은 영적 침체에서 벗어났고, 어떻게 죽을 듯한 고통 가운데서 새 힘을 얻었는지 생각해 보십시오. 어떻게 불신앙의 유혹을 이기고 거룩한 길을 걸어가며 하늘의 위로를 누릴 수 있었는지 생각해 보십시오. 성경은 말합니다.

"나의 나그네 된 집에서 주의 율례가 나의 노래가 되었나이다 여호와여 내가 밤에 주의 이름을 기억하고 주의 법을 지켰나이다 내 소유는 이것이니 곧 주의 법도를 지킨 것이니이다" 시 119:54-56.

"고난당하기 전에는 내가 그릇 행하였더니 이제는 주의 말씀을 지키나이다……고난당한 것이 내게 유익이라 이로 인하여 내가 주의 율례를 배우게 되었나이다 주의 입의 법이 내게는 천천 금은보다 승하니이다" 시 119:67-72.

교사는 먼저 가르치고자 하는 성경 본문을 자신의 영혼을 위하여 반복해서 읽고 여러 날 동안 깊이 묵상하며 거기서 하나님의 음성을 들을 수 있어야 합니다. 그래서 그 말씀에 담긴 하나님의 마음을 깨닫고 그 말씀을 통하여 자기가 새로워짐을 경험할 때, 비로소 하나님의 말씀을 더욱 생생하게 그의 인격을 통해서 흘러 나오듯이 증거할 수 있을 것입니다.

하나님의 말씀을 설교하거나 가르칠 때 흔히 느껴지는 설교자와 성경 본문, 교사와 공과 내용 사이의 친밀함은 이런 깊은 묵상의 결과입니다. 기억력에 의존하는 단순한 지식 또는 인격 속에서 체험을 통해 용해된 지식은 전수되는 방식부터가 다릅니다. 교사들이 하나님의 말씀을 깊이 묵상하고 거기서 깨달음과 도전을 받는 일이 지속되어야 한다는 사실은 아무리 강조해도 지나치지 않습니다.

교사가 먼저 성경 말씀을 깊이 묵상함으로써 터득한 진리는 그의 마음을 지속적으로 지배하고 삶을 움직이는 원동력이 되어야 합니다. 그렇게 할 때만이 기독교의 진리를, 체험을 동반한 지식으로 가르칠 수 있는 교사가 될 수 있습니다.

진리를 따라 살라

셋째로, 교사가 하나님의 말씀으로 충만한 진리의 사람이 되기 위해서는 성경 말씀대로 살기 위해 애써야 합니다.

무릎 꿇는 마음 없이 객관적인 사색이나 탐구의 대상으로 성경 진리를 배우고 가르치는 것은 매우 심각한 문제가 아닐 수 없습니다. 성경의 진리는 하나님을 경외하는 마음이 없는 사람들을 위한 객관적인 탐구의 대상이 될 수 없습니다. 성경은 그런 사람들이 자기의 진리의 세계로 들어오는 것을 거부합니다.

종교개혁자들과 청교도들이 성경의 진리를 가르치는 가장 좋은 방법은 설교라고 생각했던 것은 전달 매체가 없는 시대였기 때문만은 아니었습니다. 그들은 예배를 통하여 성경의 진리를 가르치는 것이 전능하신 하나님 앞에서 무릎을 꿇는 마음으로 말씀을 배우게 하는 가장 좋은 방법이라고 믿었습니다. 예배 가운데 전능하신 하나님의 현존을 의식하고 그분 앞에 무릎 꿇는 겸손함과 경외의 태도 속에서 하나님의 진리를 가장 잘 배울 수 있다고 생각했던 것입니다.

하나님을 만나는 거룩한 은혜가 있고 주님의 임재를 느낄 수 있는 구별된 시간과 장소에서, 함께 부름 받은 지체들이 한 공동체로서 설교를 통해 들려오는 하나님의 음성을 들을 때 신앙의 도리를 가장 잘 배울 수 있다고 믿었던 것입니다.

우리는 이처럼 하나님을 경외하는 마음으로 진리를 실천함으로써 말씀의 참뜻을 이해하게 됩니다. 그러므로 교사는 성경 지식에서만 선생이 되지 말고, 그것을 실천하며 사는 데도 스승이 되어야 합니다. 하나님의 말씀을 따라 살려고 애쓰는 교사들은 진리를 아는 지식이 더욱 풍성해질 것입니다.

그러나 하나님의 말씀을 실천하며 살기 위해서는 부단한 자기 부인이 있어야 하며, 안일을 버리고 십자가를 지는 정신이 필요합니다. 이렇게 함으로써 교사는 그 존재 자체가 살아 있는 교재가 되어 가는 것입니다.

| 묵 | 상 | 질 | 문 |

1. 매주 당신이 아이들에게 가르치는 내용은 무엇입니까? 그들에게 필요한 배움의 내용은 무엇입니까?
2. 교회학교 공과 공부에서 성경 교육이 약화되고 있는 이유는 무엇입니까?
3. 진리를 가르치신 예수님의 말씀 사역을 가능케 했던 요소들은 무엇이며, 이것이 교사들에게 주는 도전은 무엇입니까?
4. 말씀 지식은 넘쳐 나지만 아무리 그 지식을 전달해도 듣는 자에게 감화를 주지 못하는 이유는 무엇입니까?
5. 저자가 진리의 사람이 되기 원하는 이들에게 구체적으로 제안하는 바를 정리해 봅시다.

이 책을 꼭 읽으십시오

『설교자는 불꽃처럼 타올라야 한다』

김남준 지음
서울·두란노, 1998
349쪽

- 이 책은 저자의 첫 번째 책으로서, 설교하는 목회자를 독자로 겨냥하여 저술한 책이다. 설교의 방법론적인 접근으로 곤경에 처한 강단의 문제를 해결할 수 있으리라고 생각하는 이 시대의 치우친 사상에 커다란 충격을 준 책이다. 저자는 이 책에서, 설교자는 강의와 교육으로 만들어지지 않고 광야에서 하나님과의 만남을 통하여 태어난다고 역설한다. 오늘날 강해 설교의 유행을 타고 설교 자체를 성경을 다루는 기술 정도로 생각하려는 이 시대의 목회자들에게 선지자들과 신약의 설교자들, 교회사에서 강단 사역으로 하나님을 영광스럽게 하였던 종들을 탐구하도록 격려한다.

- 특별히 저자는 오늘날의 설교자를 "구약에서 하나님의 영광을 위하여 피 뿌리고 죽어간 선지자들과 신약에서 그리스도를 증언하기 위하여 복음을 외치다가 순교한 사도들의 후예"라고 자리매김한다. 저자는 한 시대에 태어난 평범한 사람들이 하나님의 말씀의 종이 되는 과정을 선지자들과 사도 바울의 소명 사건을 설명하면서 신학적으로 상세히 풀어 가는데, 이 과정을 통해서 그리스도인의 영적인 변화를 위한 주옥과 같은 원리들을 찾아낸다. 이것은 설교자라는 특정 계층의 사람들에게만 적용되는 원리가 아니라 모든 그리스도인의 영적인 변화에 적용될 수 있는 폭넓은 원리다. 이 책의 자매편이라고 할 수 있는 『자네, 정말 그 길을 가려나』가 복음 사역자로서의 종합적인 준비를 다룬 책이라면, 이 책은 그렇게 준비되어진 사람이 어떻게 말씀의 사람으로 갖추어지는지를 상세히 설명한 책이다.

- 나는 교사들에게 이 책을 강력히 추천한다. '설교자' 라는 단어를 '말씀을 가르치는 자' 로만 바꾸면 이 책의 내용은 거의 모든 면에서 교사

에게 그대로 적용된다. 교사들은 특히 이 책의 5장과 6장을 주의 깊게 읽기 바란다. 왜냐하면, 5장에서는 영혼들 속에 이미 뿌리 내린 잘못된 신앙 사상이나 인생에 대한 견해가 바뀌고 변화하는 데 있어, 하나님의 말씀이 어떤 역할을 하는지를 구체적으로 보이고 있기 때문이고, 6장에서는 그러한 변화를 기초로 새로운 신앙 사상들이 말씀을 배우는 영혼들 안에 구축되는 것을 보여 주기 때문이다. 이 부분을 읽으면 왜 오늘날 우리의 교회학교에서 회심이 쉽게 일어나지 않는지를 알 수 있다. 교사들이 자신을 위한 책이라고 생각하고 주의 깊게 읽어 간다면, 여기에 이 책을 강력히 추천한 저자의 의도를 알게 될 것이다.

영혼들에게 하나님을 가르쳐 주기 위하여 부름 받았지만,
때로는 하나님에 관하여 그들에게 말하는 것보다
그들에 관하여 하나님께 말씀드리는 것이 더욱더 필요합니다.

| 제5장 |

기도의 사람
교사와 기도 생활

"내가 저희를 위하여 비옵나니……"(요 17:9上).

Christian Teaching in Revival

목양의 신비

목양의 경험은 우리에게, 하나님은 사람의 외모를 보지 않으시고 중심으로 취하신다는 사실을 확실히 알려 줍니다. 신앙이 성장하는 과정에서 많은 사람들이 교회학교 교사로 헌신하지만 그들 모두가 선한 목자가 되는 것은 아닙니다.

우리는 흔히 젊고 활기찬 사람이 교사를 맡아야 아이들도 잘 따르고 좋아할 것이라 생각합니다. 그러한 교사라야 아이들과 말도 더 잘 통하고 아이들의 심정을 훨씬 더 깊이 이해할 수 있다고 생각하기 때문입니다. 그런데 실제로는, 대학생 언니 오빠들과 공부한 아이들보다 40-50대 주부 밑에서 공부한 아이들의 신앙이 쑥쑥 더 잘 자라는 것을 종종 목격할 수 있습니다.

도대체 무엇이, 살림과 자녀 양육 때문에 공과 준비 시간도 많지 않고, 특별한 재능도 없으며, 말까지 어눌한 그 선생님에게 배우는 학생들의 신앙을 무럭무럭 자라나게 하는 것인지 우리의 일반적인 사고로는 도무지 이해할 수 없습니다. 그런데 이것이 목양의 신비입니다. 중심을 보시는 하나님의 성품이 이런 신비를 만들어 냅니다. 목양의 자리에서 풍성한 열매를 맺는 교사가 있다면 우리는 그 비결에 관심을 가져야 합니다. 그 사람의 무엇인가가 하나님을 감동시켜 드렸기에 그의 섬김이 축복을 받는 것이기 때문입니다. 겉으로 드러나는 것만 보지 말고, 영혼을 성장시키기 위해 그 교사가 보이지 않는 곳에서 어떻게 수고하였는지를 볼 줄 알아야 합니다.

단순 모방의 위험

시험 공부를 하다 보면, 누구에게나 해당되는 최선의 공부 방법이란 존재하지 않음을 알게 됩니다. 어떤 사람에게는 잘 통하는 성공 비결이 다른 사람에게는 실패의 원인이 되는 일이 우리 주위에는 비일비재합니다.

밤을 새워 공부해 어떤 시험에 합격했다는 수기를 읽고 감동을 받은 한 사람이 밤에는 제대로 공부를 할 수 없는 자기 체질을 무시하고 밤을 새워 공부했습니다. 당연히 공부의 효율은 이전보다 낮아졌고, 결국 그는 시험에 떨어지고 말았습니다. 다른 사람에게는 합격의 비결이었던 것이 그 사람에게는 실패의 원인이 된 것입니다.

어떤 방법이나 현상 하나만을 보고 그것을 절대화하는 것은 대단히 위험한 일입니다. 그러나 이러한 무지에서 비롯된 단순 모방을 교회 교육에까지 적용시키려는 사람들이 있습니다. 어느 교회가 교육을 잘한다고 소문이 나면 일부러 찾아가 보는 사람이 바로 그들입니다. 그러나 교회학교의 성공 여부는 주일 하루 가서 보고 판단할 수 있는 문제가 아닙니다.

우리에게 닥치는 상황은 매우 다양합니다. 그것을 직감으로 판단해 경솔하게 결정하지 말고 성경적인 정신과 사고를 바탕으로 사물과 상황의 모든 것을 새롭게 판단해야 합니다. 참으로 성경에 부합하는 성경적인 사고를 통해, 우리 앞에 펼쳐지는 여러 상황을 걸러서 우리가 정말 가치를 두어야 할 것이 무엇인지 판단하고, 그러한 성경적인 성찰이 지시하는 바에 따라 삶의 방향을 바꾸어 나가야 합니다. 물론, 다른 사람들이 어떻게 성경을 이해하고 목양하는지를 보는 것이 우리에게 도움이 됩니다. 그러나 다른 사람의 경험에서 교훈을 얻는 것도 결국은 자기 수준을 벗어날 수 없습니다.

이제는 어느 교회가 좋다, 누구 설교가 훌륭하다, 어디 성경 공부가 좋다는 구구한 말에서 벗어나 종합적인 시야를 가져야 합니다. 그러기 위해서는 우선 자신이 가지고 있는 많은 아집과 잘못 정립된 허상들을 말씀으로 무너뜨려야 합니다. 최상의 청중이어야 최고의 설교자가 될 수 있듯이, 하나님 앞에서 최상의 학생이 되어야 최고의 선생이 될 수 있습니다.

교회학교의 성공을 보기 위해서는 일주일 내내 교사의 삶이 어떠했는지를 보아야 합니다. 정말 중요한 것은 표면이 아니라 그 속, 보이지 않는 영역에서 이루어진다는 사실을 기억하십시오. 겉으로 드러난 모든 행동은 하루아침에 생겨난 것이 아니라 그럴 만한 사정과 이유가 있어서 밖으로 표출된 것입니다. 주일에 영혼들이 교회학교에 잘 모이고 열심히 찬송한다는 그 한 가지 상황, 하루 모임만을 보고 거기서 무엇인가를 찾아내는 것은 한계가 있습니다. 날이 갈수록 교회학교는 능력 있는 교사들을 필요로 하고 있습니다. 교사의 직무가 단지 기능을 위한 일이 되지 아니하고 영혼들을 근본적인 변화에 이르게 하기 위해서는 교사들 자신이 헌신적인 기도의 사람이 되지 않으면 안 됩니다.

눈물 속에 피는 꽃

요한복음 17장에서 예수님은 "내가 저희를 위하여 비옵나니"라고 말씀하셨습니다. 예수 그리스도께서는 잠시 후 당신께서 십자가에 못박혀 죽으시기 위해 끌려가실 것을 아셨습니다. 그럼에도 불구하고 주님은 마지막으로 우리를 위하여 기도하셨습니다.

우리 주 예수 그리스도께서 이처럼 우리를 위하여 기도하시던 그 밤을 생각해 보십시오. 그 밤은 예수 그리스도께서 당신의 사랑하는 양떼들과 이 세상에서 보내는 마지막 밤이었습니다. 이제 날이 채 새기도 전에 그분은 사랑하던 한 제자로부터 배반을 당하고, 십자가를 지고 골고다 언덕에 올라 십자가에 달리셔야 했습니다. 죽음을 눈앞에 둔 상황에서도 예수님의 마음은 두고 가야 하는 사랑하는 양떼들에 대한 연민과 사랑으로 가득 찼습니다. 그런 상황에서 주님이 하실 수 있는 일은 그들을 위하여 기도하시는 것이었습니다. 주님께서는 겟세마네 동산에서 땀이 피가 되도록 기도하셨습니다. 그러나 그 기도는 단순히 십자가를 지지 않게 해 달라는 기도가 아니었습니다.

사람에게는 죽고 사는 것보다 더 큰 일이 없건만, 예수 그리스도에게는 더 큰 일이 있었습니다. 그분은 그 상황에서 이 땅에 남아 있을 양떼들을 위해 중보 기도를 하셨습니다. "내가 저희들을 위하여 비옵나니"라고 말씀하시면서 하나님 앞에 간절히 기도하셨습니다. 이 땅에 남아 있을 양떼들을 위해서 하나님 앞에 전심으로 기도하시며 생의 마지막 밤을 보내셨습니다. 도저히 기도하실 수 없는 상황에서 그분은 땅에 두고 가는 당신의 양떼들을 위해 하나님 앞에서 전심으로 기도하고 계셨던 것입니다.

하나님께서는 이런 주님의 기도를 들으시고 예수님에게 우리를 위한 십자가의 고난을 감당할 힘을 주셨습니다. 우리를 위한 그분의 구원 사역은 이처럼 눈물의 기도 속에 핀 한 송이 아름다운 꽃과 같습니다.

사랑이 깊으면 기도도 깊다

예수님이 그렇게 기도하실 수밖에 없었던 동기는 무엇입니까? 십자가를 지셔야 하는 당신 자신의 일만으로도 너무나 어려운데 다른 사람들을 위해 기도하지 않을 수 없었던 이유는 무엇입니까? 예수 그리스도께서 그 날 마지막으로 하나님께 우리들을 위하여 기도하지 않고 돌아가셨다고 해서 하나님이 우리를 모두 버리셨겠습니까?

우리 주 예수 그리스도께서 그 날 밤 죽으러 가실 몸으로서 당신이 아니면 생명을 누릴 수 없는 영혼들을 위해서 기도하셨던 것은, 목자로서의 의무감이나 후일에 있을 선교적인 성과를 염두에 두신 때문이 아니었습니다. 사랑이 예수님으로 하여금 기도하지 않을 수 없게 하였습니다. 두고 가야 하는 영혼들에 대한 애끓는 사랑과 그들을 지키실 수 있는 분은 오직 하나님밖에 없다는 믿음이 그렇게 기도하지 않을 수 없도록 만들었습니다.

우리는 예수님의 모범을 보며 한 가지 결론을 얻습니다. 교사로서 자신에게 맡겨진 영혼들을 위하여 기도하지 않는 이유는 사랑이 없기 때문입니다. 영혼들을 향한 인간적인 사랑은 단지 그들을 보고 싶어 하는 마음에 그치겠지만, 하나님의 사랑으로 영혼을 사랑하면 그들의 행복을 하나님께 빌고 싶은 마음이 생겨나는 법입니다. 바로 이러한 사랑의 마음 때문에 예수 그리스도께서는 그렇게 간절히 기도하셨던 것입니다.

교회에 새 친구가 나왔을 때 교사인 우리 마음은 어떻습니까? 그리스도 앞으로 나아오지 아니하였더라면 하나님의 말씀과는 거리가 먼 삶을 살았을 사람이, 복음이 선포되는 교회에 발을 들여 놓고 구원의 문을 두드리는 것을 보면서 한없는 기쁨을 느끼지 못한다면, 그는 교사로서 가장 중요한 무언가가 결핍되어 있는 사람입니다.

우리는 이것을 기억해야 합니다. 교사는 코흘리개 아이 같은 영혼들 앞에서 그들에게 감화를 끼치고 자신을 신앙 좋은 사람으로 각인시키기 위해 부름 받은 것이 아닙니다. 마치 여러 해 차를 운전한 사람이 초보 운전자를 뒤에 태우고 '운전은 이렇게 하는 거야.' 라고 과시하듯이, 신앙 생활을 처음 시작하는 사람들에게 자랑하기 위해 영적인 리더가 된 것이 아니라는 말입니다. 그럴 수 있는 교사가 있다면 그는 분명히, 사람들에게 성경을 가르칠 수 있을지는 모르지만, 그 영혼들을 위하여 하나님 앞에서 부르짖는 것이 무엇인지, 그 영혼의 잘됨을 "주와 및 그 은혜의 말씀께"[3] 부탁하기 위하여 기도로 섬기는 것이 무엇인지를 모르는 사람입니다.

영혼을 위한 깊고 간절한 기도는 언제나, 하나님 앞에서 교사로 섬기는

---

[3] "지금 내가 너희를 주와 및 그 은혜의 말씀께 부탁하노니 그 말씀이 너희를 능히 든든히 세우사 거룩케 하심을 입은 모든 자 가운데 기업이 있게 하시리라" (행 20:32).

우리 자신이 진리에 대하여 가르치지만 우리는 진리가 아니라는 사실을 깨닫게 해줍니다. 우리가 비록 빛에 대하여 증거하지만 사실 우리는 빛이 아니라는 사실을 깊게 자각하게 되어, 우리 자신이 오직 그리스도를 가리키는 세례 요한의 손가락과 같은 존재가 되기를 원하는 것도 바로 이러한 깊은 기도 생활에서 비롯됩니다.

기도 없이 영혼 사랑은 없다

히브리서 5장 7절은 예수님의 기도 생활을 이렇게 묘사합니다. "그는 육체에 계실 때에 자기를 죽음에서 능히 구원하실 이에게 심한 통곡과 눈물로 간구와 소원을 올렸고 그의 경외하심을 인하여 들으심을 얻었느니라."

예수 그리스도의 기도는, 한마디로 말하면, 진한 자국을 남긴 기도였습니다. 영혼을 섬기도록 부름 받은 우리도 많은 날 동안 기도했습니다. 그러나 하나님께서 온 마음으로 들으셔야 할 정도로 기억에 남는 빛깔 진한 영혼의 외침을 담은 기도가 그 중 얼마나 되겠습니까? 기도했다면서도 기도 내용조차 기억하지 못하는 경우가 얼마나 많습니까? 자신의 마음조차 변화시키지 못하는 기도가 어떻게 하나님의 마음을 감동시킬 수 있겠으며, 마음은 엉뚱한 곳에 가 있는 채 의무감으로 중언부언하는 기도가 어떻게 충천하는 화염과 같은 힘이 되어 악한 세상에 흩어져 있는 영혼들을 지켜줄 수 있겠습니까?

화려한 수식어구로 치장한 일만 마디의 형식적인 기도보다는, 성령이 함께 하시는 단 한 마디의 간절한 기도에 하나님의 보좌를 움직이는 커다란 힘과 능력이 있습니다. 교사로 섬길 때 영혼을 향한 진실한 사랑이 있는지의 여부는 여러 면에서 숨길 수 없이 드러납니다. 교회학교에 아이들을 많이 모으는 재능도 중요하지만, 쉽게 변하지 않는 영혼들의 이름을 부르며 간절히 기도하는 헌신은 더욱더 귀합니다.

죄 없으신 예수 그리스도께서는 그분 안에 있는 우리 영혼을 향한 사랑 때문에 그토록 진한 통곡과 눈물로 기도하셨습니다. 고난의 죽음을 앞둔 어려운 상황에서도 예수 그리스도의 마음을 사로잡은 것은 당신이 맞이하실 십자가에 대한 두려움이 아니라, 죄와 슬픔이 많은 세상에 남겨 두고 떠나야 하는 영혼들에 대한 깊은 연민이었습니다. 그리스도의 이 처절한 기도는 결코 믿음이 없으신 때문이 아니었습니다.

잡히시던 날 밤에 사랑하는 제자들을 위하여 통곡과 눈물로 간절히 기도하시는 예수님 옆에 가서 감히 이렇게 말할 수 있습니까? "예수님, 왜 그렇게 슬피 우세요? 이제 보니 믿음이 별로 없으시군요. 모두 하나님 아버지께 맡기세요."라고 말입니다.

요즘 그리스도인들은 우울한 것은 무조건 질색하는 경향이 있습니다. 세상적이고 경박한 즐거움이 신령하고 경건한 슬픔을 내어 쫓는 시대가 되었습니다. 그러나 진심으로 영혼을 사랑해 본 사람들은 눈물로 영혼들을 위하여 기도하지 않을 수 없음을 깨닫게 됩니다. 자신이 돌보는 영혼을 불쌍하게 생각해 본 적이 없는 사람은 그 자신이 가장 불쌍한 사람입니다. 자신이 섬기는 영혼들을 위해서 이렇게 눈물을 흘려 보지 않은 사람은 하나님 앞에 있는 자신을 위해서도 운 적이 없는 사람입니다.

사랑은 관심입니다

예수님은 영혼을 향한 깊은 사랑을 가지고 계셨기 때문에 그 긴박한 상황에서도 이 땅에 두고 가야 하는 양떼들을 위해서 하나님께 절박하고 간절하게 기도하실 수 있었습니다. 그리고 그것은 그 날에 세우신 특별한 결심이 아니라, 평소에 우리를 위하여 하나님께 간절히 기도하시던 견고한 기도 생활에서 비롯되었습니다. 교사로서 영혼을 섬기는 우리는 그들을 위하여 기도하는 일에 얼마나 쉽게 태만해지는지 모릅니다. 영혼에게 하나님을 가르쳐 주기 위하여 부름 받았지만, 때로는 그들에게 하나님에 관하여 말하는 것보다 하나님께 그들에 관하여 말씀드리는 것이 더 필요한 때가 있습니다. 영혼을 향한 사랑은 그 영혼의 필요를 구체적으로 살피게 하고, 하나님 앞에 그들을 위한 기도가 실제적이고 간절해지도록 만들어 줍니다.

우리가 가르치는 영혼들을 향한 사랑이 구체적일 때에 그들을 위한 기도도 구체적인 제목을 얻고 그것을 아뢸 때에 힘을 얻게 됩니다. "주님, 제가 가르치는 교회학교 우리 반에 세 명의 학생들이 있는 거 아시죠? 잘 믿게 해주시고, 모든 것을 하나님께서 책임져 주세요."라고 드리는 기도는 하지 않은 것만 못한 기도입니다. 하나님께 그들을 책임져 달라고 기도하지만, 사실 자신은 그들을 위하여 아무 것도 책임지지 않는 사람입니다. 자신이 기도할 영혼들의 절박한 영적 필요를 이해하는 사랑이 없이는 그 기도가 온전히 하늘에 전달될 수 없습니다.

사랑은 관심입니다. 관심이 없으면서 사랑한다고 하는 것은 모두 거짓말에 불과합니다. 교회학교에 출석하는 영혼들을 사랑 어린 관심으로 지켜보노라면 각각의 영혼들을 위하여 무엇을 기도해야 할지 자연스레 떠오르기 마련입니다. 하나님께서는 위험에 빠진 그들의 영혼의 상태를 보고 교사 자신의 처지처럼 고통하는 마음을 부어 주십니다. 그들을 위한 진정한 의미의 기도는 영혼에 대한 관심에서 나옵니다. 오늘날 우리 교사들이 자신에게 맡겨진 영혼들을 위하여 거의 기도하지 못하는 이유는 무엇입니까? 바쁜 일과 때문이라기보다 주일 이외에는 그 영혼들에게 거의 관심을 갖지 않기 때문입니다.

어떤 교사가 있었습니다. 어느 주일, 그 교사가 가르치는 학생 중 한 명이 교회학교에 나오지 않았습니다. 학생들이 교회학교에 결석하는 일은 항상 있을 수 있는 일이기에 교사는 그 일을 그리 대수롭지 않게 생각하였습니다. 그러나 그 학생은 다음 주에도 교회에 나오지 않았습니다. 그제야 교사는 그 학생의 집으로 전화를 걸었습니다. 학생의 가족으로 보이는 사람이 전화를 받더니 울먹이는 목소리로 이렇게 말했습니다. "그 애는 지난 수요일 하늘나라로 갔습니다." 자기 반 학생을 위해 기도했던 그 교사는 이미 죽고 없는 사람을 위해 일주일 동안이나 헛되이 기도했던 것입니다.

사랑을 길어 올리는 기도

마음속에 참된 사랑이 없을 때, 우리는 대개 손쉬운 물질로 보상을 하려 합니다. 물론 진심으로 사랑하기 때문에 그 사람의 필요를 채워 주고 싶어 물질을 사용하는 경우도 있지만, 그 반대의 경우도 적지 않습니다.

술만 먹으면 집에 들어와 폭력을 휘두르기 일쑤인 아버지를 둔 집에 가 보면, 많은 경우 아이들 장난감이 필요 이상으로 넘치기 마련입니다. 술에 취하면 아이들을 새파랗게 질리도록 해 놓고서, 술이 깨고 나면 미안한 마음에 장난감으로 보상을 하는 것입니다. 방탕한 삶으로 잃어버린 권위를 잠시 동안의 환심으로 되찾아 보려는 심리는 언제 어디서나 볼 수 있습니다. 그 집에 가득 쌓인 장난감들은 결국 진정으로 사랑해 주지 못한 미안한 마음의 보상일 뿐입니다. 이러한 보상 심리가 우리 기도의 동기가 될 때, 기도는 위선이라는 함정에 빠지고 맙니다.

진심으로 한 영혼을 깊이 사랑하면 그 이름 석 자를 떠올리는 것만으로도 마음속에 즐거움이 가득 찹니다. 그러나 우리는 우리가 사랑할 수 있는 착한 양들을 위하여 기도할 뿐 아니라, 그렇게 사랑하기 힘든 영혼들을 위해서도 기도해야 합니다. 사랑하는 사람뿐 아니라 원수처럼 미워하는 사람을 위해서도 진심으로 기도해야 합니다.

우리가 가르치는 양이 아닐 경우, 싫은 사람을 위해 기도하기란 정말 쉬운 일이 아닙니다. 처음에는 하나님이 우리를 그렇게 기도하도록 부르시는 것 자체가 싫습니다. 얼굴을 마주 대하는 것도 싫은데 안 보아도 될 시간에 하나님 앞에서 무릎을 꿇고 그 사람에 대한 기억과 마주하고 그들을 위하여 기도하는 것이 좋을 리 없습니다. 그러나 그래도 우리는 간절히 기도해야 합니다. 이것이 바로 영혼을 섬기도록 부름 받은 사람들의 의무입니다.

예수님께서는 원수를 위하여 기도하라고 말씀하셨는데 그것이 어찌 우리의 원수를 위해서겠습니까? 사실은 우리를 위해서가 아니겠습니까? 그 말씀은 원수를 위해서 하신 말씀이 아니라, 원수를 위해 기도하는 것이 미움이라는 우리 영혼의 독을 씻어 내는 가장 좋은 방법임을 가르쳐 주신 것입니다. 우리 속에 있는 원수를 향한 미움은 밖으로 토해지지도 않고 그렇다고 삼켜서 소화할 수도 없어서, 하나님과의 교제에 지속적으로 방해가 됩니다. 예수님은 그 점을 잘 아셨습니다. 그래서 "원수를 위하여 기도하라."고 말씀하셨습니다. 원수를 위하여 간절히 기도하면 그 기도는 우리 마음속 미움을 사랑으로 바꾸어 하나님과 우리 사이를 방해하던 독소를 씻어 버립니다.

그렇습니다. 우리가 돌보는 영혼들에 대한 무관심을 척결하는 길은 그들의 필요를 살피고, 그들을 위하여 간절히 기도하는 것입니다. "사랑으로 기도하라."와 "기도함으로 사랑을 싹트게 하라." 중 어느 쪽이든 손에 잡히는 것부터 시작하십시오. 그렇게 함으로써 "사랑이 없어 기도 못하겠다."거나 "기도를 하지 않으니 사랑이 생기지 않는다."는 논리의 악순환에서 벗어나십시오. 지금은 쉽게 사랑할 수 없는 사람이라도 그 영혼을 위해 깊이 기도하면 그를 향한 마음이 변화됩니다.

그 대표적인 예가 손양원 목사님입니다. 여수 반란 사건 당시 학생들이 좌우익으로 나뉘어 비참한 참극을 연출했습니다. 좌익 학생들이 우익 학생들을 돌멩이와 곤봉으로 무차별 공격했고, 손양원 목사님은 그 사건으로 두 아들을 잃었습니다. 그런데 손양원 목사님이 어떻게 하셨는지 아십니까? 자기 아들을 그렇게 비참하게 때려 죽인 학생을 찾아가서 자기 아들이 되어 달라 하고, 대통령에게 특별히 부탁해 특별 사면을 받게 했습니다.

손 목사님의 인격이 특별히 훌륭해서 그런 일을 할 수 있었겠습니까? 아닙니다. 그 일을 가능하게 하신 분은 하나님입니다. 그분도 인간인데 어찌 자식을 잃고 마음이 아프지 않았겠으며, 아들을 때려 죽인 학생이 어찌 밉지 않았겠습니까? 그러나 손양원 목사님은 귀하고 사랑스럽기 그지없던 두 자식의 주검을 앞두고, 자기 아들을 죽인 피가 채 마르지도 않은 원수를 찾아가 자기 아들이 되어 달라고 말했습니다. 무엇이 이 일을 가능하게 하였습니까? 그것은 바로 예수 그리스도의 사랑입니다. 기도로만 가능한 일이었습니다.

비록 원수일지라도 그를 위하여 진심으로 기도하면 사랑하는 마음이 생겨나는데, 하물며 인간적인 약점이나 결함 때문에 우리의 마음이 끌리지 않는 영혼들을 사랑하지 못할 리가 있겠습니까? 우리가 그 불쌍한 영혼들을 향한 하나님의 사랑을 조금이라도 안다면, 어떻게 그들을 위하여 기도하지 않을 수 있겠습니까?

보이지 않는 섬김

여러분이 구역장이 되어서 구역 식구들을 돌보도록 부름을 받았거나 교회학교 교사의 직분을 맡았다면, 가르치는 영혼을 위하여 기도하는 일을 최우선순위로 생각하여야 합니다. 곤경에 빠진 영혼들을 위해서는 특별히 기도하십시오. 더 많은 시간을 할애하여 그들의 영적인 변화를 위하여 하나님께 간구하십시오.

무엇보다도, 좀처럼 변화되지 않는 답답한 영혼들의 변화를 위하여 더 많이 기도하십시오. 변화받지 못하면 그들에게 닥칠 심판이 마치 여러분의 몫인 것처럼 기도하여야 합니다. 영혼을 섬기는 여러분에게 "교사로서 가장 큰 고통이 무엇이냐?"고 누가 묻거든 이렇게 대답할 수 있도록 기도하십시오. "영혼들이 변화되지 않는 것이 가장 큰 고통입니다."

영혼을 위한 진통이 무엇인지 모르는 사람은 교사라고 말할 수 없습니다. 변화되지 않은 영혼들을 바라보기란 자기를 버리는 아픔보다 더 큰 법입니다. 그들은 누군가 해산의 수고를 지불할 때 다시 태어날 영혼들이기도 합니다. 특별히 어려움에 처한 지체들이 있다면 그들을 위해서 기간을 정해 놓고 기도로 헌신해야 합니다. 우리가 가르치는 영혼들이 하나님의 말씀에 대한 사랑을 잃고 차가운 마음으로 변해 갈 때, 하나님과 교제하는 즐거움 대신 세상의 유혹에 떠밀려 갈 때, 자기 힘으로는 도저히 버틸 수 없는 커다란 괴로움과 고통에 신음할 때, 우리가 해줄 수 있는 일은 아무 것도 없습니다. 오직 그들을 위하여 하나님께 기도하는 것 이외에는 말입니다.

영혼을 위한 교사의 기도 생활은 그가 영적으로 얼마나 건강한지를 보여주는 척도라고 할 수 있습니다. 하루 한 번씩 자신에게 맡겨진 영혼들을 위하여 비지땀을 흘리며 기도할 수 있다면, 하루 한 번씩 십자가의 사랑을 기억하며 펑펑 울 수 있다면 그는 아직 건강한 교사입니다. 비록 그는 약하나 그의 간절한 기도를 들으시는 하나님의 능력이 강하시므로 그는 교사로 섬길 수 있습니다.

주일에 교회에 와서 영혼들에게 하나님의 말씀을 가르치는 것은 교사로서 최소한의 섬김일 따름입니다. 그가 가르치는 교훈이 살아 있는 하나님에 대한 증언이 되기 위해서는 그들 앞에 교사로 서는 주일이 오기까지 일주일 동안 성경 진리와 씨름하는 말씀 생활이 뒷받침되어야 합니다. 주일 하루 교회에 와서 이일 저일 거드는 것을 가지고 스스로 무슨 엄청난 희생이라도 하는 양 생각하지 마십시오.

주일의 섬김은 교사로서 영혼들을 섬기는 사역 가운데 지극히 일부분일 뿐입니다. 우리는 보이지 않는 시간에 더 많이 영혼을 섬겨야 하는데, 그 보이지 않는 섬김에서 가장 중요한 부분은 그들을 위하여 하나님께 기도하는 것입니다. 영혼을 위하여 기도하는 것은 교사로 부름 받은 사람들이 피할 수도 없고, 피해서도 안 되며, 그 누구도 대신해 줄 수 없는 의무입니다.

교사를 위해 기도하게 하라

기도와 관련해서 우리가 또 한 가지 기억하여야 할 것이 있습니다. 교사가 양떼들을 위해 많이 기도하는 것과 아울러서, 그는 자신을 목자로 아는 사랑하는 양떼들로부터 기도를 많이 받기도 해야 합니다. 가르치는 양떼들로부터 기도의 지원을 받지 못하는 교사만큼 불행한 사람은 없습니다.

양떼들이 자기 영혼의 목자인 교사를 위해 깊이 기도하기 위해서는, 무엇보다도 우선 교사와 학생들 사이에 목자와 양의 관계처럼 인격적인 신뢰가 쌓여야 합니다. 그것은 영혼들이 신령한 말씀의 영향을 받는 가운데 영적으로 변화되어 감으로써 가능합니다. 교회학교를 섬기면서 아이들이 자신을 위해 기도해 주는 것이 절실히 필요하다고 생각해 본 교사는 그리 많지 않을 것입니다.

대부분의 교사는 그저 자신이 일방적으로 아이들에게 베풀어 주기만 하면 좋은 교사와 학생 관계가 형성되리라고 생각합니다. 그러나 우리의 교회학교에 하나님이 함께 하시면 우리는 하나님 때문에 영혼들을 섬기게 되고, 영혼들은 자신을 감화시키신 하나님의 사랑 때문에 우리를 위하여 기도하게 됩니다. 우리가 가르치는 영혼들이 기도할 줄 모르는 것은 우리가 기도하지 않기 때문입니다. 언제나 깊이 기도하는 교사의 가르침을 받으면서 자란 아이들은 교사처럼 기도하는 법을 배웁니다. 기도는 교사가 학생들을 모아 놓고 강습을 통해서 가르쳐 줄 수 있는 것이 아닙니다.

그런 점에서 누가복음 11장 1절은 우리에게 실제적인 교훈을 줍니다. "예수께서 한 곳에서 기도하시고 마치시매 제자 중 하나가 여짜오되 주여 요한이 자기 제자들에게 기도를 가르친 것과 같이 우리에게도 가르쳐 주옵소서." 제자들은 예수님께 기도를 배우고 싶었기에 "예수님, 어떻게 기도를 배울 수 있습니까?"라고 간절히 여쭈었습니다.

제자들은 어떤 상황에서 그렇게도 예수님의 기도를 배우고 싶어 했습니까? 예수님께서 한 곳에서 오랜 시간 기도하시고 쉽게 침범할 수 없는 거룩하고 신령한 분위기에 계셨을 때 제자들을 만나셨고, 그렇게 기도하시는 모습에 감화를 받아 그분께 기도를 배우고 싶어 했습니다.

교사 생활은 그 자체가 바로 기도 학교입니다. 우리 교사들이 언제나 기도 가운데 형성된 경건한 인격을 가지고 있다면, 우리가 섬기는 영혼들은 하나님 앞에 서 있는 우리의 모습을 보며 기도 생활의 복됨을 깨달을 수 있을 것입니다. 교사는 가르치는 일에 유능해야 하고, 영혼들을 진심으로 사랑하는 마음이 있어야 합니다. 그러나 기도의 사람이 아니라면 그는 아무것도 아닙니다. 교사로서 가장 중요한 의무를 저버렸기 때문입니다.

변화를 동반하는 섬김

이제 우리는 오늘날 유행하는 교사상에 대한 피상적인 그림들을 다 찢어 버리고 성경이 그려 준 새로운 모습으로 다시 태어나야 합니다. 간혹 어떤 사람은 교사를 하면 자신의 신앙에 도움이 될지도 모른다는 막연한 생각에서 교사직을 지망합니다. 그것마저 안하면 자기 신앙이 더 후퇴할지도 모른다는 불안감 때문에 교사 직분을 놓지 않는 것입니다. 그러나 교사는 영혼들을 도구로 자기 신앙이나 지키라고 주신 직분이 아닙니다.

교회학교 교사로서 영혼들을 섬기는 과정에서 신앙의 유익을 얻기 위해서는 진실로 영혼을 뜨겁게 사랑하는 마음으로 그 직무에 자기를 던지는 헌신이 있어야 합니다. 흔히 신학생들은, 신학교를 졸업하고 최소한 5-6년 정도는 목사가 되지 말고 교육 전도사, 시무 전도사, 부목사 생활을 다 거치라는 충고를 받습니다. 일리가 없는 말은 아니지만, 무작정 이런 직분,

저런 임무를 가지고 섬긴다고 해서 세월이 흐르면 저절로 주님의 사람으로 변화되는 것은 아닙니다.

하나님을 섬기되 마음을 다하는 헌신으로 섬길 때에 비로소 자신이 변화된다는 사실을 잊지 마십시오. 기도 생활도 마찬가지입니다. 영혼을 위하여 마음을 쏟아 붓는 기도로 섬길 때 자신도 변화되고 양떼들의 영혼에도 축복이 있는 것입니다. 교사의 소망은 영혼들이 말씀으로 변화를 받아 새사람이 되는 것이지, 그들을 그저 자기 신앙 성장의 학습 자료로 이용하는 것이 되어서는 안 됩니다.

변화받으려면 자신을 던져야

신앙 수준과는 상관없이 참된 신앙 생활을 꿈꾸는 사람들에게는 똑같은 소원이 있습니다. 그것은 하나님을 더욱 깊이 만나는 것입니다. 하나님의 뜻이 무엇인지 알고 싶지만 알 수가 없고 주님을 위해 살고 싶지만 살 힘이 없는 사람들, 우리는 그런 사람들에게 하나님의 뜻을 분별하게 하고 이 어두운 세상에서 주님을 위하여서 불꽃처럼 살게 하려고 교사로 부름 받았습니다.

우리가 가르치는 영혼들도 그렇게 살도록 도와주고 싶고, 우리도 그렇게 살고 싶습니다. 그러나 그 소원은 쉽게 도달할 수 없는 곳에 있는 것처럼 느껴집니다. 하나님을 전심으로 알고 싶고 추구하고 싶은 소원은 그저 앉아서 기도한다고 이루어지는 것이 아니라, 우리 자신을 모두 드려서 하나님을 추구함으로써 성취될 수 있습니다.

저는 영적으로 어려움을 겪는 청년들을 만나면 종종, 특별히 섬길 기회를 마련해 줍니다. 그러나 그 가운데서 일 자체를 섬기지 말고 하나님을 섬기는 법을 배우도록 권고합니다. 하나님을 전심으로 섬길 때에야 비로소 우리 자신이 하나님 앞에서 얼마나 부족한지를 깨닫기 때문입니다.

밤늦게까지 텔레비전을 보거나 인터넷에 매달리다가 아침 해가 동창을 두드릴 때까지 늦잠을 자고, 낮에는 친구들과 노닥거리며 세월을 보내는 사람이 "주님, 저는 부족하옵니다."라고 고백한다면, 하나님은 결코 "내가 너를 도와주리라."고 답하지 않으실 것입니다. 하나님과 영혼을 섬기는 데 삶의 초점이 맞추어지지 않은 사람의 이런 고백은 하나님을 놀리는 것에 불과합니다.

항상 부모를 기쁘게 해 드리기 위해 애쓰던 자식이 부모님 생신에 큰절을 하며 "어머니, 아버지, 평생 부족한 저희들 때문에 얼마나 마음 상하셨습니까?"라고 말씀드린다면 부모의 눈에 눈물이 가득 고일 것입니다. 자기 자녀가 얼마나 효성스러운 마음으로 살아왔는지를 잘 알기 때문입니다. 그러나 매일같이 술에 취해 행패나 부리던 아들이 입에 발린 말로 "어머님, 아버님, 속을 썩혀 드려 죄송합니다." 하면 어떻겠습니까? 부모의 가슴에는 피멍이 듭니다.

기도하는 교사입니까?

영혼을 섬기는 교사들의 박약한 기도 생활 때문에 교회는 생명을 걸고 영혼을 변화시키는 사역에 도전하지 못하고 있습니다. 그래서 우리 시대의 교회 교육은 하나님의 능력보다는 인간의 제도를 더 의지하고, 진리의 말씀보다는 사람의 방법을 더욱 믿는 것 같습니다. 우리의 가르침은 성경의 용어를 빌려서 잘 다듬은 인간의 지혜가 아니라, 하늘의 거룩한 영의 능력으로 불붙은 진리가 되어야 합니다. 그리고 우리의 평범한 가르침이 그렇게 거룩한 화염으로 타오르게 하는 힘은, 기도하는 교사들에게 부어 주시는 성령의 능력을 통하여 나타난다는 사실은 부인할 수 없는 진리입니다.

독자 여러분, 여러분이 정말 교사입니까? '교사'라는 그 말 앞에 '기도하는'이라는 말이 붙을 수 있도록 살아가십니까? 바쁜 일과 속에 매몰되어 버린 경건 생활로는 영혼들을 섬길 수 없습니다. 교사는 그렇게 은밀한 기도 시간에 만나 주시는 하나님의 능력으로 살아가도록 부름 받은 사람들입니다.

  이름 없이 빛도 없이 교사로 섬기는 날들이 아무리 힘들어도, 기도는 그 속에서 만나는 하나님의 사랑과 값없이 베풀어 주신 구원의 감격 때문에, 저항할 수 없는 감동으로 영혼들을 섬기는 자리에 있도록 만들어 줍니다. 그리스도께서 맡겨 주신 영혼들의 이름을 부르며 아픈 가슴을 부여 안고 흐느끼는 교사들은 얼마나 복된 사람들입니까? 그들은 그리스도께서 이 땅에 계셨더라면 하고 싶으셨을 바로 그 일을 하고 있습니다. 우리 주님을 대신해서 그분의 마음으로 말입니다.

| 묵 | 상 | 질 | 문 |

1. 당신의 기도 생활의 가장 큰 어려움은 무엇입니까? 주님께서는 기도하기 쉽지 않은 상황임에도 늘 깨어 깊이 기도하셨습니다. 이 사실이 당신에게 주는 도전은 무엇입니까?
2. 맡은 양떼를 위하여 기도할 때, 마음의 감화 없이 무미건조한 상태가 계속되면 양떼를 위해 지속적으로 기도할 수 없습니다. 당신은 양떼를 위하여 기도할 때 마음의 감화가 있습니까? 그렇지 않다면 그 이유는 무엇입니까?
3. 저자가 제안하는 교회학교 교사들의 기도 생활은 어떤 모습인지 구체적으로 정리해 봅시다.

이 책을 꼭 읽으십시오

『기도 마스터』

김남준 지음
서울: 규장문화사, 1999
269쪽
스터디 교재 있음

- 기도에 관한 저자의 두 번째 책이다. 첫 번째 책인『깊은 기도를 경험하라』가 이미 기도에 헌신한 사람들을 더 깊은 기도 생활로 인도하는 책이라면, 이 책은 아직 기도 생활이 몸에 배지 못한 사람들을 위하여 쓴 책이다. 이 책에서 저자는 기도 생활이야말로 말씀과 함께 능력 있는 그리스도인의 삶의 원동력이라고 주장하는데, 다음 인용문이 이 책의 성격을 잘 말해 줄 것이다.
- "……많은 성도들의 마음은 열렬한 기도 생활을 그리워하고 있다는 사실을 제게 일깨워 주었습니다.
- 이들을 기도하도록 도전하는 것이 이런 책의 목표이기는 하지만, 정작 기도하고 싶어 하는 성도들의 어려움은 좀 다른 데 있는 것 같습니다. 기도하라는 도전 앞에서 즉시 기도할 수 있다면, 그의 기도 생활은 아직 건강한 편입니다. 오히려 많은 그리스도인들은 기도할 수 없는 다양한 이유들과 힘겨운 씨름을 하고 있습니다. 이 책은 그러한 처지에 있는 성도들을 구체적으로 돕고자 썼습니다.
- 이 책은 현재 기도의 용사로 살아가고 있는 '거룩한 기도의 대가(大家)'들을 위한 책이 아닙니다. 오히려 이 책은 앞서 말씀드린 것처럼 어려움에 둘러싸인 채 지금은 비록 기도의 동산의 묘목이지만, 기도의 전사가 되어 영적인 거목으로 자라고 싶어 하는 그리스도인들을 위해 기록되었습니다. 기도에는 기도에 관한 모든 것을 다 끝냈다는 의미의 '마스터'(mastering)는 없지만, 기도의 싸움에서 승리하며 살아가는 '익숙한 전사'라는 의미의 '마스터'(master)는 있습니다.
- 우리의 기도는 하나님과의 사랑 속에서 꽃핍니다. 그리고 하나님을 사랑함에 있어서 자기를 버리는 인내는 마치 방금 옮겨 심은 아름다운 꽃

이 빈들에서 바람을 맞는 것과 같습니다. 온실에서 자란 꽃이 들판에 옮기어 심겨지면, 그 어린 꽃은 따가운 햇볕에 진저리치고 심하게 부는 바람에 온몸으로 힘겨워 합니다. 그러한 화초는 그런 시련의 날들을 경험하면서 질긴 생명력을 가진 아름다운 들꽃이 되어 갑니다.

- 이른 새벽을 거룩한 하나님과의 감미로운 교제 속에서 살았던 거룩한 성도들은, 그 영광스러운 죽음의 날에 일생 동안 하나님과 누렸던 사랑의 감격 때문에 말할 수 없는 기쁨 속에서 시려 오는 가슴에 손을 모을 것입니다. 지극한 평안과 기쁨이 얼굴에 가득한 채로, 미끄러지듯이 삶 이편에서 죽음 저편으로 갈 것입니다."

교사의 마음에 성경 진리가 살아 있다면,
책을 많이 읽는 것이 성경을 가르치는 데 풍성함을 더해 줍니다.
또한 독서는 교사의 영혼에 열정과 사랑, 섬김과 헌신을 품게 합니다.

| 제6장 |

독서의 사람
교사와 독서 생활

"……저를 아는 지식에서 자라 가라……"(벧후 3:18中).

Christian Teaching in Revival

하나님께서 우리에게 주신 선물 중 구원 다음으로 소중한 것은 지식입니다. 왜냐하면 지식을 통해서 우리는 하나님이 누구신지 알 수 있고 어떻게 그분을 섬기며 살아가야 할지를 알 수 있기 때문입니다.

우리가 지식을 쌓는 가장 좋은 방법은 그것을 직접 경험하는 것입니다. 그러나 우리 인생의 시간들은 한정되어 있고, 모든 사람의 삶을 경험하는 것은 더 더욱 불가능하기에 우리는 독서를 하게 됩니다.

그리스도인들이 책을 가까이 해야 하는 세 가지 주요한 이유가 있습니다. 첫째는 인간과 세상에 관한 정보를 제공받아야 할 필요이고, 둘째는 성경에 관한 지식을 습득해야 할 필요이고, 셋째는 거룩한 감화를 받아 더욱 경건하고 헌신된 삶을 살도록 변화되어야 할 필요입니다. 여기서 교사의 독서 생활과 관련하여 생각해 보아야 할 것은 둘째와 셋째에 해당되는 독서입니다.

책을 너무 안 읽습니다

교회학교 교사들 가운데 독서를 중요하게 생각하지 않는 사람은 없지만, 실제로 꾸준히 책을 손에서 놓지 않는 교사들은 많지 않습니다. 문제는 우리의 게으름입니다. 오늘날 조국 교회 그리스도인들이 얼마나 책을 읽지 않는지는 적자를 면하지 못하는 영세한 기독교 서점이나 겨우 몇 권의 책을 낸 후에 쉽게 도산해 버리고 마는 기독교 출판사들을 보면 알 수 있습니다.

제가 저자로서 느끼는 기쁨 중 하나는, 새로 출판된 제 책을 주위에 있는 신앙의 동지들이나 사랑하는 사람들에게 선물하는 것입니다. 그런데 그 중에는 전에 제가 준 책을 아직 다 읽지 못한 상태에서 새 책을 선물받는 사람들도 종종 있습니다. 물론 글을 쓰지 못할 때는 안 쓰다가도, 쏟아져 나올 때는 한꺼번에 써 버리는 저의 저술 방식 탓이기도 하지만, 그만큼 사람들이 독서에 게으르다는 이야기가 됩니다.

저는 신학 대학에서 학생들을 가르칠 때, 그리고 목회를 하면서 그리스도인의 영적 생활과 관련해서 한 가지 중요한 사실을 발견했습니다. 그것은 게으른 사람들 가운데 신령한 생활을 하는 사람들이 거의 없다는 점입니다. 물론 부지런한 사람들이 모두 신령한 생활을 하는 것은 아닙니다. 그러나 나태하고 안일하게 살아가는 사람들은 결코 영적으로 건강한 삶을 살아갈 수 없습니다. 더욱이 그런 사람들이 가난한 마음으로 하나님만을 앙망하며, 거룩한 삶의 목표와 하나님 나라의 실현을 위하여 몸부림치는 일은 매우 드뭅니다.

경력이 쌓일수록 떨어지는 생산성

오늘날 교사들의 삶을 보십시오. 오래도록 교회학교 교사로 섬기면 섬길수록 영혼들을 더 사랑하게 됩니까? 더 열렬히 영혼들을 위하여 기도하고 더 풍성한 진리의 내용들을 가르치는 교사로 변화되어 갑니까? 더 많은 눈물과 땀으로 영혼들의 아픔을 보듬는 교사로 바뀌어 갑니까?

오히려 어떤 통계에 따르면, 교회학교에서 오래 섬긴 교사일수록 생산성이 떨어진다고 합니다. 다시 말해서 교사가 된 지 1년에서 2년쯤 되었을 때 가장 전도도 많이 하고, 사랑으로 잘 돌봐서 변화를 받는 학생들이 많지만, 그 후에는 학생들이 잘 변화되지 않는다는 것입니다.

그 이유는 무엇 때문일까요? 저는 이 질문에 두 가지 정도로 답변할 수 있다고 생각합니다. 첫째는 교사들이 시간이 흐를수록 자기 일에 안일해진다는 것이고, 둘째는 교사로서 오래 섬겨도 자기 발전이 없다는 것입니다. 시간이 흐를수록 영혼들을 향한 불타는 사명감이 사그라지는 것도 문제이지만, 영혼들을 섬기면서 점점 더 목양하기에 적합한 사람으로 변해 가는 자기 발전이 없는 것도 문제입니다.

교사로서 자기를 발전시키는 데 중요한 것이 세 가지 있습니다. 첫째는 성경 교사로서 진리를 가르치는 방법에 익숙해지는 것이고, 둘째는 가르쳐야 할 내용을 풍부하게 소유하는 것이며, 셋째는 그것을 가르칠 때 영혼들에게 감화를 끼칠 수 있는 능력이 발전하는 것입니다. 교사로서 요구되는 이러한 필요에 부응하기 위해서는 독서가 필수입니다.

성경만 읽는다고?

우리는 종종 성경책 이외에는 아무 책도 읽지 않으려는 경건파(?)들을 만납니다. 그러나 성경과 함께 좋은 신앙 서적을 읽으면 우리의 영적 생활에 더 풍부한 자원이 될 수 있습니다. 저는 이제껏 성경을 깊이 사랑하고, 성경의 진리를 높이 평가한 나머지 다른 독서 생활은 거의 하지 않는 그리스도인들을 여럿 만났습니다. 그러나 한때 신학을 가르쳤던 교수의 양심으로 확언하건대, 저는 그런 사람들 가운데 건강한 신앙 생활을 하는 사람들을 한 사람도 만나지 못했습니다.

그들이 성경을 많이 읽는 것은 사실입니다만, 그 중에는 성경에서 정직하게 하나님의 말씀을 듣지 못하는 사람들이 대부분이었습니다. 그들은 사람의 책보다는 하나님의 책을 읽음으로써 사람의 생각보다는 하나님의 말씀에 더 집중하기 때문에 자기 신앙이 더욱 순수해지리라고 생각하지만, 그것은 어디까지나 자기들만의 생각일 뿐입니다. 저는 이런 사람들을 살피고 지도해 온 경험을 통해서 이런 결론을 얻었습니다. "다른 신앙 서적은 전혀 읽지 않고 성경만 읽는 사람들은 성경은 안 읽고 신앙 서적만 읽는 사람과 마찬가지로 건강하지 못하다."

이단에 속한 교회일수록 성경 이외에는 아무 것도 읽지 못하게 했다는 교회사의 가르침은 또 하나의 아이러니가 아닐까요? 그들은 성경이 풍부하게 의미를 드러내는 것을 두려워한 사람들입니다. 교인들에게 자기들이 제공한 틀 밖에서는 절대로 성경을 보지 못하게 하는 방법 중 하나가 바로 좋은 신앙 서적을 금서禁書로 지정하는 것이었습니다. 자기들의 이단 교리를 따르는 신자들이 신앙 서적에 드러나는 성경의 풍부한 의미에 노출되는 것을 두려워했기 때문입니다.

신앙 서적의 유익

청교도들이 하나님께 예배하고 신앙 서적을 읽으며 주일을 보낸 것도 바로 거룩한 책들이 영혼에 주는 유익을 알았기 때문입니다. 교회 역사는 사람들이 하나님의 말씀인 성경을 사랑할수록 신앙 서적을 읽는 일에도 열심을 내었던 사실을 보여 줍니다.

우리 주위를 돌아보더라도 성경을 더 많이 읽기 위하여 신앙 서적을 읽지 않는 사람들은 극히 소수에 불과합니다. 성경을 아는 지식을 더 풍부하게 해주고 거룩한 감화를 끼치는 책들을 즐겨 읽는 사람들은 반드시 성경을 사랑합니다. 왜냐하면 성경을 사랑하는 사람들에게는, 성경을 사랑하는 사람들이 기록한 성경을 열어 주는 책들이 만족을 주기 때문입니다.

성경을 밥에 비유한다면 신앙 서적들은 반찬과 같습니다. 좋은 반찬은 밥을 충분히 먹게 도와줍니다. 밥만 먹고 반찬에는 손도 대지 않거나, 밥에는 손도 대지 않고 반찬만 먹는다면 균형 있는 식사를 통해 건강을 유지하기 어려울 것입니다. 왠지 성경을 읽는 것이 건조하게 느껴지고, 묵상을 하려 해도 별로 깨닫는 것이 없어서 경건 생활이 힘들게 느껴질 때 여러분은 그런 메마름을 어떻게 극복합니까?

제게는 그런 상태를 극복하는 방법이 세 가지 있는데, 첫째는 충분한 시간을 가지고 기도하는 것이고, 둘째는 구약성경 중 시편을 낭독하는 것이며, 셋째는 마음을 촉촉이 적셔 줄 신앙 서적을 읽는 것입니다. 특히 좋은 신앙 서적으로 우리의 마음이 촉촉이 젖어 있을 때는 하나님의 말씀을 잘 깨달을 수 있고 그 말씀에 순종하고 싶은 마음이 생겨납니다.

어떤 신앙 서적을 읽을까?

그러면 우리는 어떤 신앙 서적을 읽어야 합니까? 어떤 책들이 우리의 경건에 도움을 주고 교사로서의 삶에 풍성함을 더해 줄까요? 사실 오늘날의 기독교 서점 진열대는 기름진 꼴과 독초를 함께 벌여 놓은 여물통과 같고, 몸에 해로운 불량 식품과 학과에 꼭 필요한 준비물을 함께 파는 초등학교 앞 문구점과도 같습니다.

교회학교 교사라 할지라도 읽어야 할 책과 읽어서는 안 될 책을 정확히 구분해 내고, 나아가서 시간을 투자할 정도로 가치 있는 책과 그렇지 못한 책들을 가려 읽기란 쉽지 않을 것입니다. 그러면 무슨 기준으로 좋은 신앙 서적과 그렇지 않은 책들을 가려 낼 수 있을까요?

제가 신학교를 다니던 시절, 많은 사람들에게 인기를 모으던 두 저자가 있었습니다. 한 사람은 외국 저자였고 한 사람은 국내 저자였습니다. 먼저 그 인기 있던 국내 저자에게 심취한 신학생 한 사람이 그분의 책을 모두 섭렵하였습니다. 그런 뒤 신앙 서적 읽기에 새로운 맛을 들여서 다른 외국 저자의 글을 독파하였습니다. 그 후 두 저자의 차이를 묻는 저의 질문에 그는 이렇게 대답했습니다. "첫 번째 저자의 책은 읽고 나니까 너무나 통쾌해서 기립 박수를 치고 싶었는데, 나중 저자의 책을 읽고 나니 무릎을 꿇고 기도하고 싶어졌습니다."

이처럼 우리에게는 신령한 감화력이 있는 글이 필요합니다. 조지 휫필드

George Whitefield가 지적했듯이, 우리는 저자가 하나님을 깊이 만나고 '십자가 밑에서' 쓴 책, 저자 자신과 그들 작품 위에 '그리스도와 영광의 영이 임재한' 저작들을 필요로 하고 있습니다.[4)]

그 책을 읽음으로써 하나님의 위대하심과 거룩한 성품을 더 많이 느끼게 될 뿐 아니라, 그 책이 가르치는 하나님을 경배하게 만들어 주는 그런 책들이 교사들에게 꼭 필요한 책들입니다. 그렇습니다. 영혼을 돌보는 교사들에게 꼭 필요한 책은 그들을 성경으로 인도해 주는 책입니다. 한 권의 신앙 서적을 다 읽은 후 성경에 대한 무지를 깨닫게 해주어서 성경을 탐구하고 싶게 만들어 주는 책이 교사에게 꼭 필요한 책입니다.

물론 교사가 읽는 모든 책이 다 그럴 수는 없을 것입니다. 왜냐하면 책이 다루는 내용의 특성상 감화력을 끼치는 방식으로는 기록할 수 없는 책도 있기 때문입니다. 여러 종류의 성경 사전이나 학습 교재, 성경 교습법 등을 다룬 책들의 경우가 그렇습니다.

그러나 일반적으로 경건 서적, 혹은 신앙 서적이라고 말할 때, 우리는 성경의 진리를 전달해 주고 개인의 경건한 삶을 촉진하는 내용들을 다루는 책을 말하지, 신학교 교재를 가리키지는 않습니다. 비록 신앙 서적이라고 할지라도 차가운 성경 지식만 전달하고 신령한 감동이 없다면 그것은 전통적인 신앙 서적의 저술 방식이 아닙니다.

[4)] 그런 점에서 휫필드의 다음과 같은 지적은 영원한 가치가 있는 충고이다. "그들은 특별한 권위를 가지고 저술하고 설교했다. 그들은 죽었으나 그들의 저술로 지금까지 말하고 있다……우리가 예언의 영을 빙자하지 않고서도 그들의 저술들은 오래 생존하고 많은 사람들이 계속 찾으리라는 것을 예견할 수가 있다. 그러나 이와는 반대로, 현대식으로 화려하게 쓰여지고 값싸게 장식된 저술들은 성경적 표준에 가장 가까운 저술이 무엇인지를 감지할 수 있는 이들의 평가 앞에서는 점차 쇠잔해지고 사라지고 말 것이다." Iain H. Murray, "The Preacher and Books", The Banner of Truth Trust, 한제호 역, "說敎者와 책", 『眞理의 깃발』, 1996년 4월호 (서울: 개혁주의성경연구원, 1996), pp. 17-18. quoted from George Whitefield, The Works of George Whitefield (London, 1771), vol. 4, pp. 306-307.

가슴 아픈 현실

우리에게 감동을 주는 모든 책이 우리를 성경으로 인도하는 거룩한 신앙 서적은 아닙니다. 때로는 건강한 신앙에 매우 치명적인 해가 될 요소들을 가진 책들이 베스트셀러가 되는 경우도 있습니다. 한동안 기도나 인간의 불행, 능력 있는 그리스도인의 삶을 주제로 한 몇몇 책들이 다수 판매된 경우가 있는데, 그 중 어떤 책들은 기독교 신문에서 '베스트셀러, 다시 보자!'라는 특집 기획으로 다룰 정도로 신앙적으로 심각한 문제를 가진 것들도 있었습니다.

더욱더 독자들을 혼란스럽게 하는 것은, 교계에 널리 알려진 분들이나 교수님들의 이름이 이런 문제가 있는 책들의 표지에 추천인으로 오르는 것입니다. 출판 관계자들의 말에 따르면, 어떤 분들은 책의 내용을 읽지도 않고 자신의 이름을 사용하도록 허락해 주기도 한다는 것이었습니다. 그런 책들이 독자들에게 미치는 해독은 너무나 큽니다. 더욱이 그런 내용들을 비판적으로 소화하지 못하는 교사들이 영혼들에게 그 책을 읽도록 권하거나 그 내용을 성경의 진리인 것처럼 가르칠 때, 문제는 더욱 심각해집니다.

제가 목회를 하면서 어린 시절에 깊이 파인 마음의 상처보다 고치기 어려운 영혼의 질병이 있음을 알았는데, 그것은 바로 잘못된 책에서 습득한 바르지 못한 신앙 지식입니다. 실제로 저는 잘못된 신앙을 가진 저자의 글을 깊이 탐독하다가 좋은 신앙을 버리고 생명 없는 거짓 교훈을 좇아 정든 교회를 등지는 사람들을 여럿 보았습니다. 그들은 설득해도 소용없고, 사랑해 주어도 쓸데없습니다. 그들은 말하자면 사상적인 확신범(?)이기 때문입니다. 성경을 읽는다고 해도 그 잘못된 저자가 허락하는 범위 안에서만 성경을 받아들이기 때문에 이변이 일어나지 않는 한, 성경 읽기조차 그의 잘못된 신앙을 강화시키는 역할을 할 뿐입니다. 이것은 성경 자체의 문제라기보다는 성경 읽는 사람의 마음에 잘못 심겨진 선입견 때문입니다.

교회가 교사들을 위하여 해주어야 할 일 중에 빼놓을 수 없는 일이 교사들의 독서를 지도하는 일이라는 사실도 바로 이 때문입니다. 교사들에게 좋은 책을 소개해 주고, 문제가 있는 책들은 경고해 주며, 장점과 단점을 함께 지닌 책들을 비판적으로 읽는 방법을 지도해 주어야 합니다.

독서 토론회를 가지라

가장 좋은 '책 읽기'는 혼자서 책을 읽는 것이 아니라, 여럿이서 함께 읽고 토론을 통해 서로가 이해한 바를 확인하며 다른 사람들의 관점을 참고하는 것입니다. 이렇게 하면 개인의 독서는 일종의 그룹 스터디 성격을 띠게 되는데, 그 책이 다루는 주제를 더 깊이 있게 다룰 수 있다는 점에서 이 방법은 매우 유익합니다.

저는 책을 쓰기 시작한 지 2년 정도 지난 후에 이 일의 중요성을 새롭게 깨달았습니다. 어느 날, 제 책을 읽는 독자들 중에 저의 새 책이 출간되면 그 책으로 교회나 직장 신우회, 대학 선교단체나 신학교의 소모임 같은 데서 그룹 스터디를 하는 분들이 있다는 사실을 알게 되었습니다. 그 후부터는 책을 쓸 때마다 책 내용을 깊이 있게 공부할 수 있는 스터디 교재를 함께 출판하는 지혜를 얻게 되었는데, 상당히 많은 양의 교재가 책과 함께 보급되는 것을 보면, 제가 느끼는 필요를 공감하는 독자들이 많다는 사실을 알 수 있었습니다. 저는 교사나 구역장들에게 두 달에 한 번 정도씩 필독 도서를 모임에서 직접 나누어 주고 돈을 받는 형식으로 책을 강매(?)하고 있습니다. 책을 구입한 사람들은 정해진 날에 독후감을 제출하여야 하고, 서로 감동받은 내용들을 발표하거나 제가 종합적인 서평을 해주기도 합니다.

그리고 전체 교인들을 위해서는 한 달에 한 번씩 발행되는 교회 신문에 '영혼을 깨우는 고전'이라는 칼럼을 기고하여 지면으로 책을 소개하는데, 이때 저자의 영성과 작품 세계를 같이 소개하면서 필독을 권하고, 교회 서

점에 즉시 비치해 언제든지 구입해서 읽을 수 있게 유도하고 있습니다.

시급히 읽어야 할 중요한 책이 있으면 예배 시간 직후에 전교인을 대상으로 강력하게 추천하여 구입하게 합니다. 교회 규모가 작을 때는 아예 교회에서 단체로 구입해서 전교인에게 나누어 주기도 하였고, 지금은 교회 안에서 공식적으로 교인들에게 선물을 주어야 할 때가 있으면 언제나 책을 선물하고 있습니다. 스승의 주일이나 한 해 동안 수고한 구역장들에게 선물을 할 때에도 교회 서점에서 설교 테이프나 책을 살 수 있는, 서점에서 발행한 도서 및 테이프 교환권을 줍니다.

책을 많이 읽는 사람들의 위험

남에게 지식을 과시하기 위해 책을 읽는 것은 가장 천박한 독서의 동기입니다. 저는 정말 책을 많이 읽는 사람들을 몇 사람 알고 있는데, 때로는 그들의 독서 능력이나 열의에 감탄하곤 합니다. 소수이지만 그 중 어떤 사람들은 자기처럼 많이 독서하지 않는 사람들을 인격적으로 무시하기도 하는데, 이는 모두 세상 자랑에 불과합니다. 독서를 많이 하는 사람이 경계해야 할 또 다른 위험은 기도 시간을 충분히 확보하지 못하는 것입니다.

하루에 8시간씩 책을 읽는다고 제게 자랑하던 사람이 있었습니다. 저는 독서에 대한 그의 열의는 존경합니다만, 그의 설교를 들은 후 혼자 이렇게 중얼거릴 수밖에 없었습니다. "8시간 중 4시간만 책을 읽고 나머지 시간에 기도하였더라면 더 훌륭하게 사역할 수 있었을 텐데……."

책을 많이 읽는 사람들이 빠지기 쉬운 위험은 자기의 지식을 자랑하는 것입니다. 그리스도인들이 책을 많이 읽으면서 이런 위험에 빠지는 이유는 무엇일까요? 제가 보기에는 크게 세 가지 이유 때문이라고 생각됩니다. 첫째는 독서의 동기 자체가 지식을 자랑하기 위해서이기 때문이며, 둘째는 독서를 통해서 얻은 지식이 은혜의 물에 잠기지 아니하였기 때문이고, 셋째는 그 사람이 자기 같은 사람들이 쓴 책만 읽기 때문입니다.

저는 때때로 성학聖學들이 쓴 글을 읽으며 제 자신이 성도가 아니라 짐승처럼 '막가는'(?) 인간에 불과하다는 느낌을 받을 때가 있습니다. 그런 책들을 읽고 있노라면 그 책의 내용을 다른 사람들에게 자랑할 수가 없습니다. 내가 얼마나 아무 것도 아닌 존재인지를 보여 준 그 책의 내용이 어떻게 지식 자랑의 도구가 되겠습니까? 이것저것 많이 읽는 것보다는 한 권을 읽더라도 그 책이 우리에게 거룩한 영향을 미치는 것이 중요합니다.

우리가 이 세상에서 살아가는 모든 일이 그러하듯이, 독서 또한 자기만의 즐거움을 위한 것이 되어서는 안 됩니다. 우리 인생은 주님의 것이기에 내 맘대로 인생을 낭비하며 살 권리가 우리에게는 없습니다. 물론 지식 탐구로 지친 머리를 식히기 위해서 다소 가벼운 내용의 책을 읽을 수는 있습니다. 그러나 그야말로 마음을 가볍게 하는 것이어야지 우리를 또 다른 흥미의 세계로 몰입시키는 것이 되어서는 안 됩니다. 시간 낭비만큼 큰 죄가 없기 때문입니다.

짜파게티를 아십니까?

책을 많이 읽는 사람들이 빠지기 쉬운 또 다른 오류는, 독서를 통해 습득하는 지식을 신앙으로 잘 정리하지 못한 채 잡다한 지식 쪼가리들로 머리를 가득 채우는 것입니다. 저는 이런 식으로 독서하는 그리스도인들에게 '짜파게티'라는 별명을 지어 주었습니다. 이 말이 무슨 뜻인지 아십니까? 그야말로 '잡학雜學의 사람들'이란 말입니다.

저는 여러분과 같은 교사나 특히 설교자들 가운데서, 쓸데없는 독서를 덜 했더라면, 혹시 했더라도 가치 없는 정보는 잘 걸러 냈더라면 훨씬 순수한 말씀의 사람이 되었을 것이라고 생각되는 사람들을 종종 만납니다. 이들의 경우는 독서 자체가 잘못이 아니라, 책의 내용을 머릿속에 입력하기 전에 여과해서 정리해 줄 성경적 신앙 사상 체계가 없는 것이 문제입니다. 잡다한 지식이 미처 분리 수거하지 못한 쓰레기처럼 머릿속에서 공해를 일으키고 있는 것이 문제입니다.

분명한 성경적 원칙에 의거해 정리된 지식은 그 신앙의 선을 더욱 굵고 분명하게 만들어 주지만, 그렇지 못한 지식은 그를 대하는 많은 사람들에게 정신적인 혼란을 가중시킵니다. 이런 사람들은 쓸데없는 일에 예민하고, 중요하지 않은 일에 목숨을 거는 경향이 있습니다.

예배 시간에 전하는 설교나 영혼들을 가르치는 성경 공부 시간을 자기가 읽은 책의 잡다한 내용들로 때워서 교육 내용을 고기 없는 제육볶음처럼 만드는 것은 바로 이런 잘못된 책 읽기가 원인일 수 있습니다.

저도 시간과 건강이 허락하는 한, 여러 방면의 책들을 읽고 싶습니다. 그리고 할 수 있으면 기독교와 직접 관련이 없는 잡지들까지 읽으려고 합니다. 요즘은 특별히 틈나는 대로 십대 후반의 소위 '신세대'들을 겨냥한 잡지를 읽으며 그들만의 문화와 사고 방식을 이해하려고 애씁니다.

그러나 저는 닥치는 대로 읽지는 않습니다. 그리고 꼭 필요한 경우가 아니면, 책에서 읽은 내용을 그대로 강연이나, 특히 설교 중에 인용하지 않으려고 합니다. 왜냐하면 그 내용은 내가 완전히 소화한 후 궁극적으로 사람들에게 가르치고자 하는 진리를 돋보이게 하는 데 사용되어야 한다고 믿기 때문입니다. 글을 쓰거나 성경을 가르치는 저의 관심은 사람들이 저의 독창적인 글쓰기나 강연에 감탄하게 만드는 것이 아닙니다. 책이나 설교가 증거하는 하나님을 인하여 감격한 나머지, 사람들이 저자나 강연자의 이름조차 기억하지 못할 정도가 되는 것이 오히려 저의 바람입니다.

독서는 잡다해도 가르침은 깨끗하게

저는 독서가 성경을 가르치는 우리에게 어떻게 영향을 미쳐야 하는지에 대하여 로이드 존스로부터 교훈을 얻었습니다. 제가 생각하기에 그분은 금세기에 이 세상에 살았던 사람들 중 기독교 복음에 가장 해박한 지식을 가진 사람인 것 같습니다. 그는 정말 책벌레였습니다. 그는 다방면의 독서를 하기로 유명한 사람이었습니다. 그는 목회자가 되기 전에는 앞날이 촉망되는 의사였습니다. 그 바쁜 설교 사역 중에도 최신 의학 잡지를 꾸준히 구독하고 있었습니다. 목회를 하며 영혼들의 변화를 위하여 씨름하는 중에도 말입니다.

그는 제가 보기에는 별로 신학적인 고려의 가치가 없어 보이는 비평주의자들의 글도 많이 읽었고, 영적 부흥을 갈망하면서도 정치인들이나 연예계와 같은 문화 분야에서 종사하는 사람들을 자주 만났으며, 그런 방면의 글들도 폭넓게 읽었습니다. 심지어 죽기 일주일 전까지도 여러 개의 주간지를 구독했습니다. 그러나 그의 설교나 글 속에는 그런 방면에서 얻은 지식이 알몸을 드러내고 등장하지는 않습니다. 그는 많은 책을 읽었지만, 자기의 글이나 설교를 통해서 드러나야 하는 것은 잡다한 세상 지식이 아니라 성경의 진리라는 사실을 굳게 믿었기 때문입니다.

그는 자신의 글이 100년 뒤에도 읽히기를 원했습니다. 저는 그렇게 되리라고 기대합니다. 그러나 만약 그가 오늘날 우리 시대의 경박한 사람들처럼, 성경 진리 대신에 독서를 통해서 얻은 잡다한 지식을 나열하였다면 그런 기대는 불가능할 것입니다. 그의 글은 변천하는 사상 속에 불변하는 복음 진리를 드러냈습니다. 그는 치우친 사람이 아니었습니다. 그래서 쓸데없는 지식을 설교와 글 속에 나열하기보다는 진리의 정곡을 찌르는 일에 힘을 모은 사람이었습니다.

교사들이 영혼들에게 하나님의 말씀을 가르칠 때에도 이런 정신을 가졌으면 좋겠습니다. 땅을 생각해 보십시오. 땅에는 낙엽이 묻히기도 하고 거름이 뿌려지기도 하고, 어떤 때는 사람들이 버린 쓰레기가 있기도 합니다.

그러나 땅은 이 모든 것을 소화해 내고 그것으로 지력地力을 삼아 식물을 자라게 합니다. 이와 같이 교사들도 많은 독서를 한다고 하더라도 그것을 성경적인 신앙관으로 모두 소화해 내서 무엇을 읽었든지 그 독서의 내용이 선명한 진리를 가르치는 데 방해가 되지 않도록 해야 합니다.

물론 교사가 많은 책을 읽으면 성경을 가르칠 때 다양한 자료들을 얻습니다. 좋은 예화나 논증, 근거 자료를 얻으면 그의 가르침이 더욱 풍성해질 것입니다. 그러나 아무리 좋은 자료라고 할지라도 교사의 마음속에 그가 가르치고자 하는 성경 진리가 살아 있을 때에만 비로소 적절하게 활용될 수 있습니다.

흔히 교사들은 성경을 가르칠 준비를 하거나 설교를 준비하여야 할 때에 예화집을 뒤적이는데, 그러면서 예화에 어울리는 성경 구절을 찾는 것은 영적인 매춘 행위와 같은 것입니다. 진리를 쉽게 전달하여야 한다는 부담을 진리를 전하여야 하는 의무보다 더 중요하게 생각해서는 안 됩니다. 가르침을 받는 영혼들이 진리의 말씀을 배우기 위하여 집중하는 수준을 차츰 높이도록 힘쓰십시오. 그리고 진리가 교육의 내용을 지배하도록 하십시오.

두 가지 독서 방법

좀 더 체계적인 독서를 통해 기독교 사상을 섭취하려는 사람들에게는 독서의 목표에 따라서 다양한 읽기 방법이 있지만, 대표적인 방법 두 가지를 소개하자면 다음과 같습니다.

첫째는 주제별로 읽는 방법이고, 둘째는 저자별로 읽는 방법입니다. 주제별로 읽는 것은 신앙과 관련된 특별한 주제나 성경의 특정 진리를 더 깊이 철저하게 이해하는 데 도움을 줍니다. 둘째는 영감 있고 깊이 있는 저자를 선택해서 그가 쓴 책 중에서 손에 넣을 수 있는 것들을 모두 읽어 가는 것입니다. 이 방법은 저자에 대한 이해를 함께 더해 가면서 독서할 수 있다는 점에서 신앙적인 유익을 얻을 수 있습니다.

예를 들어 스펄전을 제대로 이해하고자 한다면, 먼저 다양한 사람들이 그에 대해 쓴 여러 권의 전기와 기록으로 남은 일지, 그의 생애 동안 그를 비난했던 사상적인 반대자들의 글들을 읽어야 하고, 이어서 그의 설교집이나 그가 남긴 200여 권의 책들을 차례로 읽어 나갑니다.

성경의 각 권을 공부하며 차례대로 그의 설교집을 읽을 수도 있고, 그의 신앙적이고 신학적인 독특성을 가장 잘 드러내는 책들을 골라서 먼저 읽을 수도 있습니다. 그렇게 하면 저자를 확실히 이해할 수 있고 저자의 관점에서 성경을 볼 수 있는 안목을 지닐 수 있습니다.

신앙 전기의 유익

마지막으로 교사들의 영적인 삶의 질을 풍부하게 하는 독서로서, 전기를 읽도록 권하고 싶습니다. 우리보다 앞선 시대를 살았던 훌륭한 그리스도인들의 전기를 읽는 것은 매우 유익합니다. 우선 우물 안의 개구리처럼 갇히기 쉬운 자기의 신앙 생활을 다른 사람들과 비교할 수 있다는 점에서 매우 유익합니다.

훌륭한 영적 인물들의 전기를 읽으면 우리는 그들에게서 하나님이 연약한 인간을 어떻게 사용하셔서 당신의 뜻들을 이루어 가시는지를 볼 수 있습니다. 그리고 그들처럼 하나님께 쓰임 받고 싶은 마음도 생겨나고, 하나님을 향한 열정과 사랑, 그리고 섬김과 헌신을 닮고 싶은 마음을 품게 됩니다.

위대한 영적 인물의 전기를 읽는 것은 교사로서 거룩한 정서 속에서 영혼들을 섬겨 가는 중요한 독서 방법입니다. 성경 진리의 의미를 밝혀 주는 신앙 서적뿐만 아니라, 위대한 신앙의 선배들이 어떻게 하나님을 사랑하고 영혼들을 위하여 자신을 불태웠는지를 보여 주는 신앙 전기를 읽는 것은 말할 수 없이 귀한 도전이 됩니다. 여러분이 진정으로 교사로 부름 받은 사람이라면, 그들의 넘치는 수고와 하나님의 영광을 드러낸 삶의 기록들을 대할 때 그렇게 살고 싶은 마음이 저절로 일어날 것입니다.

거룩한 생애를 산 사람들의 헌신된 생애와 진리에 대한 해박하고 견고한 이해를 진심으로 부러워하십시오. 그리고 그들처럼 살기를 하나님께 기도하고, 지금 영혼들을 섬기는 그 자리에서 그러한 노력을 기울이십시오. 우리는 영혼들을 그리스도의 사람으로 세우기 위하여 부름 받은 사람입니다. 우리의 살을 깎고 뼈를 갈아서라도 그들을 유능하게 섬길 수 있다면 그리하여야 하지 않겠습니까?

| 묵 | 상 | 질 | 문 |

1. 저자는 하나님을 섬기는 일에서 '지식'의 중요성을 강조하였습니다. 이 견해에 대해 당신은 어떻게 생각합니까?
2. 신앙 서적을 읽고 가치관의 변화나 깊은 감명을 받은 경험이 있습니까? 어떤 책이었으며 어떤 영향을 받았는지 나누어 봅시다.
3. 책을 많이 읽는 사람이 빠지기 쉬운 위험은 무엇입니까?
4. 저자가 소개하는 독서 방법 두 가지와 그 특징은 무엇입니까?

이 책을 꼭 읽으십시오

『마틴 로이드 존스와 그의 독서 생활』

프레데릭 캐서우드 외 지음
이중수 옮김
서울: 양무리서원, 1993
67쪽

- 이 책은 영국의 설교가 로이드 존스(D. M. Lloyd-Jones) 목사의 딸이 아버지의 독서 생활을 회고하며 쓴 작품이다. 나의 판단으로는 20세기에 살았던 인물 중 기독교의 진리에 대하여 로이드 존스만큼 해박한 이해를 가진 설교자가 없다고 생각되는데, 이 책은 로이드 존스가 어떻게 그렇게 기독교 진리에 대하여 해박한 이해를 가지게 되었는지를 보여 주며, 목회자와 신학생, 나아가서 모든 그리스도인이 어떻게 독서를 통하여 거룩한 생활에 도움을 받을 수 있을지 교훈하고 있다.

- 책벌레였던 로이드 존스는 거룩한 신앙 생활에서 독서가 가지는 유익과 한계, 그리고 위험을 모두 이해하고 있던 사람이었다. 그리스도인의 영적인 삶의 진보에 독서가 얼마나 커다란 영향을 끼치는지는 그가 젊은 시절 고서(古書)점에서 케케묵은 조나단 에드워즈의 전집을 만나면서 거룩하신 하나님 앞에서의 자기 모습에 대하여 다시 생각하며 영적인 각성에 이르게 된 일화에서도 엿볼 수 있다. 그가 많은 설교와 강연, 목회, 그리고 저술에 힘쓰면서도 여전히 참된 부흥을 갈망하는 영성을 유지하며 살았던 중요한 비결 중 하나가 바로 균형 잡힌 독서 생활이었다.

- 그는 세 방면의 책을 읽도록 권하는데, 첫째는 교리와 신학에 관한 책, 또 하나는 성경 연구에 관한 책, 또 하나는 교회의 역사에 대한 책이다. 특별히 청교도 신앙에 깊은 애정과 관심을 보였던 로이드 존스는 그리스도인들에게 신앙 인물들의 전기를 읽도록 적극 권하고 있다. 신앙 인물들의 내적인 투쟁과 승리와 경건한 삶의 기록들을 읽으면서 자신의 영혼의 상태를 정확하게 알게 되고 하나님을 추구하게 된다고 지적한다. 얇은 책이지만 그리스도인의 독서 생활에 분명한 지침을 줄 것이다.

『큰 인물 독서법』

- 로이드 존스가 권한 신앙 전기 읽기에 대한 좀 더 구체적인 지침이다. 저자가 신학생과 청년 대학부 지체들에게 특강한 내용을 책으로 엮었는데, 저자 특유의 핵심을 지적하는 내용이 독자들의 눈길을 끈다. 저자는 신앙 전기는 하나님이 사람을 통하여 역사 속에서 일하신 발자취이며, 우리는 이것을 통해서 오늘을 배우게 된다고 역설한다. 자신이 로이드 존스를 통해서 받은 독서 생활의 교훈과 전기 읽기가 어떻게 자신에게 신앙적인 영향을 끼쳤는지를 말하는 가운데, 역사 속에서 신앙의 인물들이 전기를 통하여 얼마나 거룩한 삶을 촉진받고 하나님 나라를 위하여 섬기는 일에 열심을 품게 되었는지를 상세히 설명한다.

- 이 책을 읽고 나면 신앙 인물들의 전기를 읽는 일에 열심을 내게 될 것이며, 이미 번역된 책들 중에서도 아직은 우리가 읽을 자료들이 많다는 사실을 발견하게 될 것이다. 특별히 자신이 직접 만난 사람들 중에서 전기 읽기를 통해 복음 사역에 새로운 지혜와 영적 감화를 얻은 사람들 이야기가 책 읽을 맛을 더해 주고 있는데, C. T. 스터드의 전기를 읽은 어느 목회자의 독특한 선교 방식의 교회적인 적용이 그것이다. 모든 교사들이 읽도록 추천하는 바이다.

백금산 지음
서울: 부흥과개혁사, 2005
290쪽

3

섬김리바이벌

7. 교사가 **전도할 때** | 8. 교사가 **심방할 때** | 9. 교사가 **가르칠 때** 1 | 10. 교사가 **가르칠 때** 2

Christian Teaching in Revival

전도하는 교사에게서 배우는 영혼들은
영혼에 대한 하나님의 사랑의 마음을 터득하고
복음을 전하는 일이 얼마나 중요한지를 알게 됩니다.

| 제7장 |

교사가 전도할 때
전도를 실천하라

"내가 복음을 전할지라도 자랑할 것이 없음은 내가 부득불 할 일임이라 만일 복음을 전하지 아니하면 내게 화가 있을 것임이로라"(고전 9:16).

Christian Teaching in Revival

수영장에서 생긴 일

　예전에 제가 잠시 서울 근교에서 우체국장을 지내던 때의 일입니다. 제가 근무하던 우체국 바로 옆에 수영장이 있었는데, 근처에 유원지가 있어서인지 피서철이면 서울에서 많은 인파가 몰려들어 붐비곤 하였습니다. 그런데 어느 날 새벽 그 풀장 안에서 변사체 한 구가 발견되었습니다. 그 수영장의 수심은 가장 깊은 곳이 겨우 어른 목에나 찰까 하는 정도였고, 풀장 주위에는 안전 규정에 따라 항시 구조 요원이 배치되어 있었습니다. 그런데 이상스럽게도, 그렇게 많은 사람들이 붐비는 풀장에서 그 사람이 왜 익사했는지 아무도 알지 못했습니다. 더욱이 그 시체가 어떻게 하룻밤이 지나도록 풀장 안에 있다가 새벽에 발견되었는지 아는 사람이 없었습니다.

　수영장을 운영하려면 법적으로 일정 수의 안전 요원을 배치하도록 되어 있었습니다. 그들의 임무는 수영장 바깥 높은 망대에 앉아 물에 빠져서 생명의 위협을 느끼는 사람이 있는지를 살피는 것이었습니다. 그러나 그렇게 부름 받은 안전 요원들이 자신의 임무를 다하지 않았습니다. 만일의 사고에 대비하여 수영하는 사람들을 지켜보아야 하는 자기의 고유한 임무에 충실하는 대신, 그늘에 앉아 소주나 마시고 화투나 치면서 놀았습니다. 그들은 여름 한철 고용되어서 한 달 간 일하고 보수를 받는 아르바이트생들이었습니다. 시간만 채우면 돈을 받는다고 생각하면서, 자기들이 지켜야 할 사람들의 생명에는 전혀 관심이 없었던 것입니다.

교사는 전도자입니다

우리 교사들은 단지 학교 선생님이 아닙니다. 교사는 이 세상의 죽어 가는 영혼들을 구원하기 위하여 부름 받은 전도자입니다. 모든 그리스도인에게 전도자의 사명이 있지만, 교사는 하나님이 자기에게 보여 주신 크신 사랑 때문에 구체적으로 그 사명을 따라서 살기로 다짐한 사람입니다. 그래서 세상 영광도 없고, 알아주는 사람도 없지만 교사로서 영혼들을 섬기도록 자신을 바친 사람입니다. 다른 사람들이야 어떻게 살든지, 교사는 잃어버린 영혼에 대한 애정을 가지고, 산을 넘어 가시에 찔리고 물을 건너 죽음의 고비를 넘기면서라도, 어찌하든지 한 영혼이라도 건져서 십자가에서 생명 주신 그리스도의 품에 돌려 드리고 싶어 하는 사람들이어야 합니다. 사실 잃어버린 영혼들을 향한 그리스도의 마음을 깊이 이해한다면 우리는 모두 복음을 전하는 일에 자신을 바칠 수밖에 없을 것입니다.

선한 목자이신 우리 주님께서 사랑하는 제자들에게 하신 말씀을 기억해 보십시오. "……나는 양을 위하여 목숨을 버리노라 또 이 우리에 들지 아니한 다른 양들이 내게 있어 내가 인도하여야 할 터이니 저희도 내 음성을 듣고 한 무리가 되어 한 목자에게 있으리라" 요 10:15下-16.

우리 주님의 말씀에 귀를 기울여 보십시오. 교사의 영원하고 완전한 모범이신 주님께서는 우리 밖에 있는 양도 당신의 양이었습니다. 그들이 목자 잃은 양처럼 고생하고 유리하는 모습이 주님에게는 고통이며 아픔이었습니다. 몸소 그들을 찾아서 갈릴리로, 데가볼리로 두루 다니시고, 사랑하는 제자들을 파송하신 것도 바로 이 때문이었습니다. 우리는 그런 제자들의 뒤를 이어 교사로 부름 받았습니다. 평범한 그리스도인들은 물론이고 교사로 부름 받은 우리 가운데도 잃어버린 영혼들에 대한 다급한 안타까움이 없는 사람들이 너무나 많습니다. 그래서 우리의 영혼이 복음을 듣고 깨어나는 영적인 각성은 항상 영혼에 대한 사랑의 각성을 동반합니다.

얼마 전 영적인 각성을 경험한 어느 지체가 자기에게 임한 하나님의 축복을 설명하면서, 하나님께서 자기로 하여금 복음에 눈을 뜨게 하시자 비로소 가족들이 단지 한 집에 사는 식구들이 아니라 영혼으로 보이기 시작했다고 고백하였습니다. 그리고 스스로 그리스도인이라고 생각하면서도 한 번도 가족들을 구원받지 못한 영혼으로 여기며 마음 아파하지 않은 것은, 자신의 영혼이 얼마나 비참한 상태에 있었는지를 보여 주는 증거임을 자각하게 되었다는 사실을 털어 놓았습니다.

처음 시작하는 마음입니까?

운전할 줄 아는 분들은 난생 처음 차를 끌고 도로로 나가던 날을 기억할 것입니다. 초보 운전자가 얼마나 집중하면서 규칙대로 운전하려고 애를 쓰는지 모릅니다. 아무리 많은 세월이 흐른다고 해도 운전자들이 항상 그 날의 마음을 가지고 운전한다면 교통 사고도 많이 줄어들 것입니다. 교회학교 교사로서 난생 처음 영혼들 앞에 섰을 때를 기억해 보십시오. 얼마나 두렵고 떨리는 마음으로 성경을 가르쳤습니까? 우리는 요령 부릴 줄도 몰랐고, 하나님보다 잔재주를 더 의지하는 무서운 일은 꿈도 꾸지 못했습니다. 그때 우리에게는 항상 이런 두려움과 떨림의 고백이 있었습니다, "나 같은 죄인이 감히 이 자리에서 영혼들을 가르치다니, 주님, 저를 도와주소서."

한 주간 동안 기도하지 않고는 영혼들 앞에 설 수 없었으며, 주변 사람들에게 우리의 초라한 섬김이 열매 맺기를 기도해 달라고 부탁하였습니다. 지금도 처음 그때와 같은 가난한 마음이 있습니까? 주님이 아니면 우리의 섬김이 영혼들을 위하여 아무 도움이 될 수 없으리라는 절박한 마음이 있습니까? 무엇보다도, 잃어버린 영혼들에 대한 처음 사랑을 가지고 있습니까?

우리가 어떤 태도로 교사 직분을 감당하느냐에 따라서 세월이 흐를수록 쓸모 없는 그리스도인이 되어 갈 수도 있고, 또는 거룩한 그리스도인이 되어 갈 수도 있습니다. 잃어버린 영혼들에 대한 애정을 가지고 시작한 교사 생활이 별다른 영혼의 자각 없이 1년, 2년, 3년, 그렇게 세월이 흐르면서 매너리즘에 빠지기 시작합니다. 물론 시간이 흐르고 경험이 쌓이면서 가르치는 일에 익숙해지기도 합니다. 더 많은 학생들을 효과적으로 가르칠 수 있는 기술도 습득하게 됩니다. 다시 말해서 교사로서 더욱 세련된 기능을 소유하게 됩니다. 원래 '세련洗練'이라는 말은 흐르는 물에 돌멩이가 동글동글하게 깎이는 것을 의미합니다. 울퉁불퉁하던 모난 돌멩이들이 물살의 흐름을 따라 다른 돌멩이들과 부딪히면서 점점 더 반들반들하고 둥그스름한 모양으로 변해서 흐르는 물의 저항을 덜 받게 됩니다. 그래서 물살이 빠른 개울에는 모난 돌멩이들이 없고 항상 반들반들한 돌멩이들이 가득합니다.

교사가 된 여러분은, 교사로서 다른 사람들과 보조를 맞추어 섬겨 가는 과정을 통하여 거센 물살에 씻기고 다른 돌멩이들과 부딪히면서 다듬어지는 돌들처럼 세련되어 갈 수 있습니다. 그러나 그것이 곧 거룩한 교사가 되어 간다는 의미는 아닙니다. 그리스도에 관하여 자연스럽게 많이 말하는 것이 우리를 그리스도 닮은 사람으로 만들 수 없습니다. 교사로서의 섬김은 그리스도만을 추구하는 영적 생활과 함께 참된 섬김으로 무르익게 됩니다.

진리를 알고 그 진리를 따라 살려는 거룩한 결심과 진실한 내적 생활이 없다면, 누구든지 몇 년 못 가서 위선적인 교사가 되고 말 것입니다. 교사로 섬기는 사람들이 잃어버린 영혼들에 대한 연민의 정을 잃어버리는 것도 바로 이러한 이유 때문입니다.

영혼의 가치를 모르고 그 영혼들에 대한 하나님의 사랑의 마음도 읽지 못한 채, 단지 찾아오는 영혼들을 숫자로만 취급하는 교회 교육은 비신앙적일 뿐 아니라 비인간적입니다. 그러한 현실에 안주하여 하루하루 교사 생활을 때우는 것은 미래의 교회에 대해 책임지지 못할 과오입니다.

영혼들의 상태에 대한 염려와 애정 없이 단지 프로그램을 개발하기에 급급하고 행사를 치르기에 여념이 없는 교회학교는 이벤트 회사이지 교회학교가 아닙니다. 교회학교 지도자나 교사들이 처음 부름 받던 때의 마음을 잃어버리고 이렇게 섬기게 되는 이유는 영혼의 가치에 대한 주님의 마음을 잃어버렸기 때문입니다.

교사로 섬기면서 점점 주님의 마음을 잃어버리기 쉬운 이유는, 첫째는 전도하지 않기 때문이고, 둘째는 그들의 영혼을 위하여 전심으로 기도하지 않기 때문입니다. 그러므로 주님 앞에서 신실하고 착한 교사가 되기 위해 가장 유의할 일은, 우리 자신을 '잘못 익숙해지는 것'으로부터 지키는 것입니다. 경험에 의하면, 많은 교사들이 영혼을 오래 섬기다 보면 잃어버린 영혼을 전도해야 한다는 적극적인 교육 방식보다는 기존 학생들을 잘 관리하기만 하면 된다는 현실 유지형 관리 방식을 지향하는데, 이는 결코 바람직하지 않은 모습입니다.

불타는 전도자가 되어

건강한 교회학교를 만들기 위해 무엇보다 시급한 것은 교사들이 구령의 열정으로 불타는 전도자가 되는 것입니다. 교회학교 지도자들은 교사들에게 이러한 마음을 일깨울 수 있어야 합니다. 함께 하나님께 예배하던 사랑하는 지체들이 모두 집으로 돌아간 늦은 저녁, 교사들은 둘러앉아 그 날 하나님께서 각 영혼에게 어떤 일을 행하셨는지 서로 나누고 지체들의 예배 참석 여부를 확인하게 됩니다. 교사들이 기도해 오던 전도 대상자들이 교회에 나왔다는 소식을 들으면 말할 수 없는 기쁨으로 하나님께 영광을 돌리고, 새로운 전도 대상자들을 발견했다는 보고를 들을 때 그 영혼의 구원이 마치 자신의 구원처럼 여겨지는 마음은, 전도의 열정이 아니고는 설명할 길이 없습니다. 교사는 이처럼 잃어버린 영혼을 위한 전도자로 부름 받았습니다. 그러므로 건강한 교회학교에는 항상 전도의 문이 열려 있습니다.

많은 수가 모인다고 해서 곧 그 교회학교가 건강하다고 단정해서는 안 됩니다. 일반적으로는 교회학교의 건강함과 수적인 성장이 관계가 있지만, 항상 그렇지만은 않다는 점을 염두에 두어야 합니다. 사명감이 충만하고 영혼을 깊이 사랑하는 교사인데도 소수의 영혼들밖에 섬기지 못하는 경우도 있고, 교사로서의 자질이 충분히 갖추어지지 않은 사람이 다른 교사보다 월등히 많은 지체들을 가르칠 수도 있습니다.

기독교 역사에서 조나단 에드워즈Jonathan Edwards는 정말 탁월한 그리스도인이었습니다. 로이드 존스 목사가 말하기를, 청교도들을 알프스 산맥에, 칼빈과 루터를 히말라야 산맥에 비한다면, 조나단 에드워즈는 에베레스트 봉에 비유하고 싶다고 했을 정도입니다. 그런 조나단 에드워즈가 1740년대에 그 유명한 미국의 대각성과 부흥의 도구로 쓰임을 받으면서 교회 역사의 조명을 받는 위대한 설교자가 되기 전까지, 23년이라는 긴 세월 동안 작은 시골 교회에서 소수의 교인들을 돌보며 사역했다는 사실을 아는 사람들은 그리 많지 않습니다.

채드윅William Owen Chadwick은 대학의 소규모 채플에서 정기적으로 설교하기도 했지만 때로는 경찰이 경비를 서지 않으면 안 될 정도로 큰 집회에서 설교하기도 하였습니다. 애스베리Francis Asbury는 조그만 가정 집회에서 설교하기도 하였고 대형 집회에서 말씀을 전하기도 하였습니다. 그리스도의 거룩한 삶에 관한 한, 기독교 역사 이래로 가장 풍부한 지식을 가지고 있다고 여겨지는 청교도 신학자이자 목회자인 존 오웬John Owen도 한때는 자신의 목회 사역에서 열매가 없다는 이유로 좌절하기도 하였습니다.

참된 신앙 교육의 효과는, 거기 모인 사람들의 수로 결정되는 것이 아니라 교사들의 가르침 안에 함께 하시는 하나님께서 결정하시는 것입니다. 하나님 앞에 잘 준비된 교사일지라도 적은 수의 영혼을 돌보며 씨름할 수 있습니다. 그가 교사로서 몇 명의 영혼들을 섬기고 있는지는 그리 중요하지 않을지도 모릅니다. 그러나 부름 받은 교사로서 그의 마음 가운데 잃어버린 영혼에 대한 그리움이 없다면 그는 매우 심각한 질병을 앓고 있는 것입니다. 우리는 모든 영혼의 주인이신 주님을 섬기기 위하여 부름 받은 사람들입니다. 만약 교사로 부름 받은 우리에게 영혼의 구원을 위한 열정이 없다면, 그것은 교사 자신들에게도 커다란 불행이 아닐 수 없습니다.

전도자의 눈에 보이는 영혼들

교회 전승에 따르면, 사도 바울은 외모가 매우 볼품없어서 작은 키에 배가 튀어나왔으며, 머리는 벗겨졌다고 합니다. 말이 어눌하고 지식만 풍부한 데다 독선과 교만이 가득한 사람이었습니다. 그러나 그가 그리스도를 만나고 그분의 인격 안에서 하나님의 사랑의 성품을 발견하자, 그의 눈에는 성도들이 모두 '하나님의 사랑을 입은 자'로 보이기 시작하였습니다. 그리고 이런 사랑을 체험한 사도는 곧 전도의 소명을 받았습니다. 그가 하나님의 사랑을 깨달아서 스스로 전도를 하기로 결심했다기보다는, 그리스도께서 자신이 누구인지 그에게 알리시면서 그에게 소명을 주신 것입니다.

사도 바울은 다메섹으로 가는 길에 예수 그리스도를 만나고 그분의 인격을 깊이 경험하게 되었습니다. 그는 예수 그리스도가 사랑이심을 확실히 알았습니다. 그가 그리스도를 만나기 전에 그분께 한 일이라고는 교회를 박해한 일밖에 없습니다. 그렇게 그분을 핍박하고 박해하는 일에 으뜸이던 그에게 그리스도께서 나타나셨다는 사실 자체가 이미 예수 그리스도의 놀라운 사랑임에 틀림없습니다.

더욱 놀라운 것은 그러한 바울을 찾아오셔서 잃어버린 영혼을 건지는 구원의 도구로 불러 주신 것이었습니다. 그래서 사도 바울의 가슴에는 이러한 사실이 지울 수 없는 주님의 은총으로 아로새겨지게 됩니다.

다음에 나오는 그의 고백도 이러한 그의 마음을 반영합니다. "나를 능하게 하신 그리스도 예수 우리 주께 내가 감사함은 나를 충성되이 여겨 내게 직분을 맡기심이니 내가 전에는 훼방자요 핍박자요 포행자이었으나 도리어 긍휼을 입은 것은 내가 믿지 아니할 때에 알지 못하고 행하였음이라 우리 주의 은혜가 그리스도 예수 안에 있는 믿음과 사랑과 함께 넘치도록 풍성하였도다"딤전 1:12-14. 이처럼 그리스도께서는 당신을 대적하던 우리를 부르셔서 자기의 사랑을 증거하게 하심으로써 우리같이 불쌍한 영혼들을 구원하시기를 기뻐하십니다. 이것이 바로 이 세상을 십자가 앞으로 부르시는 하나님의 구원 방법입니다.

예수 그리스도께서 사도 바울에게 사람을 사랑하는 법이나 도움을 필요로 하는 연약한 지체들을 어떻게 섬기고 사랑해야 할지를 프로그램을 통하여 가르치고 훈련시키지는 않으셨지만, 그는 어느새 영혼에 대한 커다란 연민을 가지고 주님의 분신처럼 영혼을 전도하는 일에 자기를 바칩니다.

이처럼 교사로 자기를 부르신 그리스도께 대한 인격적인 사랑은, 반드시 영혼 구원의 열정으로 나타납니다. 교사의 마음속에 하나님을 만난 사랑의 감격이 지속되는 동안에는 잃어버린 영혼들에 대한 영적인 부담감에서 자유로울 수 없습니다. 교회가 잃어버린 영혼을 향한 느낌을 잃어버릴 때 그 마음에는 세상에 대한 사랑과 자랑이 자리하게 됩니다.

'미션' Mission이라는 영화에는 과라니족에게 복음을 전하는 선교사들이 등장합니다. 과라니족은 강대국 사이의 영유권 싸움 때문에 자신들이 살고 있는 땅에서 쫓겨날 지경에 이르렀습니다. 이에 선교사들은 "이 땅에서 많은 영혼들이 구원을 받고 신앙 생활을 하고 있습니다."라고 설명하며 그리스도인 정부 관리들에게 선처를 호소합니다. 그러나 "그들이 어떻게 하나님을 믿는 자녀일 수 있느냐?"며 그들은 코웃음을 칩니다. 마침내 선교사들은 관리들을 설득하기 위해 과라니족 어린이들에게 찬송을 부르게 합니다. 원주민 어린이들이 청아한 목소리로 하나님을 찬양하는 모습을 보며 그 거만한 유럽인들은 "그 찬송은 단지 앵무새의 노래일 뿐이다."라고 단언합니다. 마음을 다하여 부르는 하나님을 향한 찬송도 그들에게는 영혼이 있다는 증거가 되지 못했습니다. 이것이 바로 당시 그리스도인들 가운데 존재하던 인종 편견이었습니다. 그런 사람들에게서 영혼을 사랑하는 마음을 발견할 수 없었다는 것은 조금도 이상하지 않습니다. 그러나 그리스도가 어떤 분인지 아는 사랑의 체험은 그리스도께서 사랑하신 사람들이 누구인지를 알게 하는 능력이 있습니다. 그리고 사람들의 겉모습을 뛰어넘어 그들의 영혼을 그리스도의 사랑으로 사랑하게 만들어 줍니다. 우리는 그것을 가리켜서 '구령의 열정'이라고 부릅니다.

영혼을 위해 흘리는 눈물

구령의 열정을 잃고 차갑게 식어 가는 교회를 바라보던 오스왈드 스미스 Oswald Smith의 탄식을 우리는 기억하여야 합니다.

"물에 빠진 아이를 보면서는 안타까워하면서, 멸망하는 영혼들을 위해서는 왜 그렇게 하지 못하는가? 만약 우리가 사랑하는 사람들이 바다에 빠져 들어 가고 있다면 안타까워하면서 우는 것이 무슨 어려운 일이 되겠는가? 이 땅에서, 사랑하는 사람의 주검을 싣고 집을 나서는 관을 보면서 통곡하지 않을 사람이 어디 있겠는가? 그럴 때 흘리는 눈물은 너무나 당연하고 자연스럽지 아니한가? 그런데 우리 주위의 고귀한 영혼들이 암흑과 절망 속으로 빠져 들어가 종국에는 그들을 영원히 잃게 될 것을 알면서도, 고통을 느끼지 아니하며 눈물 흘리지 아니하며 애타는 마음을 느끼지 못하고 있지 않은가? 영혼을 향한 우리의 마음이 얼마나 싸늘하게 식어 있는가?"[5]

존 스미스 John Smith에 관한 다음 증언은 우리로 하여금 교사의 마음이 무엇으로 가득 차 있어야 하는지를 보여 줍니다.

---

[5] 오스왈드 스미스, 『구령의 열정』(서울: 생명의말씀사, 1993), pp. 31-32.

"우리는 아침마다 오랫동안 울어서 퉁퉁 부은 눈으로 아래층으로 내려오던 그를 자주 보았습니다. 그는 아침마다 잃어버린 영혼들을 기억하며 여러 시간을 울면서 기도하였던 것입니다. 그는 자신의 염려하는 마음을 이렇게 토로하곤 하였습니다. '나는 마음이 상한 사람입니다. 그분께서 내게 잃어버린 영혼들의 고귀함을 보여 주셨기 때문에 그들이 구원받지 못하면 나는 살아갈 수가 없습니다.'"6) 진정한 전도란 단순히 사람들을 교회에 많이 불러 모으는 것이 아닙니다. 사람들은 흔히, 숫자와 전도 결과에 집착하는 마음이 영혼을 불쌍히 여기는 마음을 앞서고 있는 것을 모릅니다. 우리는 구원받아야 할 영혼 위에 머물러 있는 하나님의 진노를 의식함으로써 전도의 화급성을 인식하고 복음을 전하여야 할 사명감을 갖게 됩니다. 이러한 마음은 단지 교사들뿐 아니라, 그리스도의 십자가로 말미암아 구원받은 거룩한 성도들 모두가 가져야 할 태도입니다.

물질이 아니라 전도입니다

사도 바울은 우리에게 말합니다. "그런즉 내 상이 무엇이냐 내가 복음을 전할 때에 값없이 전하고 복음으로 인하여 내게 있는 권을 다 쓰지 아니하는 이것이로라 내가 모든 사람에게 자유하였으나 스스로 모든 사람에게 종이 된 것은 더 많은 사람을 얻고자 함이라" 고전 9:18-19.

바울은 천막 깁는 일을 해서 자신과 동료들이 쓸 것을 자급자족하며 복음을 전했습니다. 그는 복음을 전하면서 생활비를 성도들의 헌금에 의존하지 않는 선교사로서의 삶을 택했습니다. 그의 생각에는 복음을 전하는 사람들이 성도들의 섬김으로 생계를 해결하며 사는 것이 당연하였지만, 자신은 그런 권리를 주장하지 않았습니다. 그 이유는 오직 한 가지, 하나님의 복

---

6) 같은 책, pp. 37-38.

음을 효과적으로 전하기 위해서였습니다.

우리도 이런 정신을 본받았으면 좋겠습니다. 교회학교가 화석화되면 일어나는 현상 가운데 하나는 소위 교회학교의 부장이니 부감이니 하는 사람들이 교회의 제직회나 당회에서 압력을 행사하는 것입니다. 얼마나 영향력 있는 사람이 그 교회학교의 간판이 되느냐에 따라 교회학교 운영이 좌지우지됩니다. 그 사람이 돈 문제를 해결해 주기 때문입니다.

능력 있는 사람이 지도자가 되면 교회에서 예산도 많이 타 내고 찬조금도 많이 얻어 옵니다. 그러면 교사 모임에는 활기가 돌기 시작합니다. 그러나 이런 방법으로는 잃어버린 영혼들이 하나님께 돌아오지 않습니다. 더욱이, 교회학교 운영에서 오래도록 교사로 섬긴 사람들의 오만한 텃세나, 섬김에 어울리는 대접을 하지 못하는 교회에 섭섭한 감정들을 부추기는 교회학교에서는 구령의 열정이 불타 오르기를 기대할 수 없습니다.

사도 바울은 영혼들에게 복음을 전하는 전도자로, 목회자로, 교사로 섬기면서 그의 희생적인 사역에 어울리는 대접을 구한 적이 없었습니다. 왜냐하면 그의 관심은 오로지 잃어버린 영혼들을 구원하는 것이지, 복음 사역을 통해서 자존심을 지키고 교회 안에서 자신의 정치적인 입지를 세우는 것이 아니었기 때문입니다.

자신이 친히 세운 교회를 심방하든지, 복음의 불모지로 발길을 옮겨 복음을 전하는 전도 여행을 떠나든지, 아니면 생업인 천막을 깁는 일에 종사하든지 간에, 바울의 관심과 꿈은 온통 이 세상의 잃어버린 영혼들이 복음을 듣고 예수 그리스도 앞으로 돌아오는 것이었습니다. 그리고 그와 함께 한 모든 사람은 이 유일무이한 목표를 위하여 희생할 각오가 되어 있었습니다. 교회는 교사인 여러분에게 봉급이나 사례금을 주는 곳이 아니며, 그것을 대가로 무엇을 강요하고 명령하는 곳도 아닙니다. 영혼을 섬기는 교사란 잃어버린 영혼들을 위하여 무엇인가 도움이 되지 않으면 견딜 수 없는 마음을 가진 사람들이 순수하게 하나님을 사랑하는 마음으로 섬기는 직분입니다. 오직 그리스도의 복음과 영혼 구원의 역사를 소망하는 사무치는 마음이 모든 섬김과 사역의 궁극적인 동기요, 관심이 되어야 합니다.

전도와 하나님의 축복

목회를 하면서 배우는 하나님의 방법이 한 가지 있습니다. 그것은 전도하는 교회에 영혼을 보내 주신다는 사실입니다. 어느 교회든지 모든 교인이 열심히 전도하는 것은 아닙니다. 그러나 전도의 열정을 가진 사람들을 모아 모닥불처럼 늘 구령의 불이 붙어 있게 하는 것은 중요합니다. 제가 목회하는 '열린교회'를 설립한 이래로 우리는 짧은 기간에 열심히 전도하고자 노력함으로써 하나님의 법칙을 실감나게 경험하였습니다.

획기적인 전도 방법을 개발했다거나 효과적인 전도 방식에 대한 기발한 경험이 우리에게 있지는 않습니다. 우리는 처음부터 전도에는 왕도가 없다고 믿었기 때문입니다. 빈약한 전도 결과가 우리를 실망시킨 적도 없고, 전도하기에 적합하지 않은 상황 때문에 낙심하지도 않았습니다. 왜냐하면 우리는 전도가 교회 성장의 방편이라는 사실도, 그럴 수 있을 때만 전도할 수 있다는 사실도 믿지 않았기 때문입니다.

열린교회를 시작한 지 3년이 채 되지 않아서 인근 동네에 있는 많은 사람들이, 우리 교회가 가장 큰 교회인 줄 알았을 정도로 열심히 전도하였습니다. 많은 수의 교인은 아니었지만, 구령의 열정을 가진 성도들이 매주 쉬지 않고 전도하였습니다. 물론 괄목할 만한 전도의 성공 사례를 가진 몇몇 교회들에 비하면 초라한 열매일지 모르지만, 우리는 힘이 닿는 대로 열심히 복음을 전하고자 하였습니다. 열심히 전해도 열매가 거의 없는 때도 있었습니다. 그러나 그때마다 하나님께서는 생각지 않은 곳에서 영혼들을 보내 주셔서 그들이 복음을 듣고 변화받는 역사를 체험하게 만들어 주셨습니다. 지난 주간에 열심히 복음을 전해도 결국은 나오지 않겠다는 사람들 때문에 마음 아파하며 돌아왔는데, 그 다음 주일에는 도무지 생각지 않던 곳에서 영혼들이 스스로 교회를 찾아오게 하셨습니다. 심지어 성도들이 전도 중에 떨어뜨리는 바람에 지나가던 사람들의 발에 밟힌 전도지를 들고 우리 교회를 찾아온 이도 있었습니다. 하나님은 중심을 보시는 분이라는 사실을 전도에서처럼 실감나게 경험할 수 있는 현장도 많지 않을 것입니다.

전도해 본 교사들은 압니다

전도해 본 교사들은 비로소, 한 사람이 기독교 신앙이 무엇인지를 배우기 위해 교회 안에 있는 것 자체가 얼마나 놀라운 기적인지를 알게 됩니다. 살아 계신 하나님을 찬송하며 그분의 뜻대로 살기 원하는 마음으로 변화된다는 것이 얼마나 놀라운 일인지를 새삼스레 깨닫습니다.

전도지를 들고 눈물을 흘리며 이 골목 저 골목으로 전도하기 위하여 찾아가 본 교사, 교회에 나오지 않는 한 영혼을 건지기 위하여 산동네를 누비며 어두운 골목길에서 마주친 잃은 양을 붙들고 가로등 불빛 아래서 눈물로 기도해 본 교사는, 한 영혼이 교회를 떠나는 것을 쉽게 생각하지 않습니다. 전도하는 사람은 한 영혼의 가치를 알기 때문입니다.

교사는 자신이 복음을 전하는 사람임을 기억하여야 합니다. 그리고 어찌하든지 자신이 가르치는 영혼들에게 복음을 전할 뿐 아니라 자기에게 주신 복음을 들을 사람들을 붙여 주시도록 하나님께 기도하여야 합니다.

우리가 지금 당장 산 넘고 물 건너 인적이 드문 오지로 복음을 전하러 가도록 부름을 받지는 않았습니다. 그래서 이렇게 언어도 같고 풍습도 같은 내 나라 땅에서 우리 겨레에게 복음을 전하도록 부름을 받아 살고 있습니다. 죽음의 고비를 넘길 위험도 없고, 복음을 전한다는 이유로 감옥에 갇힐 염려도 없습니다. 게다가 도처에 우리의 복음 전도를 기다리는 지치고 고통하는 영혼들이 있습니다. 교사인 우리로 하여금 복음을 전하지 못하게 만드는 최대의 방해거리는 환경이라기보다는 잃어버린 영혼을 향한 우리의 사랑이 부족하기 때문입니다. 그것은 곧 하나님을 향한 사랑이 결핍되었다는 뜻이기도 합니다.

교사는 기본적으로, 고통 받는 이 세상의 모든 인간에 대한 궁극적인 해답이 전도라고 믿는 사람입니다. 문제는 그 믿음이 단지 지적인 동의가 아니라, 정말 그 영혼들을 위하여 무엇인가 섬기지 않으면 안 된다는 다급함을 가지고 전도를 실천하는 믿음이어야 한다는 것입니다.

교사의 전도 생활은 그가 가르치는 영혼들을 위해서도 필요합니다. 기독교 신앙의 가르침은 삶을 전수하는 것입니다. 영혼들은 기도하는 교사에게서 기도를 배우고, 거룩한 삶을 추구하는 교사에게서 경건한 생활을 익힙니다. 마찬가지로 전도하는 교사에게서 영혼에 대한 하나님의 사랑의 마음을 터득하고, 그들을 위해 복음을 전하는 일이 얼마나 중요한지 알게 됩니다. 하나님을 등진 채 살아가는 영혼들의 어두움을 보고, 어떻게 그들을 도울 수 있는지 체험하게 됩니다. 그러므로 전도하지 않는 교사는 전도할 줄 모르는 학생들을 만들어 냄으로써 두 번 잘못을 저지르게 되는 셈입니다.

식지 않는 구령의 열정으로

교회학교에서 영혼을 기르는 일은 어떻게 보면 콩나물시루에 물을 붓는 것과 같습니다. 물을 한 군데만 부어 주는 것도 아닌데 콩나물의 키는 제각각입니다. 똑같은 환경 조건에, 똑같은 콩을 가져다 놓고, 같은 물을 부어 주고 같은 시간이 흘렀는데도 콩나물의 성장 속도는 조금씩 다릅니다.

우리는 교회에 들어온 영혼들을 잘 양육하려고 사랑으로 돌보고 최선을 다하지만, 그럼에도 불구하고 신앙이 제대로 성장하지 못하거나 교회를 떠나는 영혼들이 있게 마련입니다. 영혼들이 우리가 전하는 복음을 듣고 구원을 얻어 믿음 안에서 자라는 것은 말씀을 가르치는 교사 한 사람에게만 달린 문제는 아닙니다. 말씀을 듣는 사람의 마음도 복음을 받아들일 준비가 되어야 하는데, 사탄의 역사나 뜻을 정하지 못하게 요동치는 환경 등 수많은 요인들이 작용합니다. 우리는 그런 환경들을 액면 그대로 받아들이면서도, 주어진 상황에서 영혼들을 지키기 위하여 최선을 다해야 합니다.

간혹 우리가 돌보던 영혼들이 뜻대로 잘 성장하지 않거나 마음이 굳어져서 다시 그리스도를 떠나간다고 하여도, 우리의 수고가 헛되었다는 실망감 때문에 섬김의 열정이 식어서는 안 됩니다. 교회학교에 모이는 영혼들의 숫자가 줄어드는 것보다도 더욱 염려스러운 것은, 섬기는 교사들의 마음속에 영혼을 향한 사랑이 메말라서 이 복음 사역을 차가운 의무감으로 수행하는 것입니다. 복음 전도도 마찬가지입니다. 복음 전도의 성과도 중요하지만, 잃어버린 영혼들에 대한 부채 의식과 전도하고자 하는 실천적인 순종이 더욱 중요합니다. 교사의 마음에서 이러한 전도의 열정이 식으면 그가 섬기는 목장도 얼마 못 가서 병든 채로 발견될 것이기 때문입니다. 교사, 그는 복음 전도자로 부름 받은 사람입니다.

| 묵 | 상 | 질 | 문 |

1. 교사로서 세련되어 가는 것과 거룩한 교사가 되는 것의 차이는 무엇입니까?
2. 교회학교의 건강함과 전도와의 관계를 살펴봅시다.
3. 고린도전서 9:18-19의 사도 바울의 태도가 오늘날 교회학교에 주는 메시지는 무엇입니까?
4. 복음 전도에 있어서 그 열매나 성과보다 중요한 것은 무엇입니까?

이 책을 꼭 읽으십시오

『구령의 열정』

오스왈드 스미스 지음
박광철 옮김
서울: 생명의말씀사, 2005
264쪽

- 오스왈드 스미스는 금세기 선교를 위하여 일한 교회들 가운데 전설적인 기록을 많이 남긴 캐나다 토론토의 피플즈 처치(Peoples' Church)에서 목회와 선교에 힘쓴 부지런한 일꾼이었다. 그가 목회하고 있는 동안에 그의 교회는 단일 교회로서 세계의 모든 교회 중에서 가장 많은 선교비를 지출하였다. 그 교회가 지원하는 선교사의 수 역시 캐나다 교회의 선교 역사에서 기록에 남을 만한 것이었다.

- 한 마디로 이 책은 안방에서 궁리하는 선교사가 쓴 책이 아니라 전세계를 발로 누비며 회심의 현장에 있었던 선교사이자 부흥사가 쓴 전도행전이다. 선교 여행에서 체험한 생생한 복음 전도의 현장, 회심과 구원의 감격, 구원받지 못한 영혼들에 대하여 전도자로서 느끼는 가슴 저미는 내면의 진통을 생생히 보여 주고 있다. 신학적으로는 찰스 피니와 르우벤 아처 토레이 계열에 서 있는 듯한 인상을 많이 준다. 그가 참된 부흥과 복음 활동을 신학적으로 정확히 구분하지 못한 것은 사실이지만, 복음에 대한 강한 확신과 인간을 회심하게 하시는 주체로서의 성령의 역사에 대한 믿음은 전도자로서 본받을 만하다. 분주한 선교 사역 가운데서도 그는 뛰어난 경건 속에서 산 사람이었고, 자녀의 회심을 위하여 오래도록 기도하다가 응답을 받은 경건한 아버지이기도 하였다.

- 그 후 그의 아들 폴 스미스(Paul Smith) 목사가 피플즈 처치를 담임했는데, 몇 해 전에 내가 그곳을 방문하였을 때 교회 구석구석에는 여전히 오스왈드 스미스 목사에 대한 교인들의 향수가 묻어 있었다. 전도의 열정을 불러 일으키는 책 가운데 현재 우리 나라에서 구할 수 있는 가장 영향력 있는 책이라고 생각한다. 책 뒤에는 구도자를 회심으로 이끌기 위한 구체적인 복음 제시의 내용이 실려 있어서 유용하다.

『기도와 영력』

- 이 책의 제목이 시사하듯이 기도에 관한 책임에도 불구하고 전도에 관한 글 끝에 필독 도서로 추천하는 이유는 이 책에서 다루는 기도의 주제가 부흥을 통한 강력한 회심이 있는 복음 전도와 연결되어 다루어지고 있기 때문이다. 이 책은 금세기 20세기 초 강력한 성령의 역사를 동반한 복음 전도 운동을 통하여 얻어진 회심자들의 기도 훈련서로 쓰인 것인데, 약 24개 이상의 언어로 번역되어 기도에 있어서 고전적인 작품이 되었다. 복음의 다른 부분에 대한 모든 이해가 그러하듯이, 신령한 은혜 체험의 부족과 거룩한 정서의 메마름으로 인하여 기도에 대한 이해도 매우 피상적이 되었다.

- 저자는 기도가 단지 그리스도인의 자기 위안을 위한 수단이 아니라 거룩한 하늘의 능력을 이 땅으로 불러 내리는 하나님의 약속이 있는 영광스러운 수단임을 강조하면서 부흥의 역사가 어떻게 간절한 기도의 역사와 밀접한 관계가 있는지를 예시하고 우리를 열렬한 기도의 세계, 거룩함의 능력으로 초대한다. 이 책에는 오늘날 기도에 관한 가벼운 읽을거리들에서는 도저히 발견할 수 없는 보화와 같은 교훈이 담겨 있다.

- 나는 예전에 이 책을 읽으면서 기도 생활에 대한 나의 경박한 견해와 결별하게 되었다. 어쩌면 교사들은 이 책 한 권을 읽고 신앙의 방향 전환을 경험할지도 모른다.

르우벤 아처 토레이 지음
임성택 옮김
서울: 생명의말씀사, 2006
272쪽

곤고한 영혼이 아파하는 처소까지 찾아간 교사는
단지 그를 가르칠 뿐 아니라, 그의 삶의 자리를 돌아보고
그에게 무언가 필요하다면 기꺼이 도와주리라는 마음을 가져야 합니다.

| 제8장 |

교사가 심방할 때
잃은 양을 찾으라

"너희 중에 어느 사람이 양 일백 마리가 있는데 그 중에 하나를 잃으면 아흔아홉 마리를 들에 두고 그 잃은 것을 찾도록 찾아 다니지 아니하느냐"(눅 15:4).

Christian Teaching in Revival

어떤 심방 일기

"오늘도 여러 지체들이 보이지 않는다. 그럼에도 불구하고 하나님은 우리 예배에 찾아오셨다. 오늘 아침에는 돌덩이 같던 영혼들 몇몇을 만지고 지나가셨다. 그들의 영혼의 변화를 위하여 부르짖던 우리의 간구를 들어주시는 것 같다.

아아, 좋으신 하나님을 찬송하자. 설교 시간에는 마치 입술에 기름을 바른 듯 말씀을 흘려 보내 주셨다. 눈물과 환희로 범벅이 된 예배였다……그러나 그들은 어디로 갔을까? 곤고한 영혼을 부둥켜안고 아파하던 지체들, 한편으로는 하나님이 없어 고통 받으면서도 변화되기를 거부하던 영혼들이 보이지 않았다.

……달동네같이 닥지닥지 붙은 집들이 늘어선 골목에서 기다리다가 돌아오는 길에 그 지체를 만나게 해주셨다. 늦은 밤 공기가 차가운데 골목 전봇대에 매달린 채 바람에 흔들리는 보안등이 애처롭다. 주일인데 교회도 안 오고 어디 가서 친구들과 놀다 온 것 같았다.

골목 가로등 아래 선 채로 잠깐 동안 몇 마디 권면하였다. 몇 마디에 풀죽은 모습이 불쌍했다. 손을 잡고 기도하다가 주체할 수 없는 감정 때문에 울음이 나왔다. 옆에 서 있던 교사도 따라서 흐느꼈다. 그 지체도 하나님 없이 살아가는 자기 처지가 불쌍했던지 아니면 자기를 위하여 울어 주는 우리가 불쌍했던지 함께 울었다.

바람 불어 흔들리는 가로등 아래서 세 사람이 함께 부둥켜안고 서럽게 울었다.

 우리의 영혼을 불쌍히 여겨 주시기를, 우리도 어찌할 수 없는 영혼을 하나님 앞에서 살게 해주시기를……. 아아, 우리 공동체의 모든 지체들이 이처럼 좋으신 우리 주님만 사랑하면서 행복하게 살 수 있다면 얼마나 좋을까……."

 전도사로서 중고등부에서 영혼들을 섬기던 한 사역자의 어느 날 일기입니다. 저 또한 전도사로서 영혼을 섬기던 때, 때때로 주일 저녁이면 그 날 예배에 나오지 않은 학생들을 심방하곤 하였습니다. 담임목사님은 제가 심방하는 것을 그렇게 좋아하셨습니다. 그것이 저의 당연한 의무인데도 늘 이렇게 말씀하셨습니다.

 "전도사님, 정말 고맙습니다. 어린 영혼들을 밤늦도록 심방해 주시니 감사합니다."

 당시 저는 정식으로 심방하는 법을 누구에게서 배운 적도 없었습니다. 또 목회자의 심방에 대하여 배웠다고 하더라도, 찾아가 봐야 부모들이 집안에 들여보내 주시지 않는 상황이 대부분인 청소년 심방에 무슨 도움이 있었겠습니까?

 부모가 잘 믿는 집안에서야 심방 온 교사들을 따뜻하게 맞이하겠지만, 그렇지 않은 집안에서는 공부하는 자기 자식의 아까운 시간만 축내는 사람들로 취급하여 문전박대하기 십상입니다.

 심방은 영혼을 돌보는 단순한 기능일 뿐입니다. 심방하는 요령이야 가르쳐 주고 말 것이 무엇이 있겠습니까? 설령 가르쳐 준다 하더라도, 그때 그때 형편이 다르고 상황이 늘 변하기에 획일적인 지침이란 것이 사실 의미가 없습니다. 그렇지만 영혼을 심방하는 교사는 몇 가지 중요한 사항을 잊지 않아야 합니다.

진실한 사랑의 마음으로

우리는 심방을 동기에 따라서 두 가지 유형으로 나눌 수 있습니다. 첫째는 사교적인 심방이며, 둘째는 목양적인 심방입니다. 사교적인 심방은 교제를 위한 것으로서, 영혼의 아픔보다는 인간적인 친분에 호소해서 교회에 나오게 하는 것입니다. 목양적인 심방은 심방을 통하여 그 지체가 주님과 바른 관계를 맺고 교사의 섬김을 힘입어 하나님을 찾게 만드는 심방입니다. 사교적인 심방은 심방의 정신이랄 것이 굳이 필요하지 않겠지만, 목양적인 심방은 목양의 정신이 필요합니다.

심방할 때는 무엇보다도, 우리의 심방을 받아야 하는 영혼을 향한 진실한 사랑이 중요합니다. 영혼을 사랑하는 마음, 그의 곤고한 사정을 마음에 두고 어찌하든지 하나님의 도움을 구하는 사랑이 심방의 동기가 되어야 합니다. 심방을 앞두고는 먼저 그 영혼을 위하여 간절히 기도하여야 합니다. 몇 사람의 교사가 함께 심방을 가는 경우가 있다면, 가급적 쓸데없는 말을 삼가고 하나님께서 그 섬김을 통하여 그 영혼에게 유익을 주시기를 기도하는 마음으로 가야 합니다.

심방을 받는 지체들이 간절한 마음으로 심방을 기다리는 경우도 있지만, 대부분은 우리의 목양적인 판단에 의하여 심방을 하고 그들은 그것을 받아들이게 되는 경우이기 때문에, 심방을 통하여 은혜 주시기를 바라는 가난한 마음을 갖는 것도 교사인 우리의 몫입니다.

심방하는 교사가 마음이 가난해져서 하나님의 은혜가 아니고서는 그 영혼을 도울 수 없다는 간절한 심정이 되면 기도하지 않을 수 없을 것입니다. 교사의 심방은 단지 영혼을 주님 앞으로 인도하는 도구일 뿐입니다. 하나님께서 그 심방을 도구로 사용하시지 않으면, 심방은 오히려 영혼들을 교만하게 만들고 우리를 초라하게 만들 뿐입니다.

꼭 만나기를 기도하라

심방을 갈 때에는 교사에게 먼저, 무슨 일이 있어도 심방하는 영혼을 꼭 만나야겠다는 의지가 필요합니다. 흔히 교사들에게 심방을 부탁하면, 이런 대답을 듣는 경우가 많습니다. "심방 갔더니 없던데요."

물론 심방을 가도 못 만날 수 있습니다. 교사가 심방을 가서 영혼을 못 만났다고 해서 비난받을 이유는 없을 것입니다. 그러나 어떤 마음으로 심방을 갔는지, 못 만나고 돌아오는 교사의 심정이 어떠했는지는 하나님 앞에서 문제가 되지 않겠습니까?

저는 심방할 때마다 간절한 마음으로 영혼을 찾아 나서면 반드시 만나게 해주시는 것을 여러 번 경험하였습니다. 심방을 갔다가 영혼을 못 만나고 돌아오는데 골목길에서 마주치게 하시기도 하고, 마음에 감동이 생겨서 기다리면 만날 기약도 없었던 지체를 속히 집으로 돌아오게 해주셔서 만나게 해주시는 은혜도 맛보았습니다.

어느 교인이 계속해서 교회에 나오지 않자 목사님이 그 집을 심방하셨습니다. 아무리 초인종을 눌러도 대답이 없던 차에, 옆집 사는 사람이 그 집 식구들이 아침 일찍 외출한 사실을 알려 주었습니다. 다음 주일 예배 시간, 전 주에 심방을 가서 만나지 못했던 교인이 교회를 떠난 지 여러 달 만에 교회에 나왔습니다.

그런데 놀라운 사실은, 이 사람이 불신자인 동네 사람의 강력한 권면으로 교회에 다시 나오게 되었다는 것입니다. 그 사람의 말에 따르면, 목사님이 심방을 가셨을 때 교인을 못 만나자, 그냥 돌아가시지 않고 굳게 닫힌 그 집 대문에서 문 옆의 기둥을 붙잡고 장시간 간절히 기도하시더라는 것입니다. 그러고는 손수건으로 눈물을 닦으며 돌아가셨는데, 이 이야기를 그 집 맞은 편 이층에 사는 이웃이 전해 주면서 이렇게 말하더랍니다.

"이보게, 아무개 엄마. 나는 교회를 다니지 않아서 아무 것도 모르지만 그 목사님은 진짜 목사님 같습디다. 당신 집 대문에서 눈물로 기도하며 돌아가시는 노인의 풀죽은 모습을 뵈니 저런 목사님을 아프게 하는 당신은 참 나쁜 사람이라는 생각이 들더라구. 목사님을 봐서라도 빨리 교회 나가시구려. 나는 잘 모르지만 그게 복 받는 길일 거야……."

물론 그 목사님이 다른 사람들에게 보이려고 거기서 기도하시지는 않았을 것입니다. 그러나 간절한 기도를 들으신 하나님께서 사람이 생각할 수 없는 방법으로 역사하셔서 그 교인을 감화시켜 하나님께로 돌아오게 하셨습니다. 교사가 심방할 때 영혼 사랑에 마음을 바치면 하나님께서 그 심방에 복을 주십니다. 그래서 뜻하지 않는 결실을 거두게 하십니다. 이것이 심방의 묘미이기도 합니다.

첫 대면에서

심방을 가서는 우선 진심으로 그를 걱정해 주는 마음 자세를 가져야 합니다. 교회에 나오지 않는 이유를 따지러 온 것 같은 인상을 주어서는 목양적인 심방을 기대할 수 없습니다. 사람은 상대방으로부터 사랑을 확신하는 만큼만 책망도 받아들입니다.

그가 교회에 나오지 않거나 말씀을 받아들이지 않는 불순종과 죄악을 먼저 보지 말고, 이유가 무엇이든지 지금 현재 곤고한 상태에 있는 영혼을 불쌍히 여기는 마음을 가져야 합니다.

그러나 교사가 그저 고통 받는 양들과 함께 아파하기만 해서는 안 됩니다. 함께 고통에 동참할 뿐 아니라, 그 고통의 궁극적인 원인이 무엇인지 보여 주어서 그가 하나님께 나아가도록 만들어야 합니다. 다만 심방을 갈 때에는 그러한 목양의 목적이 사람 자체를 향한 사랑과 관심 없이 이루어져서는 안 된다는 것입니다.

수를 섬기는 것과 영혼을 섬기는 것은 다릅니다. 심방하지 않고 출석한 영혼들의 머릿수만 헤아리면 주主가 아니라 수數를 섬기는 사람이 되기 쉽습니다. 안부 전화나 심방을 받는 영혼들은, 자신을 향한 관심이 수에 대한 관심인지 영혼에 대한 연민에서 비롯된 것인지를 직감적으로 압니다. 그리고 자신이 수로 취급된다고 생각될 때는 그 즉시 마음을 닫아 버립니다.

심방 가서 만난 영혼들에게 건네는 첫마디 말도 중요합니다. 그가 교회에 출석하지 못한 이유를 잘 알고 있다 하더라도 다그치듯이 질문하는 것은 심방하는 교사의 지혜로운 처신이 아닙니다. 변명할 수 있는 여유를 주면서 말을 건네는 것이 바람직합니다.

심방의 목적은 단지 과거의 불성실한 교회 생활이나 문제가 있는 신앙 생활을 따지기 위한 것이 아니라, 그를 하나님의 말씀과 사랑으로 권면하여 다시 교회에 나오도록 돕고 하나님을 의지하는 신앙 생활을 해 나가도록 돕기 위해서이기 때문입니다.

교사는 찾아간 그 영혼을 단지 수가 아니라, 영혼 그 자체로서 진심으로 사랑하고 염려하는 마음으로 마음의 문을 열 수 있어야 합니다.

일단 만남이 이루어지면 자연스럽게 대화를 시작합니다. 심방에서의 대화는, 처음에는 심방을 받는 영혼의 관심사로부터 시작해서 나중에는 심방을 하는 교사의 영적 관심사로 옮아가야 합니다. 교사로부터 심방을 받는 지체가 지금하고 있는 일이나 첫 대화를 통하여 알게 된 그의 중요한 관심사로부터 대화를 시작하여야 합니다. 그래야만 심방을 받는 지체가 쉽게 대답하고 대화에 참여할 수 있기 때문입니다.

말씀으로 권면하라

영혼들이 어디에 있든지 그들이 하나님의 말씀을 통해서만 변화될 수 있다는 사실은 심방 중에도 기억해야 합니다. 다만 심방은 개인적인 권면의 형태로서, 하나님의 말씀을 전해 주고 구체적으로 그의 영혼의 현재 상태를 일깨워 주며 마음을 열어 하나님을 향하도록 만들어 준다는 점에서 성경 공부나 예배와 구별됩니다. 따라서 심방을 간 교사는 마음속으로 심방을 받는 영혼과의 대화를 통하여 그의 상황에 맞는 하나님의 말씀이 무엇인지 생각하여야 합니다.

교사가 성경에 익숙하여 즉석에서 상황에 맞는 성경의 예화나 교훈을 찾아낼 수 있다면 더할 나위 없이 좋을 것입니다. 그렇지 않다면 상황에 적합한 성경 말씀이 수록된 심방을 위한 성구집을 평소에 활용한다면 훨씬 더 분명한 가르침을 줄 수 있을 것입니다.

마음이 편안하고 방해받지 않는 상태에서 하나님의 말씀을 펼쳐 읽어 주고 잠깐이라도 권면을 할 수 있다면 좋은 심방이 될 것입니다. 그러나 교사가 심방 중에 권하는 교훈은 설교보다는 상담의 형태를 취하는 것이 바람직합니다. 심방은 교사가 영혼이 있는 그 자리로 내려가 주는 섬김이기 때문입니다.

비록 함께 정식 예배를 드리거나 설교를 할 수는 없어도 그를 향한 주님의 마음을 생각나게 해주는, 말씀에 입각한 교훈이라면 그가 그 심방을 통해 하나님의 은혜를 경험하기에 충분합니다. 이때 단지 입에서 나온 교사의 말은 영혼의 머리에까지 이르나, 마음에서 나온 말은 그의 마음에까지 이르는 법입니다. 마음에 없는 말로 수선을 떨기보다는 사랑하는 마음에서 우러나온 한 마디 말이 중요합니다.

심방을 간 교사가 가르침을 받는 영혼에게 이렇게 질문을 던진다고 생각해 보십시오. "그렇게 살아서 되겠니?" 만약 교사가 자기가 찾아간 영혼의 죄와 불순종만 보고서 그렇게 묻는다면, 상대방은 크나큰 불쾌감을 느낄 것입니다.

반대로, 그 영혼이 삶의 자리에서 고통 받고 있는 상황을 충분히 이해하고 공감하며 아파하는 심정으로 "그래도 그렇게 살아서는 안 되지 않겠니?"라고 말한다면, 지체의 마음에 반성을 불러일으키고 양심에 각성을 줄 것입니다.

곤고한 영혼이 아파하는 처소까지 찾아간 교사는 단지 그를 가르칠 뿐 아니라, 그의 삶의 자리를 돌아보고 그에게 다른 도움이 필요하다면 기꺼이 도와주려는 마음을 가져야 합니다. 그가 경제적으로 고통 받고 있다면 교사는 마땅히 자기의 지갑을 털어 주고 와야 합니다. 무엇이든지 그를 도울 수 있는 일이 있고, 그러한 섬김을 통해서 그 영혼이 도움을 받을 수 있다면 교사는 마땅히 그리하겠다는 각오를 가지고 가야 합니다.

함께 기도할 때

사랑이 담긴 짧은 권면이 끝나면 기도로 심방을 마무리하는 것이 좋습니다. 심방에서는 이때가 굉장히 중요합니다. 왜냐하면 그 시간에 성령이 역사하사 조금 전에 전한 교사의 가르침이나 경건한 권면이 영혼의 마음을 움직여서 무엇인가 결단하는 마음을 주기 때문입니다. 교사가 심방을 마친 후에 함께 하나님께 드리는 기도는 인격적이고 간절하고 구체적이어야 합니다.

그 곳이 조용한 가정의 거실이든지 가로등 아래 골목이든지 상관없이, 심방을 받는 영혼과 함께 하는 기도가 필요합니다. 주위 사람들에게 폐를 끼치거나 소란스럽지 않도록 주의하여야 함께 기도하는 지체의 마음이 닫히지 않을 것이니, 교사답게 사려 깊게 행동하여야 합니다. 그리고 일단 지체와 함께 기도를 시작하면 하나님과 사랑하는 지체의 아픔 이외에는 아무 것도 생각하지 않도록 하십시오.

거기가 어디든지 하나님만 바라보며 기도하십시오. 진심으로, 인격적인 언어로, 그 영혼의 곤고함과 아픔을 함께 느끼면서, 그를 위하여 섬기는 제사장의 마음으로 하나님의 용서와 은혜와 긍휼을 구하십시오.

기도받는 영혼의 마음을 보듬으면서 기도하되, 교사인 여러분의 기도를 받는 지체보다는 그를 바라보시는 하나님을 의식하며 기도하도록 하십시오. 만약 평소에 그를 위하여 간절한 기도로 하나님 앞에 나아갔다면, 그의 삶의 자리를 방문하고 그 영혼의 고통하는 신음 소리가 들리는 그 심방의 현장에서, 여러분은 비록 다른 사람을 위하여 기도하고 있지만 마치 자신의 아픔을 하나님께 호소하는 것처럼 기도할 수 있을 것입니다. 이때 마음속으로 쉬지 말고 성령의 도우심을 구하십시오.

교사로서 심방하는 모든 과정, 즉 첫 대면과 말씀으로 권면하는 일에서도 성령의 도우심이 필요하지만, 특별히 심방 대상자와 함께 기도하는 시간에는 단 한 순간이라도 성령께서 붙잡아 주시지 아니하면 안 될 것 같은 간절한 심정으로 끊임없이 하나님을 바라보아야 합니다.

기도를 통해 영혼에게 감동을 주기 위해서 기도하는 것은 아니지만, 곤고한 상태에서 아파하던 지체가 교사인 여러분이 자기를 위하여 기도해 줄 때 하나님과의 친밀함과 자기를 향한 목자의 사랑을 느끼게 된다면, 곧 여러분과 동일한 마음으로 하나님께 나아갈 수 있을 것입니다.

감동적인 마무리를 위하여

심방을 갈 때는 언제나 깨끗한 손수건이나 화장지를 준비하십시오. 기도를 마친 후 여러분의 뺨에 흐르는 눈물을 닦고 필요하면 심방을 받는 영혼을 위해서도 사용하십시오.

여기까지 오면 심방은 거의 끝난 것입니다. 권면을 통하여 진리를 전달했고, 기도를 통하여 은혜도 주어졌습니다. 이제는 그렇게 마음이 열린 영혼이 여러분의 권면을 따라서 주님과 올바른 관계를 가지고 생활할 수 있도록 계속해서 기도하는 일과 심방을 받은 지체가 그 마음을 유지하는 일이 남아 있습니다.

헤어질 때는 진심 어린 격려와 함께 짧은 희망의 메시지를 나누고 헤어지면 됩니다. 이때 여러분의 호주머니나 가방 안에 그 지체를 생각하며 미리 준비한 작은 선물이 있다면, 지체의 마음에는 심방을 통해 경험한 은혜로운 분위기에 대한 느낌이 오래 지속될 것입니다. 작은 책, 결석한 주일의 설교 테이프, 혹은 마음이 담긴 선물에 손수 적은 간단한 사연이 담긴 글을 곁들이면 더욱 좋을 것입니다.

잃은 양을 찾아서

예수님은 잃은 양을 향한 하나님 아버지의 사랑을 누가복음 15장에서 그림처럼 보여 주셨습니다.

"너희 중에 어느 사람이 양 일백 마리가 있는데 그 중에 하나를 잃으면 아흔아홉 마리를 들에 두고 그 잃은 것을 찾도록 찾아다니지 아니하느냐"
눅 15:4.

그 한 마리의 양은 왜 길을 잃어버렸을까요? 누구의 잘못 때문이었을까요? 양이 왜 목자의 음성을 싫어하고 다른 길로 갔을까요? 목자에게 필요한 것은 이런 질문이 아닙니다. 그가 아는 것은, 그 양을 잃어버렸고 지금은 자기의 도움을 절박하게 필요로 한다는 사실입니다. 그리고 자기가 아니면 그 양을 도와줄 사람이 없다는 것입니다.

우리가 가르침을 받는 영혼들에게 바라는 것은 그들이 언제나 말씀을 깨닫고 은혜 받고자 하는 갈망을 가지고 하나님 앞에 나아오는 것입니다. 그래서 우리가 가르쳐 주는 말씀의 꿀을 먹고 주님께 순종하며 착실하게 교회 생활을 하는 것입니다. 그러나 교사 자신들조차도 그렇지 못할 때가 많지 않습니까?

교회 울타리 안에 오순도순 모여서 순종하는 영혼들만이 우리의 양떼가 아닙니다. 불순종과 자기 아집으로 제 길로 간 길 잃고 눈먼 양들도 우리가 돌보아야 할 소중한 양들입니다. 그리고 그들 중에는 기도하며 기다려도 돌아오지 않는 양들이 많습니다. 목자인 여러분이 산 넘고 물을 건너 찾아가기 전에는…….

| 묵 | 상 | 질 | 문 |

1. 당신이 아이들을 심방한 이후, 그 아이들의 신앙 생활에 변화가 일어나는 것을 본 경험이 있습니까? 만일 아무리 심방을 해도 아이의 영혼에 어떤 변화도 보이지 않는다면 그 이유는 무엇일까요?
2. 저자는 본 장에서 심방의 구체적인 방법을 제시합니다. 그 방법을 심방 전, 심방 중, 심방 후로 나누어 정리해 봅시다.
3. 심방의 모습은 각 교회학교의 상황에 따라 달라질 수 있습니다. 당신이 속한 교회학교의 상황에 맞는 심방의 모범은 어떤 모습일까요? 동료 교사들과 함께 생각해 봅시다.

이 책을 꼭 읽으십시오

『데이비드 브레이너드 생애와 일기』

조나단 에드워즈 엮음
윤기항 옮김
서울: 크리스챤다이제스트
1984
258쪽

- 이 책은 18세기 아메리카 대륙에서 인디언들을 전도하기 위하여 선교 사역에 헌신하였던 데이비드 브레이너드의 생애에 대한 기록과 그의 방대한 일기 중 일부를 책으로 엮은 것이다. 숨을 거두기 직전까지 쓴 그의 일기는 일기라기보다는 한 사람의 순결한 영혼이 거룩한 하나님을 어떻게 찾아가는지를 보여 주는 영혼의 천로역정과 같다. 그러므로 당연히 그의 일기는 하나님을 전심으로 추구하는 사람들에게서 발견할 수 있는 처절함과 가난함, 하나님께 대한 전적인 신뢰와 불붙는 거룩한 사랑의 흔적들로 가득 차 있다.

- 그는 많은 대중을 모은 설교가나 선교사(史)에 획기적인 업적을 남긴 사람은 아니다. 그는 그저 십자가의 사랑에 저미는 가슴을 부여 안고 오지(奧地) 이곳저곳을 방문하며 인디언들의 영혼을 불쌍히 여기고 복음을 전하는 일에 생애를 바친 사람이다. 스물넷에 선교 사역에 헌신하여 건강도 돌보지 않고 힘에 넘치도록 고생한 그는 그 때문에 스물아홉 꽃다운 나이로 이 세상을 떠났다. 선교 사역의 성과가 부진할 때면 성도들의 소중한 헌금을 낭비하고 있다는 생각으로 괴로워하던 이 젊은 선교사의 겸손한 자기 고백은 풍요로운 생활 가운데서 별로 주님을 섬기는 것도 없으면서 입술의 고백만 거창한 우리를 부끄럽게 한다. 낙담하기를 잘하는 연약한 기질에도 불구하고 변함없이 주님을 섬기던 그의 기도의 기록은 우리로 하여금 부끄러움의 눈물 없이는 이 책을 읽을 수 없게 한다.

- 눈 덮인 언덕에서 인디언들의 영혼을 위하여 기도하고 나면 붉은 선혈이 눈밭 위에 가득할 정도로 기도했고, 한 번 설교하고는 주저앉아서 한 사발의 피를 쏟아야 했던 그는 오직 기도로 산 사람이었다. 건강이 여의치 않을 때는 말안장에 몸을 얹은 채 다른 마을로 복음을 전하러 가는 광경은 차마 우리 자신을 '영혼을 섬기는 자'라고 부를 수 없게 한다.

- 저자는 이 책을 모두 네 권 구입해서 네 번 이상 읽었는데, 매년 일독 이상씩 하도록 스스로에게 권하는 책이다. 로이드 존스는, 스스로 기도하는 사람이라고 생각하던 사람들도 이 책을 읽으면 겸손해질 수밖에 없다고 말하면서 다른 사람들에게 이 책을 권했다.

『피 묻은 복음에 빠져라』

김남준 지음
서울: 규장문화사, 1997
269쪽

- 예수님의 생애를 압축하면 십자가의 고난이고, 십자가의 고난의 의미는 예수님이 십자가에서 남긴 일곱 마디의 말씀(架上七言)으로 압축된다. 어떤 의미에서 이 일곱 마디 말씀은 예수님의 생애, 나아가서는 인류 구원의 역사 전체를 바라보는 렌즈이기도 하다.

- 저자는 이 책에서 가상칠언을 출입구로 삼아 십자가를 통해 계시되는 복음의 의미를 폭 넓게 전개하고 있다. 인간의 비참한 타락과 절망적인 상태, 진노 아래 놓인 인간의 위급성, 십자가를 통해 증거되는 내세의 약속, 영적 회복, 그리스도의 고난의 심각성과 이를 통해 나타나는 하나님의 형벌, 구원 약속의 성취로서의 십자가, 십자가를 통한 인간과 하나님의 회복 등 복음의 핵심 교리를 다루고 있다. 이 책의 특징은 이러한 복음 교리를 십자가에 대한 체험이 깃든 언어로 전개해 가고 있어서 교리를 배우면서 십자가에 대한 저자의 경험에 동참할 수 있다는 것이다.

- 불신자들뿐 아니라 십자가에 대한 경험이 부족하거나 없는 교사들, 또는 지체들에게 그리스도인들이 십자가를 전한다는 것이 무엇을 의미하며, 그에 대해서 어떻게 감격해야 하고, 어떤 식으로 살아가는 것이 십자가의 감화 아래 살아가는 것인지를 알게 해준다. 특히 영혼들에게 복음을 전하는 전도자들이나 교사들에게 반드시 일독을 권한다.

교사는 기독교 신앙에 대한 자기 느낌을 가르치기 위해서가 아니라
성경이 말하는 교리와 진리를 가르치기 위하여 부름 받았습니다.
그러므로 기독교의 진리 체계에 익숙해야 합니다.

| 제9장 |

교사가 가르칠 때 1
교리를 가르치라

"……우리가 믿는 도리의 소망을 움직이지 말고 굳게 잡아"(히 10:23).

Christian Teaching in Revival

그들이 누구든지

사람들은 다양한 동기를 가지고 교회에 들어옵니다. 우리에게 맡겨진 영혼들이 교회에 와서 가르침을 받을 때에 무슨 생각을 하는지 알면 여러분은 소스라치게 놀랄 것입니다.

정말 우리가 하나님의 말씀을 가르칠 때 영혼들은 진심으로 천국의 진리를 듣고 싶어 할까요? 이런 질문을 받고 있는 교사인 독자 여러분은 이전에 그런 마음으로, 여러분을 가르치던 교사의 가르침이나 목회자의 설교 앞에서 보았습니까?

그러나 그들이 어떤 마음가짐으로 우리 앞에 있든지 그것은 그들의 몫이고, 우리는 그들에게 하나님의 말씀을 가르치도록 부름을 받았습니다. 신령한 교사는 오직 하나님의 말씀이 이해되는 곳에만 하나님의 은혜가 역사한다는 지극히 성경적이고 평범한 진술에 동의합니다.

제가 성경을 읽으면서 발견한 가장 놀라운 모습은 하나님을 멀리 떠났던 이스라엘 백성들이 마음을 다하여 하나님의 말씀에 귀를 기울이기 위하여 모이는 장면입니다. 거기에는 병든 자가 일어나고 죽은 자가 살아나는 기적이 일어나지 않아도, 잠시 후 그보다 더 장엄하고 놀라운 일이 일어날 듯한 예감이 깃들어 있습니다. 왜냐하면 거기에는 말씀하시는 하나님이 계시고, 경외심으로 가득 찬 마음으로 그 말씀에 귀기울이는 성도들이 있기 때문입니다.

성경 공부 운동과 교리

많은 사람들은 한국 교회가 성장하게 된 원인의 하나로 성경 공부 붐을 꼽습니다. 그렇습니다. 확실히 1970년대 이후로 생겨난 성경 공부 운동은 부흥회 일변도의 조국 교회에 새바람을 불어넣은 중요한 운동이었습니다. 하나님의 말씀은 어디서든지 하나님의 말씀이기 때문에 그러한 성경 공부 모임을 통하여 많은 역사가 일어났으며, 우리는 그러한 일들을 통해서 오늘날 교회의 모습을 일구어 냈습니다.

하지만 제 생각에는 그것이 오늘날의 교회에서 복음을 낯설게 만든 중요한 이유 중 하나가 되기도 했다고 여겨집니다. 물론 신앙의 지적인 기반이 워낙 허약했던 조국 교회 교인들에게 지난 20여 년 동안의 성경 공부 운동은 많은 유익을 주었습니다. 회고해 볼 때 조국 교회에 그나마 성경 공부 운동이라도 없었다면, 지금쯤 조국 교회는 지성인들에게 더욱 외면당했을 것입니다.

그러나 이런 성경 공부 운동은 성경 학습과 관련하여 우리로 하여금 또 하나의 치우친 견해를 갖게 하였습니다. 그것은 크게 두 가지인데, 첫째는 성경의 진리가 순수한 학습을 통하여 전수될 수 있다는 잘못된 생각이고, 둘째는 교리에 대한 반감입니다.

지금도 상당히 많은 사람이 교리를 신앙적인 아집과 독선의 도구로 이해하며, 교리를 가르치는 것은 은혜를 버리고 이지 理智에 치우친 교인을 만들 위험이 있다고 생각하고 있습니다.

뿐만 아니라 교리를 붙드는 사람들은 옹졸하고 편파적이며, 성경 자체를 배우는 사람들은 매우 폭 넓고 건강한 복음주의자들이라는 견해가 설득력을 갖게 되었습니다. 그래서 성경을 교리의 틀로 보는 것은 매우 위험하며, 성경은 그 자체를 가지고 공부할 때 가장 잘 이해할 수 있다는 사상이 널리 퍼지게 되었습니다. 이 견해에도 일리가 있습니다만, 오류가 훨씬 더 많은 것이 사실입니다. 왜냐하면 교리를 이해하지 않고 성경을 공부한다는 것은, 교리 대신 개인의 주관적인 틀로 성경을 보는 것을 의미하기 때문입니다.

교리란 무엇인가?

교리 교육의 중요성을 말하기 전에, 먼저 교리가 무엇인지 생각해야 할 것 같습니다. 여러분의 이해를 돕기 위해서 비유를 하나 들어 보겠습니다.

야외에 소풍을 갈 때는 김밥 도시락을 즐겨 먹지요? 여러분이 함께 소풍 온 친구들과 어울려서 점심을 먹기 위해서 도시락을 열었습니다. 어떤 친구는 샌드위치를 싸 왔고, 어떤 친구는 햄버거와 통닭을 싸 왔습니다. 어떤 친구는 하얀 쌀밥에 맛있는 반찬을 여러 가지 곁들인 도시락을 준비해 왔습니다. 그런데 그 중 한 친구의 도시락을 열어 보니 자르지 않은 김밥이 통째로 대여섯 줄 들어 있었습니다.

검은 색의 기다란 김밥을 처음 본 친구가 있었습니다. 동양을 처음 방문한 서양 친구였습니다. 그는 그런 음식을 본 적도 먹은 적도 없었기에, 도시락 주인에게 "친구야, 그 속에는 뭐가 들었니?"라고 물었습니다. 질문을 받은 친구는 곧장 답변할 수가 없었습니다. 자주 먹는 김밥 속에 어떤 재료들이 들어가는지는 대충 알았지만, 오늘 아침에 어머니가 이 속에 어떤 재료를 넣고 말아 주셨는지는 확인하지 못했기 때문입니다.

김밥에는 주로 쇠고기가 들어가지만, 고기를 양념해서 볶는 것이 너무 번거로워서 오늘은 쇠고기를 빼고 싸셨을 수도 있고, 기름진 햄 대신 어묵을 넣고 말아 주셨을 수도 있습니다. 그래서 이 친구는 그 서양 친구에게 직접 김밥에 무엇이 들어 있는지를 보여 주기로 했습니다.

그는 김밥을 한 줄 꺼내 도시락 뚜껑 위에 '1자' 모양으로 놓고는 가로로 잘라 단면을 보여 주었습니다. 그러자 외국인 친구를 비롯해서 거기 모인 모든 사람들은 김밥 속에 무슨 재료가 들었는지 한눈에 알게 되었습니다.

김밥의 가장 바깥쪽은 얇은 김이 둘러싸고 있고, 그 안에는 하얀 밥이, 다시 그 안으로는 시계 방향으로 햄, 시금치, 홍당무, 게맛살, 우엉, 양념된 유부 등이 들어 있고, 한가운데에는 잘 볶은 쇠고기가 있었습니다.

김밥의 내용물을 확인한 외국인 친구는 자기가 이해한 김밥을 이렇게 말했습니다. "김밥이란 쇠고기를 중심으로 그 주위에 햄, 시금치, 게맛살, 우엉, 유부 등을 넣고 그 주위를 쌀밥으로 가득 채운 뒤, 겉에는 김을 만 맛있는 음식이다." 옆에서 듣고 있던 다른 친구들은 김밥을 처음 시식하는 서양 친구의 깔끔하고 정확한 정의를 듣고 박수를 쳐 주었습니다.

여기서 김밥을 성경이라고 한다면, 외국인 친구의 발언은 성경에 대한 '교리적인 진술' 쯤으로 비유할 수 있습니다. 교리란 이처럼 기독교 신앙에 대한 성경의 진리를 통일적으로 진술한 것입니다.

성경을 공부하는 두 가지 방법

성경으로 기독교의 진리를 공부하는 방법은 크게 두 가지가 있습니다. 첫째는 성경 자체를 창세기부터 요한계시록까지 책별로 공부하는 방법이고(이 경우 꼭, 책의 순서를 따르지 않는 성경 공부도 마찬가지입니다. 예를 들면 신약성경부터, 혹은 요한복음부터 공부하는 경우나, 구약의 어느 책을 골라서 공부하는 경우도 포함됩니다), 또 하나는 성경 각 책이 아니라 기독교 진리 체계에 대한 전체적인 내용을 공부하는 방법입니다. 전자를 책별 성경 공부라고 한다면, 후자는 주제별 성경 공부에 해당합니다. 교리 공부가 바로 주제별 성경 공부에 속합니다.

일반적으로 교리란 기독교 신앙에 대한 성경의 통일적인 가르침을 뜻하는데, 이것은 크게 두 가지 영역을 다룹니다. 하나는 죄인이 구원을 얻는 도리이며, 또 하나는 구원받은 신자는 어떻게 살아야 하는지를 가르쳐 주는 지침입니다.

이 '교리'를 가리켜 우리는 '요리'要理라고 부르기도 합니다. 그래서 세례받을 사람들을 학습시키는 교리 문답서를 '요리 문답서'라고도 부릅니다. 이 문답서는 인간이 구원받기 위하여 필요한 기본적이고 핵심적인 내용들과 함께, 그리스도인으로서의 삶의 최소한의 지침을 요약하여 질문과 대답 형태로 만든 책입니다. 그리고 이런 책을 사용하여 교리를 가르치는 것을 교리 교육이라고 부릅니다.

성경 각 책을 공부하는 것이 각기 다른 시대의 여러 사람들이 경험한 사건이나 고백을 통하여 다양하게 역사하신 하나님의 성품과 그분의 행하신 일을 풍부하게 깨닫게 해준다면, 교리 공부는 성경 전체가 통일적으로 말하는 기독교의 진리 체계를 깨닫게 해줍니다.

성경 여기저기서 배운 지식을 흩어진 책에 비유한다면, 교리를 아는 지식은 책꽂이와 같아서, 그런 여러 지식을 제자리에 정돈해 주는 역할을 합니다. 물론 교리는 다양하게 습득한 성경 지식의 체계를 잡아 줄 뿐 아니라, 교리 자체가 이미 성경의 진리로 이루어졌기에 교리가 가진 성경의 진리로 인하여 영적인 은혜와 능력을 공급받을 수 있습니다.

오늘날 교회에서 성경 읽기를 아무리 강조하여도 영혼들이 잘 실천하지 않는 이유는 성경이 재미가 없기 때문입니다. 스포츠 신문이나 잡지, 소설 등은 몇 시간씩 읽어도 지루하지 않은데 성경은 한두 장만 읽어도 곧 지루하게 느껴지는 것은 교리에 대한 이해가 부족하기 때문이기도 합니다.

성경이 전체적으로 어떤 진리에 대하여 말하려고 하는지에 대한 통일적인 이해가 거의 없기 때문에 성경을 읽어도 그 본문이 성경 전체의 진리 중 어떤 부분에 대한 교훈을 주는지 잘 모릅니다. 이러한 문제는 설교를 들을 때도 나타납니다. 교리에 대한 이해가 부족하기에 교리를 가르치는 논리적인 설교를 들으면 무조건 딱딱하게만 느껴지고, 은혜로운 설교를 들으면 들을 때는 감동을 받는데 그것이 체계적으로 쌓이는 지식이 되지 못합니다.

교리를 가르치라

종교개혁 시대 이후로 신자들에게 기독교 신앙의 핵심과 신자로서의 삶의 윤리적인 지침이 무엇인지를 교육하는 데 가장 중요한 주제로 등장한 것이 바로 사도신경과 십계명과 주기도문이었습니다. 사도신경은 그리스도인이 무엇을 믿어야 하는지를 가르쳐 주는 교리였고, 십계명은 어떻게 살아야 하는지를 알려 주는 교리였으며, 주기도문은 어떻게 기도해야 하는지를 일러 주는 교리였습니다.

그 당시 종교지도자들은 신자들에게 기독교 신앙이 무엇인지를 교육하는 데 이 세 가지를 중심으로 가르치는 교리 교육이 가장 중요하다고 생각했습니다. 이 세 가지를 가르침으로써 그들은 신자가 무엇을 믿어야 하며, 어떻게 살아야 하며, 무엇을 기도해야 하는지를 전수해 주었습니다. 이것들은 모두 기독교의 교리와 신자의 본분을 다룹니다. 다시 말하면, 이 세 가지는 기독교인의 신앙과 삶의 초석이라 할 수 있습니다.

역사적으로 기독교회는, 신앙 생활을 시작하는 초기에 철저하게 교리를 가르치지 않으면, 이후 그들의 신앙은 신뢰할 수 없는 종교적인 경험에 그치기 쉽다는 사실을 간파하는 지혜를 배웠습니다. 그래서 세례를 주기 위해서는 엄격한 요건을 요구하고, 그 사람들에게 교리를 가르치는 일에 열심을 내었습니다. 부모가 자녀에게 가르치는 신앙 교육의 중심 역시 교리를 가르치는 것이었습니다.

그러면 그 시대에는 그렇게 잘 가르쳐지던 이런 교육 내용이 오늘날에는 왜 이토록 진부해져 버렸을까요? 만약 오늘날 새로 예수님을 믿기로 작정한 사람들에게 이 세 가지를 3년에 걸쳐서 새 신자 교육으로 이수해야 한다고 주장하면, 새 신자가 어떤 반응을 보이기도 전에 교회의 다른 기존 신자들이 펄쩍 뛸 것입니다. 그처럼 무식할 정도로 구태의연한 커리큘럼을 가지고 이 시대를 따라잡을 수 있겠느냐고 말입니다. 사실, 방식이 구태의

연한 것이 아니라 기독교의 진리를 그처럼 인내심 있게 들어 줄 사람이 많지 않은 것이 문제이지만 말입니다.

조국 교회의 교육 문제는 그 원인이 무엇일까요? 말씀과 하나님에 대한 인식에서 걸출하던 이전 시대 사람들이 크게 효과를 보았던 교육 내용 및 방식이 오늘날에는 쓸모 없는 것처럼 여겨지는 이유는 무엇입니까? 저는 그 이유를 오늘날 사람들이 너무 많이 변했고, 시대가 다르기 때문이라는 통속적인 주장보다는 오히려 다른 데서 찾게 됩니다. 그것은 바로 교리에 대한 체험의 부재입니다.

교리에 대한 분명한 영적 경험은 우리에게 그리스도인으로서의 철저한 삶에 대한 지식을 갖고 싶어 하는 열망을 줍니다. 세뇌된 교리주의자가 아니라 교리를 통하여 하나님을 경험하여야만 신앙의 거대한 체계를 갖추게 되고, 그 구도를 통하여 인간과 교회와 세상을 보는 시야를 갖추게 됩니다. 무엇보다도, 통일된 관점에서 성경을 볼 수 있는 시야가 생깁니다.

그런 점에서 영적인 깊이가 박약한 어린 교사들에게 2세들의 교육을 책임지게 하는 오늘날의 교회 현실은 다음 세대의 신앙 교육에 대한 전망을 어둡게 합니다.

개혁의 방향

경박하기 그지없는 철부지 같은 교사들에게 성경을 가르치게 하는 것은 마치 농약에 오염된 풀을 아무렇게나 양떼들에게 먹이는 것과 같습니다. 그나마 가난한 마음으로 영혼을 사랑하고 조금이라도 바르게 가르침을 받으면서 교사의 직무를 수행하려는 착한 교사들에게는 다소나마 희망이 있는데, 성경에 무지할 뿐 아니라 아집과 독선과 교만에 사로잡혀서 도무지 참된 신앙을 찾으려는 의지조차 없는 교사들은, 이들을 바르게 교육하기에 무기력한 교회와 손잡고 교회학교를 피폐하게 만들고 있습니다. 정말 심각한 위기 상황입니다.

이대로 가다가는 머지않은 장래에 교회는 돼지우리같이 텅 비고, 그나마 교회 안에 남은 교인들도 짐승처럼 살아가게 될지도 모릅니다. 이런 상황에서 영혼들을 맡은 우리 교사들의 사명은 얼마나 막중합니까?

더욱이 신앙의 기초가 튼튼하지 않은 사람들에게 이 직분을 맡길 때는 교회 교육 현장의 어려움이 더욱 심화됩니다. 우선 교사들은 자신의 가장 중요한 임무가 영혼들에게 믿음의 도리를 가르치는 일임을 잊지 않아야 합니다. 교사는 믿음의 도리를 통해서 삶의 도리를 가르쳐야 합니다. 무엇을 믿어야 할지도 모르는 사람들이 어떻게 살아야 할지에 대해서 고민하고 있다면, 성경의 시각에서 볼 때 그것은 코미디입니다.

오늘날 조국 교회에서 선명한 복음 진리가 아닌 잡다한 인간의 사상이 교육 내용의 주류를 이루는 것도 바로 교리를 가르칠 줄 모르는 교사들 때문입니다. 교사들이 이렇게 교리 가르치는 일을 등한시하기 때문에 아무리 오래 믿어도 신앙의 견고함이 없고 값싼 종교의 체험을 따라 이리저리 흔들리는, 감상적이고 나약한 그리스도인들이 양산되고 있는 것입니다.

이러한 난관을 타개하기 위해서 우리는 크게 두 가지 정도의 방향에서 이 문제를 다루어야 한다고 봅니다. 첫째는 교회가 처음 믿는 사람들에게 신앙 생활의 초기부터 철저하게 교리를 가르치고자 하는 의지를 가져야 합니다. 둘째는 이러한 교리를 가르칠 때 그 방식이 단지 지적인 학습으로만 이루어지지 않고, 성령의 역사로 말미암는 하나님의 인격 체험을 동반한 가운데 이루어져야 합니다.

열린교회의 경험

이러한 구조적인 모순을 타개하기 위해서는 교회의 의지가 중요합니다. 교사가 교리 지식의 중요성을 알고 열심히 배우려 해도 교회의 도움이 없다면 좋은 성과를 기대하기 어렵기 때문입니다. 우선 교회는 교리 교육을 철저하게 받지 않은 사람들을 쉽게 교사로 임명해서는 안 됩니다.

여기서 저희 교회의 경험을 소개하는 것이 여러분에게 다소 도움이 되리라 생각하여, 제가 경험한 몇 가지 교회 교육을 대안으로 소개합니다.

우선 세례 교육을 강화하는 것입니다. 거듭남의 표징이 분명하다 하더라도 철저히 교리 교육을 받는 것이 중요합니다. 약 한 달 동안 매주 한두 차례 정도 모여서 교리 문답집을 중심으로 은혜로운 교육을 실시하고, 세례를 위하여 문답을 받아야 하는 때에는 교리 문답집의 내용 전체를 철저하게 이해하고 완벽하게 외우지 아니하면 세례를 주지 않습니다.

제가 목회하는 열린교회는 이 점에서 좀처럼 예외를 두지 않고 있습니다. 매우 연세가 많은 분이나 심각한 질병으로 임종을 가까이 둔 교인, 혹은 글을 제대로 읽을 줄 모르는 무학자들은 좀 더 충분한 시간을 가지고 교육시켜서 다른 방법으로, 교리의 내용을 인지하는지를 확인한 후에 세례를 주고, 나머지 사람들은 모두 교리 문답집의 내용을 완벽하게 외우기 전에는 합격을 시키지 않습니다.

열린교회는 개척 초기부터 이렇게 해 왔는데, 유아 세례를 받기 위해 부모가 받는 문답에서 떨어진 사람 가운데는 당시 우리 교회에서 봉사하던 전도사님의 부인도 포함되어 있었습니다. 떨어지는 사람들이 있다는 사실에 자부심을 느끼는 학습자들이 있었다는 것은, 그들이 한편으로는 제대로 가르치는 교회에서 신앙 생활을 하고 싶어 한다는 사실을 보여 주는 것입니다.

우리는 거기서 한 걸음 더 나아가 학습과 세례뿐만 아니라, 교사나 구역장 등 가르치는 직분을 맡아야 하는 경우에도 4-5개월 정도 실시되는 교리반을 거치게 합니다. 또한 교리반에서는 정해진 교과 내용에 대하여 시험을 치른 후 일정 점수를 획득하지 못하면 수료를 인정하지 않고 있습니다. 그리고 교리 문답을 배우거나 교리반을 이수하는 동안에는, 교과목과 관련된 시리즈 설교 테이프나 책들을 지속적으로 읽고 독후감을 제출하며 서로 토론하는 시간을 갖는데, 이 시간을 통해서 사상적인 정리가 이루어집니다.

열린교회의 교리 교육에 대한 강조는 여기서 그치지 않습니다. 본 교회에서 결혼하고자 하는 교인들에게도 그들이 비록 이미 세례를 받은 사람들이지만, 다시 교리 문답에 합격하여야 목사가 주례를 맡아 주고 본교회당 건물에서 결혼식을 할 수 있도록 허락해 줍니다. 집사로 새로 임명될 때에도 말할 필요 없이 이러한 절차가 반복됩니다. 또한 열린교회는 가정 예배에서도 어린아이들에게 교리를 가르치도록 권합니다. 왜냐하면 "어머니의 무릎이 가장 좋은 교리 학교다."라는 교회사의 교훈을 신뢰하기 때문입니다.

청교도 가정의 교리 교육

교리 교육에 대한 강조는 청교도들에게 특히 두드러지게 나타납니다. 그들은 가정 예배와는 별도로 자녀들에게 교리를 가르치는 일을 중요시하였는데, 이러한 교리 교육에서 어머니의 역할이 매우 컸습니다. 실제로 키더민스터의 리처드 백스터 Richard Baxter 의 경우 『어머니의 교리 문답』 Mother's Catechism 이라는 문집을 만들어서 활용하였는데, 작은 글씨로 약 100쪽 정도나 되는 많은 분량의 내용이었습니다.

리처드 백스터는 자기의 설교를 십수 년이나 들은 사람들이, 하나님이 삼위일체의 하나님이라는 사실과 각 위가 인격을 가지신 하나님 자신이라는 사실조차 모르고 있는 무식한 처지를 개탄하며 교인들에게 교리 가르치기를 힘썼습니다.

어른들은 교회를 통하여 교리를 배워야 했고, 자녀들은 부모와 교회를 통하여 학습하여야 했습니다. '어머니의 교리 문답'이라는 제목 아래 이러한 해설적인 성격을 띤 부제가 붙어 있습니다. '하나님과 그들 자신과 성경에 관한 지식에 있어서 자녀들을 교리로 가르치는 친근한 방법.'

Mother's Catechism : A Familiar Way of Catechising of Children in the Knowledge of God, Themselves, and the Holy Scriptures

이 교리 학습서는 엄마와 어린아이가 문답식으로 주고받는 이야기체로 되어 있는데 창조와 성경 역사, 예수 그리스도의 생애와 사역 등을 망라하는 방대한 내용으로 이루어져 있습니다. 그 중 한 예를 들어 보면 다음과 같습니다.

> 엄마 : 얘야, 이리 오너라. 이제부터 교리 문답을 배워야지?
> 아이 : 엄마! 교리 문답이 뭐예요?
> 엄마 : 이것은 이 세상의 어떤 것보다도 네가 꼭 알아야 하는 것들이란다.
> 아이 : 왜 그걸 꼭 알아야 해요?
> 엄마 : 왜냐하면 하나님께서 그것을 너에게 알라고 하셨고, 또 그 지식 없이는 네가 좋은 사람이 될 수 없고 하나님께 대하여 복된 사람이 될 수도 없기 때문이란다.
> 아이 : 다른 아이들은 그런 것 배우지 않고도 잘 지내는데요?
> 엄마 : 하나님께서 가르치시는 것을 배우지 않는 사람들은 모두 하찮은 사람들이고 야비한 사람들이며 짐승만도 못한 인간들이란다.

금수만도 못한 인간

우리는 흔히 인간이라면 마땅히 지켜야 할 도리를 모르는 사람들을 가리켜 '금수禽獸와 같은 인간'이라는 표현을 씁니다. 불완전한 인간들 사이에서도 그가 무엇을 행하며 살아가야 할지를 모르면 짐승 취급을 받습니다. 하물며 완전하고 거룩하신 하나님 앞에서 그분이 누구신지도 잘 모르고, 무엇을 믿어야 하며 어떻게 살아가고 무엇을 기도해야 하는지도 잘 모르는 채 살아간다면, 그가 어떻게 하나님의 자녀라고 말할 수 있겠습니까?

그가 비록 구원받은 사람이라 할지라도 그렇게 살아간다면, 그는 친자식이지만 정신병동에 수감되어 있거나 부랑아로 거리를 헤매기에, 부모가 다시 찾기를 포기한 자식과 같다고 할 수 있습니다.

오늘날처럼 가정에서 신앙 교육이 약화된 때에는 교리 교육에서 교사들이 차지하는 비중을 더욱 강조하지 않을 수 없습니다. 교사들이 자기가 맡은 영혼들에게 교리를 가르쳐야 하는 사명감을 바로 인식하고 실천하지 않는다면, 자칫하면 그들은 오래 배웠어도 성경에 관하여 무엇을 배웠는지도 잘 모르는 채 추억만 간직하게 될 것입니다. 그러므로 교사인 여러분은 스스로 기독교의 진리에 대하여 얼마나 알고 있는지를 살피며 배우기를 힘써야 합니다.

교사는 기독교 신앙에 대한 자신의 느낌을 가르치기 위해서가 아니라 성경이 말하는 교리와 진리들을 가르치기 위하여 부름 받은 사람입니다. 그러므로 그는 기독교의 진리 체계에 익숙하지 않으면 안 됩니다.

유감스러웠던 성경 퀴즈 대회

그리스도인들로 하여금 체계적인 신앙을 갖게 하기 위해서도 교리 교육이 시급하다는 점은 명백합니다. 엄밀한 의미에서 기독교 교육은 성경의 장절을 외우게 하는 것이 아니라, 인간과 교회와 세계를 볼 수 있는 관점을 심어 주는 것입니다. 그래서 그 관점에서 인생관과 세계관을 형성하도록 만들어 주는 것입니다. 우리가 가르치는 성경 공부도 사실은 이러한 목적에 기여하여야 합니다.

제가 교회학교 학생들을 가르치던 전도사 시절에 학생들을 데리고 노회 성경 퀴즈 대회에 참석한 적이 있습니다. 여러 교회에서 많은 학생들이 참가하였고, 그 중에서 몇 명을 뽑아 상을 주는 성경 퀴즈 대회였습니다.

시험 시간에 문제지를 받아 들고 저는 아연실색했습니다. 성경의 흐름과는 아무 상관도 없는 아주 지엽적인 내용들, 이를테면 외우기 어려운 숫자나 날짜, 혹은 지명을 묻는 문제들이 대부분이었습니다. 그 중에는 신학교에 다니는 저도 잘 모르는 문제들도 실려 있었습니다.

다니엘과 그의 친구들이 채식을 하고 물만 먹으며 생활한 것이 며칠 동안인지를 아는 것이 그렇게 중요합니까? 요셉이 채색 옷을 입고 형들의 시기를 사던 때의 나이가 17세였다는 것을 아는 지식이 창세기를 이해하는 데 얼마나 결정적일까요? 독자 여러분은 선지자 에스겔이 그발 강가에서 소명을 받은 정확한 날짜를 알고 있습니까?

저의 견해로는 이런 성경 퀴즈 대회를 준비하기 위하여 대학 입시반처럼 성경 공부를 시키는 것을 영혼을 죽이는 행위나 마찬가지입니다. 그렇게 해서 만점을 받고 상을 받은 학생들은 자기가 성경을 거의 다 안다고 생각할 것입니다. 그런 식의 교육에 익숙해져 있던 사람들이 바로 예수님 시대의 바리새인과 서기관들이었습니다. 그런 교육을 통해서 예수님의 사고 방식을 배울 수 있을까요? 주님의 마음으로 자신과 교회와 세상을 바라보는 시야를 가질 수 있겠습니까?

성경 지식으로 사상이 되게 하라

우리로 하여금 견고한 신앙 생활을 이어가게 만드는 요소가 여러 가지이지만, 그 중에 빼놓을 수 없는 것이 바로 체계적인 신앙 지식을 갖는 것입니다. 기독교 교육은 마치 집을 짓는 것과 같습니다. 한 채의 집을 짓는 데는 콘크리트와 모래, 벽돌뿐 아니라 각종 인테리어 자재까지 필요합니다. 그런데 이 모든 것을 집터에다 한꺼번에 쏟아 붓는다고 해서 집이 되지는 않습니다. 교리 교육 없이 성경 공부만으로 좋은 그리스도인을 만들려고 하는 것은 마치 그와 같이 어리석은 일입니다.

우리가 하나님의 말씀에 은혜를 받고 나면 사리를 판단하는 지각이 생겨 납니다. 그래서 아무리 그리스도인들이 모여서 하는 일이라도 잘못된 일을 보면 '저건 아니다.'라는 마음이 들게 됩니다. 그런 때에, 체계적인 교육을 받아 그 마음속에 기독교 사상의 집을 지은 사람이라야 그것이 왜 잘못되었는지에 대해 입체적인 조망을 가질 수 있습니다.

빈 집터에 건축 자재를 한꺼번에 쏟듯이 지식을 쌓은 사람들은, 어떤 느낌을 가질 수는 있겠지만, 체계적인 분석은 불가능할 것입니다. 신앙 생활은 지식으로 하는 것이지 감感으로 하는 것이 아닙니다. 그들의 삶이 불안한 것도 바로 이 때문입니다.

교사인 우리에게 맡겨 주신 영혼들의 마음에 진리로 집을 지어 주지 않으면, 이 세상의 쓸데없는 지식이나 기독교에 대한 잘못된 지식으로 이상한 집을 그들 스스로 건축하게 되고, 그로 인해 자신과 교회와 세계를 잘못된 방식으로 바라보게 됩니다.

물론 그가 아무리 어린아이라고 할지라도, 교회에 와서 우리의 가르침을 받기까지는 순진무구한 마음 상태 그대로 있는 영혼은 없을 것입니다. 그럼에도 불구하고, 그들이 처음 기독교의 복음을 듣기 시작할 때부터 바른 교리를 배우고 하나님에 대한 잘못된 선입견과 그릇된 지식을 제해 버릴 수 있다면 얼마나 신앙이 바르게 잘 심기겠습니까?

종종, 신앙이 잘못 심어진 사람의 영적인 상태가 신앙이 별로 없는 사람보다 훨씬 절망적인 경우가 있습니다. 잡다하고 잘못된 지식으로 머리가 가득 찬 사람은, 올바른 신앙 지식이 거의 없지만 새롭게 배우려는 사람보다 변화받기가 더 힘들다는 말입니다. 그래서 제가 가르친 경험에 의하면 이런 공식이 성립합니다. "돌머리가 꿀꿀이 죽통보다 낫다."[7]

종교개혁자 마틴 루터 Martin Luther는 1529년 신앙 교육서로 사용되도록 고안된 두 개의 교리 문답집을 작성하였습니다. 이는 그가 종교개혁 직후 자신의 개혁 신앙에 동조한 지방 교회들을 돌아보면서 그 곳의 신앙 교육 실태에 크게 자극을 받았기 때문입니다. 그는 이때 소위 개혁 신앙을 지지하는 교회라고 하는 곳에 가득한 교리의 무지를 본 후에 느낀 참담한 마음을, 자신이 작성한 『소요리 문답집』Martin Luther's Small Catechism 서문에서 다음과 같이 피력하는데, 마치 450년 후인 오늘날 우리 조국 교회를 바라보면서 하는 말 같아서 아픈 마음을 금할 수 없습니다. 그는 말합니다.

"나 마틴 루터는 모든 신실하고 경건한 목회자들과 설교자들에게 우리 주 예수 그리스도 안에서 은혜와 자비와 평화가 함께 하기를 기원한다. 이 작고 간결한 교리 문답집을 만들게 된 이유는 내가 최근에 교회를 돌아보는 가운데 비통하고 처참한 상태에 놓여 있는 교회 신앙 교육의 실태를 목격했기 때문이다. '사랑의 하나님! 이 비참한 실정을 도우소서!' 나는 무지한 사람들이 기독교 신앙의 가르침에 대하여 아무 것도 모르는 것과 더욱이 지방에서는 유감스럽게 많은 목회자들이 가르치는 일에 숙달되어 있지도 않으며 나태한 상태에 있는 것을 보았다.

그럼에도 불구하고 그 교인들을 모두 그리스도인으로 불러야 하며 세례를 주고 성만찬에 참여하도록 하여야 하는가? 그들은 주기도문과 사도신경 그리고 십계명을 알지도 못한 채, 마치 사랑스러운 가축처럼, 아무 것도 모르는 젖먹이 돼지 새끼들처럼 복음이 어디서 왔는지도 알지 못하고 살아가고 있었다. 그럼에도 불구하고 소위 복음 안에서의 자유라고 하는 것을

---

7) 이런 표현을 쓰는 것에 대하여 독자들의 용서를 구합니다. 조국 교회를 비하하거나 지체들의 신앙을 비아냥거리는 것이 제 의도는 아닙니다. 진리를 배우고 싶어 하는 대다수의 많은 그리스도인들은 저의 이런 독설적인 비유와 아무 상관이 없습니다. 이 말은 단지 하나님 앞에 무릎을 꿇은 경외의 정신으로 배운 신앙의 지식이 아닌 지푸라기와 같은 것들을 금이나 은같이 여기고 있어서 그리스도를 보지 못하는 이들에 대한 안타까움과, 더 이상 자신의 아집을 성경에 비추어 고치려고 하지 않는, 스스로 선생 되기를 좋아하는 일부 교만한 그리스도인들에 대한 분노의 표현일 뿐입니다.

사용함에 있어서는 전문가들과 같았다.

오! 너희 감독들이여, 너희가 백성을 그렇게 무지하도록 내버려 둔 것과 너희의 직무를 감당하지 못한 것을 우리 주님 앞에 무엇으로 변명하려고 하는가? 너희들에게 하나님의 벌이 임하지 않기를 빈다……오, 너희들의 목에 영원토록 화가 있으리로다……여러분들은 여러분의 직무를 마음으로 받아들이기를 원하며, 여러분에게 맡겨진 백성들을 자비롭게 돌보고 그 사람들, 특별히 청소년들에게 이 기독교 교리 문답집을 가르칠 수 있기를 바란다."[8]

교리를 경험하라

또한 우리가 생각하여야 할 것은 교리를 가르치는 데 있어 체험적인 교육의 중요성입니다. 신앙 생활에서 성경의 진리에 대한 체험은 영적인 경험의 영역이므로, 이것은 인간 스스로 체험한다기보다는 진리를 통하여 역사하시는 성령님의 은혜로써만 가능해집니다.

오늘날 교회 교육이 처한 문제 중 하나는, 교리와 성경의 진리들이 성령의 역사로 체험될 때 비로소 그 사람의 삶을 움직일 수 있다는 사실을 간과하고 있다는 것입니다. 체험하지 못한 진리는 우리 삶에 거의 영향을 주지 못합니다. 나치 독일의 독재자 아돌프 히틀러 Adolf Hitler가 종종 성경을 읽고 명상에 잠겼다는 이야기는 이러한 사실을 여실히 보여 주지 않습니까?

교리를 강조해서 가르칠 때 피교육자 사이에 나타나는 반응에 따라 대체로 세 부류로 나누어 볼 수 있습니다. 첫째는 교리를 배우는 학습 분위기에 강한 반발을 느끼는 사람들입니다. 둘째는 교리의 가르침에 의하여 단순히 세뇌당하는 사람들입니다. 마지막으로, 셋째는 교리 속에서 하나님을 만나

---

[8] 마틴 루터, 『마틴 루터의 소요리 문답집』 서문을 참고할 것.

는 통로를 발견하는 사람들입니다.

첫째 부류의 사람들은 교리를 배울 때 교리가 진술하는 진리를 체험하지 못했을 뿐만 아니라 지식으로서의 교리 내용조차 심겨지지 않은 사람들이고, 둘째 부류의 사람들은 체험은 없이 교리의 내용만 주입된 사람들이며, 셋째는 교리의 지식을 전수받았을 뿐만 아니라 교리의 내용을 영적으로 체험한 사람들입니다.

영적 거장들의 경험을 살펴보면 그들이 교리를 깨달을 때 결정적인 회심이 일어난 사실을 기억할 필요가 있습니다. 영국의 설교자 존 웨슬리John Wesley가 올더스게이트가에서 마틴 루터의 로마서 주석 서문에 나오는 '믿음으로 의롭다 함을 얻는 교리'를 깨달았을 때, 회심과 함께 놀라운 성령 체험을 한 것은 유명한 일화입니다.

따라서 교사들은 영혼들에게 교리를 가르치되, 자신의 가르침이 서기관이나 바리새인들의 것이 아니라 예수님이 가르치시던 것처럼 권세 있고 체험적인 가르침이 되도록 힘써야 합니다. 그리고 교사 자신이 먼저 교리를 깊이 사랑하고 그 교리 안에서 하나님을 만나는 영적인 은혜를 간직하여야 합니다.

무엇보다도 이를 위하여 하나님의 도우심을 열렬히 구하여야 합니다. 왜냐하면 우리는 단지 교리를 가르치는 도구일 뿐이고, 우리가 가르치는 교리의 내용을 영혼들이 체험하도록 만들어 주시는 분은 오직 성령 하나님이시기 때문입니다.

피 묻은 교리를 가르치라

교리 교육을 하면서 "인간과 인생의 첫째 목적이 무엇이뇨?"라는 질문을 받았을 때, 교리 문답집을 따라 "인생의 첫째 목적은 하나님을 영화롭게 하고 그를 영원토록 즐거워하는 것입니다."라고 대답하는 일은 그리 어렵지 않습니다. 그러나 그렇게 외우는 것이 중요한 것이 아니라, 그 대답이 마음에서 우러나오는 삶의 고백이 되게 하는 것입니다. 단지 입으로만 말하지 말고, 이 진리가 전달하는 신자의 인생의 도리를 깊은 은혜 가운데서 깨달아야 합니다.

이처럼 우리가 가르치고 배우는 교리의 내용을 체험하고, 진리를 경험하는 일이 우리 인격 속에 용해되어야 합니다. 그리고 그 터전 위에서 성경을 배워야 합니다. 그것이 바로 교회 교육을 통하여 신자들을 견고히 세우는 방법입니다. 교회 교육 현장만큼, 인간을 본질적으로 바꾸는 성령의 강력한 역사가 강조되어야 할 곳도 흔치 않은 것은 바로 이 때문입니다.

제가 말씀드리려는 요점은 이것입니다. 자기가 배우고 싶어 하는 내용이 아니라 성경이 우리에게 가르쳐 주고자 하는, 교회 역사를 통하여 교회가 신자의 신앙을 견고하게 하는 데 꼭 필요한 지식이라고 여긴 것을 가르쳐야 한다는 것입니다.

그런 점에서 볼 때 오늘날의 성경 공부는 우리가 성경을 배운다기보다는 성경에게 우리를 가르쳐 주는 정황인 것 같습니다. 가르치는 사람이 성경은 대충 살펴보고 자기 이야기만 한없이 늘어놓는 경우가 다반사입니다. 말하자면, 하나님의 말씀을 이용해서 신변잡기를 늘어놓거나 일상사에 대한 자기 생각, 성경에 대한 어줍지 않은 견해 등을 설명하는 기회로 삼습니다. 이런 식의 성경 공부가 우리 신앙에 얼마나 도움을 줄지에 대해 저는 무척이나 회의적입니다.

저는 이런 식의 가벼운 성경 공부보다는 오히려 교리를 가르치도록 권하고 싶습니다. 아마 훨씬 더 큰 영적 영향력을 영혼들에게 끼칠 수 있을 것입니다. 제대로 배운 한 번의 교리 교육이 어줍잖게 배운 열 번의 성경 공부보다 훨씬 낫습니다. 그러기 위해서는 교사 자신이 먼저 기독교 교리를 잘 아는 사람이어야 합니다. 나아가서 교리를 사랑하고, 그것을 아는 지식에서 자라가서 기독교 신앙에 대한 지식을 체계적으로 쌓아 가는 일에 기쁨을 느끼는 사람이 되어야 합니다.

교리를 배우고 싶은 그대에게

이러한 교사를 세우는 가장 좋은 길은 교회에서 일정 기간 교리를 배울 수 있는 학습 과정을 만들어서 교사들을 모두 참여시키는 것입니다. 교회의 담임 목회자나 교회 교육 분야를 책임진 교역자들은 교리를 전문적으로 공부한 사람들이기 때문에 적절하게 교사들을 가르칠 수 있을 것입니다.

만약 교회 차원에서 교리 공부 과정을 열어 주지 않는다면, 교회학교 교사 모임 차원에서 교리 공부반을 열도록 협의하십시오. 교회학교나 중고등부 교사회, 혹은 대학 및 청년부의 리더 모임, 장년부 구역장 모임의 차원에서 함께 공부하는 것은 어렵지 않을 것입니다. 각 부서를 담당하는 교역자 한 사람의 의지만 있으면 시작할 수 있는 일입니다. 문제는 교회에서 그런 기회조차도 제공받을 수 없는 처지에 있는 교사들입니다. 그런 교사들에게는 이런 방법을 권하고 싶습니다.

우선 여러분의 교회에서 사용하는 교리 문답집을 사용하십시오. 아마 대개는 작은 팸플릿 형태일 텐데, 다 합쳐도 20-40쪽을 넘지 않을 것입니다. 여러분이 교리 문답집을 찾아서 내용을 살펴보면 모든 내용을 다 읽는데 불과 1시간도 채 걸리지 않는다는 사실을 알게 될 것입니다. 이는 각 교단마다 교리 문답집은 최소한의 분량으로, 특별한 학식이 없는 교인들도 사용할 수 있도록 간단하게 작성하기 때문입니다.

몇 명의 교사들이 모여서, 교리 문답집을 가지고 한 문제씩 옆에 실린 증거 성경 구절을 찾아가며 함께 공부하기 바랍니다. 대부분의 경우, 그 교리 문답집에 대한 해설서가 틀림없이 일반 출판사나 교단의 교육국을 통해서 발간되어 있을 것입니다.

이때 그 해설을 함께 놓고 공부해 간다면, 다른 사람의 특별한 지도 없이도 상당히 정확한 교리 공부를 할 수 있습니다. 그렇게 공부하면서 교리 문답집의 내용 전체를 암기하는 것을 숙제로 삼으십시오. 성경 구절을 외우듯이 자기가 믿는 교리의 내용을 외워 봅니다. 제가 확언하건대, 이러한 암기는 정확한 의미도 파악하지 못한 채 성경 구절을 숙제 삼아 외운 것보다 당신을 훨씬 더 유능한 교사로 만들어 줄 것입니다.

그 후에 좀 더 체계적인 학습을 원한다면, 시중에서 유명한 교리학자의 작은 교리서를 문제집과 함께 만들어 놓은 것들도 구할 수 있으니 책과 함께 활용하면 좋을 것입니다. 여기서 욕심을 더 낸다면 신학교에서 배우는 교의학, 혹은 조직 신학 책 중 한두 권 정도로 압축된 책을 읽으면서 공부한다면 더 없이 좋은 교리 공부가 될 것입니다.

번역서이기는 하지만, 요즘은 교리 내용을 다루면서도 현대인들의 요구에 맞게, 교리 학습서와 주제별 성경 공부 내용을 결합한 형태의 책들도 출간되고 있기 때문에 배우고자 하는 의지만 있다면 적절한 교재를 구하는 것은 그리 어렵지 않습니다. 그렇지만 이런 식의 교리 공부는 자칫하면 경건보다는 메마른 지식을 습득하는 학교 공부처럼 되기 쉬우니 주의할 필요가 있습니다.

그런 문제점을 피하려면, 교리를 공부하면서 교리를 은혜롭게 설교한 훌륭한 신학자나 설교가들의 고전적인 설교집을 함께 읽어 가는 것이 좋습니다. 예를 들자면, 스펄전의 교리 설교집이나 『하나님의 큰 일』Magnalia Dei 같은 헤르만 바빙크Herman Bavinck의 평신도를 위한 교리 해설서, 혹은 칼빈이나 마틴 루터, 존 웨슬리와 같은 걸출한 설교가들의 교리 설교집 등입니다.

로이드 존스의 『로마서 강해』Romans 같은 책은 분량이 좀 많은 듯하지만, 성경 본문을 따라가면서 교리를 강해했기 때문에 성경 본문을 따라가며 교리를 공부하기에 적합합니다. 그 외에도 단행본으로 된 책으로서 한 두 가지 교리나 성경의 주제를 설교로 다룬 책들도 매우 유용합니다.

교리 공부와 함께 이런 교리 설교집들을 읽으면, 뛰어난 영적 인물들이 교리에 대하여 가졌던 영적인 감동과 적용에 동참하는 은혜를 받을 수도 있기 때문에 매우 유익합니다. 교리 공부 중에 이런 좋은 책들을 만나면, 여러분은 단순한 교리 공부가 만들어 놓은 정원에 잔디가 깔리고 나무가 자라고 물이 흐르며 꽃이 피고 새가 나는 것을 즐기는 경험을 하게 될 것입니다.

어떻게 교리를 가르칠까?

이제 그렇게 깨달은 교리를 자신이 맡은 영혼들에게 어떻게 가르쳐야 할지에 대하여 생각해 보겠습니다. 우선 저는 여러분이 유치부나 교회학교, 혹은 중고등부 학생들을 가르치는 사람이든지, 혹은 대학부나 청년부의 리더든지, 장년들을 가르치는 구역장이든지 간에 스스로를 교사라고 생각하기를 강력하게 권고하고 싶습니다.

신앙이 어린 영혼들에게는 친구보다 교사가 필요합니다. 그리고 교사의 첫째 임무는 가르치는 것입니다. 성경의 진리를 가르쳐서 그들이 세상 풍조에 흔들리지 않는 그리스도인으로 견고하게 서도록 만들어 주는 것인데, 그 일을 위해서는 교리를 제대로 가르치는 것이 가장 시급합니다.

여러분에게 맡겨진 영혼들에게 교리를 가르칠 때에도 여러분이 배울 때 그러했던 것처럼, 쉽고 간단한 일부터 시작하십시오. 여러분이 이미 배운 작은 교리 문답서를 활용하십시오. 교리반의 교과 과정이나 교리 문답 해설서를 통해서 배운 내용을 충분히 소화한 다음, 문답집의 길이와 다루는 교리의 중요성 정도에 따라서 한 번에 1장에서 3장 정도씩 가르치십시오. **교단의 교리 문답서는 대부분 8-13장 정도로 되어 있습니다.** 이렇게 서너 번에 걸쳐 교리 문답서 전체를 개관한 다음, 다시 처음으로 돌아와서 한 문항씩 꼼꼼하게 해설하면서 가르치십시오.

이때 가르침을 받는 영혼들이 교리 공부를 딱딱하게 생각한 나머지 성경 공부에 흥미를 잃어버리면 어떻게 할까 하고 지레 겁을 먹지 마십시오. 대부분의 그리스도인들에게는 기독교의 진리를 짧은 시간 내에 전체적으로 알고 싶어 하는 욕구가 있습니다. 제가 여러분에게 처음 교리를 가르칠 때 한번에 많은 내용을 다루어서 짧은 시간 내에 교리 전체의 윤곽을 잘 알려 주라고 권면하는 것도 바로 이런 이유 때문입니다.

여러분이 교리를 배울 때 그러했던 것처럼, 영혼들이 교리 공부에 재미를 붙이게 되면 교리의 내용을 상세히 다루는 책과 교재를 선택해서 활용하면 됩니다. 이때 교리 설교집들을 함께 읽게 하여 은혜 받은 내용을 나눈 후 기도하는 시간까지 갖는다면, 교리 공부 모임에서 나타나기 쉬운 차가운 지적 분위기에 영적인 감동과 은혜를 더할 수 있을 것입니다.

이처럼 교리를 가르치는 방식이 결정되면, 여러분은 구체적인 교수 방법을 영혼들의 수준에 맞게 만들어서 현장에 적용할 수 있을 것입니다. 유치부나 유년 교회학교에서는 여러 가지 미디어나 시청각 자료들을 활용해서 가르칠 수도 있고, 중고등부에서는 학생들 눈높이에 맞는 적절한 교리 공부 교재를 만들어서 가르치려는 내용을 담을 수도 있습니다.

믿음의 도리를 붙들게 하라

히브리서는 커다란 박해를 이미 경험했거나 앞두고 있는 그리스도인들에게 큰 힘을 주었던 성경입니다. 히브리서 기자는 그런 특별한 때에 "우리가 믿는 도리의 소망을 움직이지 말고 굳게 잡자."고 영혼들에게 간절히 권면합니다. 이것이 바로 그리스도인들이 특별한 위기의 시대를 이기는 길이었습니다.

우리는 급변하는 세상 풍조를 바라보며 그에 미치지 못하는 교회 교육의 실정을 한탄하지만, 기독교는 새 것을 가르치기보다는 옛 것을 가르쳐야 할 필요가 더욱 많은 종교입니다. 기록된 지 2,000년이나 되는 성경책이 이 사실을 증거하지 않습니까?

지금도 우리는 아무리 세월이 지나도 빛이 바래지 않는 거룩한 교리들, 선조들이 그 안에서 위로와 안식을 누리고 하늘의 능력을 공급받았던 그 성경 교리들을 붙들고 우리의 소망을 굳건히 해야 합니다. 사랑하는 우리의 양무리들과 함께…….

| 묵 | 상 | 질 | 문 |

1. 청교도 시대 가정의 교리 교육과 우리 시대의 그것을 비교해 보고, 교회학교에 맡겨진 임무가 얼마나 중요한지 생각해 봅시다.
2. 신앙이 잘못 심겨진 사람이 신앙이 별로 없는 사람보다 훨씬 더 절망적인 이유는 무엇입니까?
3. 저자가 교리를 배우고자 하는 교사들에게 제안하는 구체적인 방법은 무엇입니까?
4. 그리스도인들이 위기의 시대를 이기는 방법은 무엇입니까?

이 책을 꼭 읽으십시오

『기독교 교리 요약』(基督敎敎理要約)

루이스 벌코프 지음
박수준 옮김
서울: 소망사, 2005
247쪽

● 루이스 벌코프(Louis Berkhof)는 네덜란드계 사람으로 미국에서 신학을 가르친 대표적인 교리학자다. 이 책은, 모두 7권으로 구성된 그의 방대한 조직 신학 전집을 요약한 책이다.

● 이 책은 원래 "The Summary of Christian Doctrine"이라는 제목으로 출간된 영어 원서를 번역한 것인데, 전7권 분량의 조직 신학 전집을 한 권의 교과서로 압축한 『기독교 신학 개론』(The Manual of Christian Doctrine)을 1/3 이하로 더욱 압축한 교리 요약서이다. 장로교와는 다른 교리를 가진 교회의 독자들은 이 교리서를 통하여 복음주의 장로교회의 표준적인 교리들을 살펴볼 수 있다. 특별히 이 책은 역사적으로 저자와 다른 입장에 있는 교파의 교리도 간략하게나마 소개를 잘하고 있고, 특히 로마 가톨릭과 개신교의 견해 차이를 항목별로 대조하여 실어서 한눈에 비교할 수 있게 하였다.

● 교리반에서 강의용 교재로 사용하기에 아주 적절한 분량이며, 기독교 교리 전체를 다루고 있다는 점에서 매우 유용하다. 저자는 아직도 이 책과 교리 문답집으로 교인들을 가르치고 있다. 스터디를 위한 문제집도 나와 있다.

『하나님의 큰 일』

헤르만 바빙크 지음
김영규 옮김
서울: 기독교문서선교회,
1999
553쪽

● 이 책은 네덜란드의 저명한 교리학자 헤르만 바빙크(Herman Bavinck)가 쓴 평신도를 위한 교리 해설서이다. 이미 오래 전 사람이지만, 나는 근대 교회 역사 가운데 헤르만 바빙크만큼 이상적인 교리학자를 만나기도 쉽지 않다고 생각한다. 왜냐하면 그의 교리서는 다른 교리서들이 범하기 쉬운 약점, 즉 너무나 논리적이고 논쟁적인 나머지 하나님을 향한 경외하는 마음을 불러일으키는 감동과는 상관이 없는 책이 되고 마는 위험성이 적기 때문이다. 다른 교리서들을 차가운 콘크리트 구조물로 가득 찬 아파트 단지에 비유한다면, 그의 책은 꽃 피고 새가 노래하고 시냇물이 흘러 가는 아름다운 정원이 있는 전원주택 단지와 같다.

● 이 책은 교리학 전체에서 다루는 주제들을 차례대로 뽑아 내서 한 주제에 한 편씩 설교 내지는 영감 넘치는 강연의 형태로 담았다. 학과의

교재로 사용할 경우, 논리적인 구조면에서는 루이스 벌코프에 떨어지지만 각 교리가 그리스도인의 영적인 삶과 어떻게 연결되는지를 보여 준다는 점에서 오히려 이 책의 부족한 점을 보완해 줄 수 있는 강점을 가지고 있다. 이 책은 원래 라틴어 제목이 붙은 네덜란드어로 출판되었는데 (Magnalia Dei), 후일 『믿을 만한 신앙』(Our Reasonable Faith)이라는 제목을 달고 영어로 번역되었다.

● 나는 신학교 학부 시절에 이 영어 원서를 아주 감동 깊게 읽은 후 이 책을 사랑하게 되었다. 우리말로 번역된 책은 이 영역본을 기초로 번역된 중역본(重譯本)이다. 감동 면에서는 영어 원서에 좀 떨어지지만 역자가 네덜란드어 원문의 도움을 받아가면서 번역했기 때문인지 비교적 충실한 번역이라는 평을 받고 있다. 한때 저자가 목회하던 교회에서 구역 공과 공부 교재로 사용한 적이 있다. 이 책의 내용을 기초로 간단하고 명료한 교재를 만들어 함께 사용한다면 아주 좋을 것이다. 교사들의 필독서다.

『칼빈주의 5대 교리 설교』

● 찰스 스펄전은 회중 교회인 침례교회의 목사였으나 신학적으로는 칼빈주의자로 자처할 만큼 종교개혁자 존 칼빈(John Calvin)의 신학 사상에 심취하였다. 지금도 그의 설교가 수많은 사람을 깨우고 있는 것은 그의 탁월한 설교의 재능 때문이기도 하지만, 궁극적으로는 그의 설교가 확고한 복음 교리에 입각해 있기 때문이다.

● 이 책은 TULIP를 두(頭)문자로 하는 칼빈주의의 5대 교리, 즉 '인간의 전적 타락'(Total depravity), '무조건적인 선택'(Unconditional election), '제한적인 속죄'(Limited atonement), '불가항력적인 은혜'(Irresistable grace), '성도의 견인'(Perserverance of saints)을 주제로 12편의 설교를 편집한 것이다. 스펄전 특유의 풍부한 문학적 상상력과 생생한 묘사가 교리 속에 담긴 하나님의 말씀의 감동을 더해 준다. 교리 공부 시간에 보조 교재로 함께 읽으면 아주 좋은 자료가 될 것이다. 이 책을 읽으면서 교리가 결코 차가운 진리가 아님을 경험할 것이다. 모든 교사들과 구역장들에게 일독을 권한다.

찰스 H. 스펄전 지음
김군섭 옮김
서울: 크리스챤다이제스트
1999
261쪽

회심을 경험하지 못한 이에게 거룩한 삶을 가르치는 것은
죽은 시체에 분을 바르는 것과 같습니다.
영혼들의 회심을 겨냥하여 온 마음과 정성을 쏟으십시오.

| 제10장 |

교사가 가르칠 때 2
회심을 겨냥하라

"주 여호와의 말씀에 나의 삶을 두고 맹세하노니 나는 악인의 죽는 것을 기뻐하지 아니하고 악인이 그 길에서 돌이켜 떠나서 사는 것을 기뻐하노라"(겔 33:11上).

Christian Teaching in Revival

고뇌하는 목자

다음은 리처드 백스터가 회심하지 않은 사람들, 특히 자기 교구이던 키더민스터의 사람들을 향하여 쓴 글입니다. 그는 누구보다도 성실하고 탁월한 교사로서 영혼들을 섬기던 한 사람의 목회자였기에 우리 교사들에게 훌륭한 모범이 됩니다. 회심하지 못한 영혼들에 대한 그의 안타까운 마음이 담긴 이 글을 읽으며 오늘날 우리 교사들이 영혼을 대하는 것과 얼마나 다른 마음으로 섬겼는지를 비교해 보십시오. 이 글은 우리 조국 교회가 교육 면에서 어떤 결정적인 취약점을 갖고 있는지를 보여 줄 것입니다.

"영원하신 하나님께서는 영생을 누리도록 여러분을 창조하셨으며, 여러분이 죄로 말미암아 그것을 잃어버렸을 때 하나님은 당신의 독생자를 보내셔서 여러분을 구원하셨습니다. 또한 여러분이 죄와 비참에 빠져 있을 때에도 복음을 주시고 당신이 보내신 성령을 통해서 이 복음을 인치시며 자신의 일꾼들에게 이 복음을 세상에 널리 선포하게 하셨습니다. 그래서 여러분이 값없이 용서받게 하시고, 하늘을 열어 주셨습니다. 이는 여러분으로 하여금 육신의 정욕과 거짓된 세상을 좇아 살지 않게 하시고, 여러분이 죽은 상태에 있기 이전, 즉 여러분이 창조되고 구원받은 목적을 따라 살게 하시기 위해서였습니다.

……하나님은 여러분이 세상적인 관심사와 쾌락에 빠져 있으며, 유치한 장난감 같은 것을 간절히 추구하며, 영생을 위해서 준비해야 할 여러

분의 짧고 귀중한 인생의 시간을 무익한 일에 낭비하고 있는 것을 모두 보고 계시며 불쌍히 여기십니다.

……그러나 우리는 무척이나 슬픕니다. 여러분이 아무런 반응이 없기 때문에 우리의 영혼은 심히 안타깝습니다. 여러분은 귀를 막고, 목을 뻣뻣하게 하고, 마음을 강퍅하게 하고 있습니다. 여러분은 우리의 가슴을 찢어 놓았습니다. 우리가 하나님께로 돌아가서 고통 가운데 하나님의 말씀을 전했지만 아무런 소용이 없었을 뿐더러, 전혀 들으려고 하지 않았다는 것을 보고하도록 만들고 있습니다.

아! 그때 우리 눈에서는 눈물이 샘솟는 듯하며, 이 무지하고 무감한 백성이 자기들 앞에 그리스도가 계셔도, 자기들 앞에 용서와 생명과 천국이 있어도 이런 것들을 알려고도 하지 않고 가치를 인정하려고도 하지 않는 마음을 가지고 있음을 인해서 슬퍼하게 될 것입니다. 만일 그들의 완고한 무시와 경멸이 아니었더라면 그들도 다른 사람들처럼 그리스도와 은혜와 영광을 소유할 수 있을 텐데!

아! 주님께서는 우리의 마음을 이 비참한 영혼들에 대해 더 불쌍히 여기는 마음으로 채우시고, 심지어 우리 자신을 그들의 발 앞에 엎드리게 하시고, 그들의 집에 따라 들어가 뜨거운 눈물로 그들에게 전하게 하시기를 빕니다. 오랫동안 우리는 그들 중 많은 사람에게 가르쳤으나 소득이 없었습니다.

……만일 천국에 계신 두려워해야 할 하나님도 그들이 무시한다면 누가 그들을 회심시키기에 합당한 자가 될 수 있습니까? 만일 구속자의 측량할 수 없는 사랑과 보혈이 경시된다면 그 무엇이 가치가 있겠습니까? 만일 천국이 그들에게 아무런 매력적인 영광이 아니라면, 그리고 영원한 기쁨이 아무런 가치가 없는 것으로 여겨진다면 다른 무엇으로 그들을 깨우겠습니까? 하나님과 사람들이 그들에게 지옥에 대해서 경고를 해주어

도 만일 그들이 지옥에서 견딜 수 있고, 무저갱에서 춤을 추며, 소멸하는 불과 함께 지낼 수 있다고 한다면 우리는 이와 같은 영혼들을 위해서 무엇을 할 것입니까?"[9]

회심이란 무엇인가?

성경에서 회심은 항상 같은 뜻으로만 사용되지는 않습니다. 그러나 여기서 우리가 생각해 보고자 하는 것은, 거듭난 자로 하여금 그들의 의식적인 생활 가운데서 믿음과 회개를 통하여 하나님께로 돌아오게 하는 하나님의 행위로서의 회심입니다. 회심은 소극적인 요소와 적극적인 요소로 이루어지는데, 소극적인 요소는 바로 회개이고 적극적인 요소는 믿음입니다.

오늘날 조국 교회의 영적인 상태가 쇠퇴하면서 눈에 띄게 나타나는 현상은 영혼을 돌보는 사역이 피상적으로 변질되는 것입니다. 다시 말하면, 진정한 회개를 통하여 참된 믿음을 소유하고 살아가는 신자들이 너무나 소수입니다. 하나님과의 만남도, 회개도 없는 형식화된 예배와, 동화 이야기를 들려주듯이 성경을 배우는 분반 공부와, 프로그램에 그치는 기도회와, 말씀에 대한 깨달음의 결핍은 모두 이러한 회심의 부족에서 비롯됩니다.

참된 회개는 회심의 경험으로 우리를 데려다 줍니다. 오랫동안 묶여 있던 죄의 얽매임에서 벗어나 하나님을 향한 인격적인 신뢰와 사랑을 회복하게 만들어 줍니다. 그래서 저는 회개를 '사랑의 대상이 바뀌는 것'으로 표현하기도 합니다. 참된 회심은 반드시, 하나님을 등지고 살던 때에 사랑하던 것들을 미워하게 하고, 이전에 거의 관심을 갖지 않았던 신령한

---

[9] 리처드 백스터 지음, 백금산 옮김, 『회심』(回心)(서울: 지평서원, 1999), pp. 22-68을 참고할 것.

것들을 사랑하게 만들어 줍니다.

회심의 두 요소 중 회개는 과거를 돌아보는 것으로서, 죄인의 의식적인 생활 가운데서 죄를 쫓아 버림으로써 일어나는 변화이며, 믿음은 앞을 내다보는 요소입니다. 그리고 이것은 반드시 진리를 깨달음으로써 가능해집니다. 우리는 거룩하신 하나님을 앎으로써 자신의 죄악을 알고, 하나님의 뜻을 깨달음으로써 불순종과 죄가 무엇인지를 인식하게 됩니다. 교사는 바로 이러한 회심의 도구로 보냄을 받은 사람입니다.

회심의 도구로 온 교사

회심하게 하는 주체는 우리가 아니지만, 하나님께서 그 일을 이루는 도구로서 말씀을 사용하시고 우리는 바로 그렇게 영혼들을 회심에 이르게 하는 말씀의 도구로서 보냄을 받았습니다. 영혼을 하나님께로 돌아오게 하는 회심을 우리가 일으키는 것은 아니지만, 그렇다고 해서 하나님은 우리가 단지 차가운 도구가 되기를 원하시지는 않습니다.

앞에서 잠깐 살펴본 교사로서의 백스터의 마음을 읽어 보십시오. 그는 영혼들을 회심시키는 일이 자기 힘으로 되지 않는다는 사실을 알고 있었지만, 그 일이 꼭 자기를 통하여 이루어지지 않으면 안 되는 일처럼 하나님께 그 영혼들을 부탁하며 매달렸습니다.

죄인을 회심케 하는 주체는 하나님이시지만, 그 일이 이루어지지 않거나 상당히 지연될 때에 착한 교사들은 항상 그 모든 책임이 자신에게 있는 것처럼 안타까워합니다. 실로 이 점이 선한 목자인 교사와 삯꾼 교사의 분기점이 된다고 해도 과언이 아닙니다. 만약 교사로 부름 받았음에도 불구하고 회심하지 못한 영혼을 바라보며 불쌍히 여길 줄 모른다면 그 자신이 불쌍한 사람임에 틀림없습니다.

아아, 조국 교회에는 이런 교사들이 얼마나 많습니까? 교사들이 그렇게 안일하게 섬기는 동안에 영혼들은 지옥으로 달려가고 있으며, 하나님을 섬겨야 할 소중한 인생의 시간을 지푸라기와 같은 세상 자랑에 연연하는 나날로 허비하면서 자기를 창조하신 창조주 하나님을 현저히 욕보이고 있습니다.

우리 교사들의 사명이 얼마나 막중합니까? 바로 그런 죄인들을 돌이켜 하나님께로 회심하게 하시려고 우리를 불러 주신 것이 아닐까요? 우리는 우리에게 맡겨진 영혼들을 영혼이 아니라 단지 그리스도를 믿으면 좀 더 행복하게 살아갈 가능성이 있는 사람으로 생각한 적이 얼마나 많았습니까?

우리가 영혼들의 회심을 자기 일처럼 생각하고 그 영혼의 무거운 부담을 우리의 것으로 여기는 안타까움이 없다면, 우리는 무엇으로써 우리가 하나님께 부름 받은 교사임을 입증할 수 있겠습니까? 우리도 착한 목자 리처드 백스터처럼 영혼을 위하여 흘릴 눈물을 주시도록 기도하여야 하지 않겠습니까?

회심하는 영혼들이 없는데도 아무 일 없는 것처럼 유유자적 살아가는 교사는 불쌍한 사람입니다. 다른 사람의 회심을 돕는 위치에 있는 사람이 자신이 먼저 교육을 받고 회심해야 할 처지에 있으니 말입니다. 복음 사역자들이 영혼의 진정한 회심에 관심이 없는 이유는 하나님을 사랑하는 것이 무엇인지 잘 모르기 때문입니다.

사랑은 인격적인 경험인 동시에 자기도 어찌할 수 없이 타오르는 내면 세계의 정염 情炎입니다. 오늘날 그리스도인들의 신앙 생활을 들여다보면, 마치 '철가슴 돌마음 경연대회'를 구경하는 듯한 느낌이 듭니다. 참된 회심이 없기 때문입니다. 오늘날 그리스도인들에게 다음과 같은 지적이 생소하게 느껴지는 것은 우리가 얼마나 회심이 사라진 교회 시대에 살고 있는지를 보여 줍니다.

"우리는 흔히 에로스적인 사랑의 세계에만 상사병이 있다고 생각합니다. 그러나 아가페적인 사랑의 세계에도 상사병이 있다는 사실을 아는 사람은 많지 않습니다. 다만 우리가 그런 사랑에 빠져 본 적이 없기 때문에 성경의 명백한 진술이 눈에 들어오지 않을 뿐입니다. 성경은 신앙 세계, 하나님을 향한 사랑의 세계에도 이런 현상이 존재한다는 사실을 뒷받침하는 풍부한 증거를 보여 줍니다.

청교도 존 오웬John Owen의 다음과 같은 지적에 귀기울여 보십시오. '사람들은 하나님의 사랑에 대하여 거의 알지 못하는 것 같다. 우리가 하나님을 향한 사랑이 너무 깊은 나머지 그 사랑 때문에 하나님께 대하여 상사병에 걸릴 수도 있다는 사실을 모르는 사람들이 성경의 진리를 얼마나 깨닫겠는가?"10)

잠든 교회를 향한 주님의 말씀이 생각납니다. "네가 말하기를 나는 부자라 부요하여 부족한 것이 없다 하나 네 곤고한 것과 가련한 것과 가난한 것과 눈먼 것과 벌거벗은 것을 알지 못하도다"계 3:17.

여러분이 가르치는 영혼들의 수가 늘어나는 것으로 만족하지 마십시오. 왜냐하면 회심의 역사 없이 교회가 커지는 것은 복이 아니라 오히려 재앙이기 때문입니다. 역사적으로 보면, 하나님께서 한 시대를 깨우시고자 부흥을 보내실 때 많은 수의 사람들이 모이는 교회가 하나님의 역사를 대항했다는 사실을 알 수 있습니다.

참된 회심의 역사 없이 커진 교회는 하나님의 나라를 건설하는 도구가 되기보다는 장애가 된다는 것이 역사적인 경험입니다. 공교롭게도 교회를 새롭게 하시고 이 땅을 고치시고자 하는 하나님의 계획을 가로막는 곳도 교회이며, 정직한 복음의 진리에 세속 사상이라는 물을 타는 곳도 바

---

10) 김남준, 『하나님의 깊은 사랑을 경험하라』(서울: 생명의말씀사, 1998), pp. 16-17.

바로 교회입니다.

회심에 이르게 하는 진리

인간을 회심하게 하시는 분은 하나님이시지만, 하나님 홀로 그 일을 하지 아니하시고 하나님의 말씀을 방편으로 그 일을 하십니다. 하나님께서는 죄인을 회심시키실 때 성경의 내용 중 두드러진 진리들을 사용하셔서 이 일을 이루십니다.

인간이 그 과정에서 협력하지만, 결정적인 주도권을 가지고 변화를 가져다주시는 분은 성령이십니다. 그리고 이러한 회심을 일으키시는 방편은 하나님의 말씀입니다. 성경의 모든 진리가 하나님의 말씀이고, 그것은 모두 인간을 변화시킬 수 있는 능력 있는 하나님의 말씀입니다.

그러나 구원에 이르게 하는 회심을 위하여서는 성경에 나타나는 진리 중 두드러진 교리를 가르쳐야 합니다. 즉 인간의 전적인 타락과 부패, 죄에 대한 하나님의 심판의 확실성, 그리스도의 완전한 대속, 십자가로 나타난 하나님의 사랑, 믿음으로 의롭다 함을 얻음以信稱義 등입니다.

복음이 기쁘지 않은 것은

교사로서 영혼들을 가르치는 일을 통하여 참된 회심을 기대하기 위해서는, 그들이 죄인이라는 사실과 그 죄인이 직면한 하나님의 진노에 대하여 가르쳐야 합니다. 로비 플록하트Robbie Flockhart가 "복음의 비단실을 가지고 바느질을 할 때에 율법의 뾰족한 바늘로 구멍을 뚫지 않으면 소용이 없다."고 말한 것도 바로 이 같은 사실을 지적한 것입니다.

오늘날 그리스도께서 죄인인 우리들을 위하여 십자가에 못박히신 복음이 '기쁜 소식'이 되지 못하는 것은 그들 자신이 죄인이라는 사실과 그 죄의 비참한 결과에 대하여 사람들이 알지 못하기 때문입니다. 청교도들이 섣불리 복음의 사실들을 소개하기를 주저했던 이유도 바로 이 때문이 었습니다.

그들은 죄인들을 다룰 때 율법과 복음에 관하여 가장 단호한 종류의 교리를 갖고 있었던 사람들이었습니다. 하나님이 축복하셨던 부흥 시기의 복음의 일꾼들을 회고하면서, 그들이 죄인들을 회심에 이르도록 어떻게 다루었는지에 대하여 호라티우스 보나 Horatius Bonar 는 다음과 같이 말합니다.

"그들은 자신들의 목소리를 높였으며 결코 감하지 아니하였다. 그들에게는 주춤거림이나 입에 발린 소리나 겉치레로 하는 선포가 있을 수 없다. 죄를 멸하시고 십자가 위에 죄의 종지부를 찍으신 주님으로 말미암아 역사하게 된 큰 기쁨의 복된 소식을 선언하기보다는, 하나님의 율법과 그 율법이 정하는 영원한 형벌을 선포하는 데 더욱 탁월하였던 것 같다. 그들의 복음 증거에는 때때로 완전함과 자유가 결여되어 있는 것 같았다. 마치 그들은 복된 소식을 자유로이 풀어 놓는 것을 두려워하는 양, 그들의 설교에는 속박이 있었다.

……영적 군사들은 칼 대신 칼집을 가지고 싸우지 않았다. 그들을 칼날 대신 날 없는 옆면으로 친 것도 아니었다. 그들을 죄인을 다룰 때 문제의 핵심을 철저히 공격하고 파쇄할 수만 있다면 힘이나 기술면에서 어떤 노력도 아끼지 아니하였다.

그리하여 그들이 전하는 말씀 앞에서 그렇게 많은 사람들이 넘어졌고, 부상당한 채 거꾸러졌다. 그의 가르침을 듣는 사람들로 하여금 '내가 무엇을 하여야 구원을 얻으리이까?' 라고 울부짖지 않을 수 없게 설교하던 사람이라고 불리던 저 유명한 캠브리지의 토마스 쉐퍼드 Thomas Shepard 의 경우가 그러했다."11)

전능하신 하나님의 진노

이처럼 우리가 누군가를 참된 회심으로 인도하기 위하여 가르친다면 반드시, 인간의 죄와 하나님의 진노에 대하여 두려움을 느낄 수밖에 없는 방식으로 설명해 주어야 합니다. 그리고 이 일을 위하여 우리는 성령의 도우심을 열렬히 구하여야 합니다. 왜냐하면 성령님은 하나님의 사랑을 깨닫도록 만들어 주실 뿐 아니라 경건한 두려움을 불러일으키기도 하시기 때문입니다.

우리는 영혼들을 사랑하면 사랑할수록 인간의 작은 죄에 대해서도 그냥 넘어가실 수 없는 하나님의 거룩하신 성품과 거기서 비롯되는 공의를 가르쳐야 합니다. 특별히 이러한 인간의 죄를 지적하면서 단지 인간의 부도덕한 행위만을 지적하려고 하지 않고, 하나님을 등진 채 넉넉히 살아가려는 인간의 죄악 된 경향도 지적하고, 누구도 그런 죄에서 자유로울 수 없음을 알게 하여야 합니다.

그래서 교사인 우리에게 가르침을 받는 모든 사람이 철저하게 자신이 죄로 말미암아 하나님의 진노 아래 있으며 하나님의 용서를 받는 것 이외에는 아무 희망도 없다는 사실을 생각하게 해주어야 합니다.

도둑질이나 살인이 가장 큰 죄가 아니라, 마음을 다하여 하나님을 사랑하지 않는 것이 가장 큰 죄이며, 그런 잘못된 마음의 상태가 삶 속에서 어떻게 악으로 드러나는지를 지혜롭고 설득력 있게 설명해 주어야 합니다. 그리고 이렇게 하나님의 진노 아래 있는 상태가 태어나자마자 시작되는 것임을 가르쳐 주어서, 아담의 타락 안에서 우리 모두 하나님께 반기를 든 죄인이 되었음을 알게 하여야 합니다. 그리고 오늘날 우리가 경험하는

---

11) 존 길리스(John Gillies) 지음, 김남준 옮김, 『18세기 위대한 신앙 부흥 上』(Historical Accounts on Revival I)(서울: 솔로몬, 1992)에 기고한 호라티우스 보나(Horatius Bonar)의 편집자 서문(pp. 7-33)을 참고할 것.

모든 불행이 바로 이러한 인간의 죄에서 비롯되었으며, 그 죄는 인간의 범죄로 말미암아 마치 커다란 둑이 무너지듯이 이 땅에 가득히 넘치게 되었음을 가르쳐 주어야 합니다.

이때 우리는 만약 아담이 범죄하지 않아서 우리가 정죄받지 아니했다면 누리게 되었을 축복에 대해 잘 설명해 주어서, 현실의 고통과 대비하여 잘 이해하도록 만들어 주어야 합니다.

우리는 오늘날 우리에게 맡겨진 영혼들이 그리스도께서 십자가에서 이루신 일에 대하여 깊이 감격하지 않는 이유가 무엇인지를 알아야 합니다. 그것은 바로 거룩하신 하나님이 죄에 대하여 진노하시는 분임을 알고 두려워하는 마음이 없기 때문입니다. 그래서 복음이 기쁜 소식이 되지 못합니다.

우리가 가르치는 영혼들은 회심하지 않은 자신을 향하여 다가오고 있는 불붙은 하나님의 진노와 심판을 잘 모른다고 하여도, 우리는 깨어 있는 교사로서 그들에게 닥칠 위험을 미리 알아차릴 수 있어야 합니다. 그리고 그들의 영혼에 임하는 위험이 마치 자신의 영혼에 임할 것처럼 안타까운 마음으로 그들을 위하여 기도하고 가르치지 않으면 안 됩니다.

또한 이러한 진리를 생생하게 그림처럼 느낄 수 있도록 설명해 주어야 합니다. 우리 교사들이 이러한 진리를 영혼들에게 설명할 때 성령님께서 함께 하심으로써, 복음을 향하여 마음을 열지 않을 수 없도록 해주시기를 기도하여야 합니다.

아무 희망이 없는 인간

우리가 영혼들을 참된 회심으로 인도하기 원한다면 빼놓지 말고 가르쳐야 할 또 하나의 교리가 있는데, 그것은 인간의 타락성입니다. 복음의 다른 요소도 그러하듯이 이런 교리를 현대인에게 매력 있는 가르침으로 만들어 보려는 시도는 모두 헛된 것입니다. 오히려 오래 전 인기를 모았던 '인간시대'라는 텔레비전 프로그램에서 볼 수 있는 바와 같이, 인간에 잠재된 착한 본성과 무한한 가능성에 대하여 말하는 것이 더욱 대중적인 인기를 모을 수 있을 것입니다.

그러나 우리가 구원의 복음을 전하면서 절망적으로 부패한 인간의 상태에 대하여 정직하게 말하지 않고 단지 하나님의 사랑만 이야기하는 것은, 마치 표범의 반점이 저절로 지워지는 날이 올 것이며 구스인도 그 몸을 비누로 계속 씻으면 하얗게 될 수 있다고 가르치는 것이나 다름이 없습니다.

그러므로 교사가 자신에게 맡겨진 영혼들에게 복음을 전할 때 인간은 자기 안에 내재하는 타락성 때문에 자기도 어쩔 수 없이 하나님을 거스르며 살아갈 수밖에 없는 존재임을 보여 주어야 합니다. 그리고 이러한 인간의 타락성 때문에 자기 안에는 스스로를 구원할 아무 소망이 없음을 깨달아 그들 자신의 존재에 대하여 절망하도록 만들어 주어야 합니다.

그 다음에 우리가 잊지 말고 전해야 할 중요한 교리가 또 하나 있는데, 그것은 하나님이 반드시 인간의 죄를 심판하신다는 사실입니다. 죄는 행위로 지은 것뿐 아니라 범죄하고자 하는 마음의 의도와 악함까지 포함합니다.

소극적으로는 하나님의 명령을 어긴 죄들, 그리고 적극적으로는 하나님을 사랑하지 않은 죄까지 포함하여, 하나님은 반드시 그것들을 심판하신다는 사실을 전하여야 합니다. 공의로우신 하나님께서 믿고 구원을 받은 당신의 자녀들도 때때로 징벌하신다면, 전혀 주님을 믿지 아니하고 회심하지 않은 인간들이 받을 형벌은 얼마나 크겠습니까?

믿지 않는 사람들을 향한 하나님의 심판은 한편으로는 이미 이루어졌고, 또 한편으로는 앞으로 임할 것임을 가르쳐야 합니다. 믿지 않아서 이미 심판을 받았으며, 그로 말미암아 오늘날 불행하고 불안한 삶을 살아가게 되었다는 것과, 지금 무엇을 행하며 살든지 그 일들로 인하여 하나님 앞에 진노를 쌓아 가고 있다는 사실을 가르쳐야 합니다. 그리고 나아가서는 주님이 반드시 다시 오실 것이며, 그때에는 회심하지 아니한 채 어두움 속에 머물러 있는 것이 엄청나게 커다란 죄악이라는 것과, 긍휼이 없는 하나님의 심판을 받게 될 것을 가르쳐 주어야 합니다.

지옥의 교리를 가르칩니까?

우리가 이러한 단호한 교리를 가르칠 때에 만약 성령께서 함께 하시지 아니하시면 우리가 전하는 내용은 회심하지 못한 자들에게 웃음거리가 될 수도 있다는 사실을 기억하여야 합니다. 마치 위급한 하나님의 심판을 알리며 피하기를 재촉하던 롯이 사위들에게 웃음거리가 되었던 것처럼 말입니다. 이에 대하여 성경은 말합니다.

"롯이 나가서 그 딸들과 정혼한 사위들에게 고하여 이르되 여호와께서 이 성을 멸하실 터이니 너희는 일어나 이곳에서 떠나라 하되 그 사위들이 농담으로 여겼더라" 창 19:14.

이 문제와 관련해서, 오늘날 조국 교회는 영혼들에게 지옥에 대하여 가르치기를 포기한 것처럼 보입니다. 그러나 부흥과 각성의 시대에는 이 교리가 인간을 회심으로 인도하는 황금 교리였음을 기억하여야 합니다.

스스로 복음주의자로 자처하면서도 지옥을 믿지 아니하는 사람들도 있는 상황이지만, 지옥에 대한 가르침을 포기하는 것은 곧 천국에 대한 가르침을 버리는 것과 같으며, 그것은 결코 복음적이라고 말할 수 없습니다. 문제는 성령님의 역사입니다.

성령님께서 우리가 가르치는 교리를 붙들어 사용하시면, 죄인들이 하나님을 피난처로 찾을 수밖에 없는 각성을 불러일으킵니다. 우리 교사들이 영혼을 회심하게 하는 도구로 부름 받은 사실을 기억할 때마다 성령님의 도우심을 다급하게 구하지 않을 수 없는 것도 바로 이 때문입니다.

우리는 이러한 교리를 가르칠 때 영혼들이 반감을 가지면 어떻게 할까 하는 염려 때문에, 현대인의 지성에 거스르지 않는 범위 안에서만 복음을 전하려고 합니다. 그래서 진실한 회심의 역사가 나타나지 않는 것입니다. 혹시 우리가 이러한 교리를 가르칠 때 당장 놀라운 변화의 역사가 나타나지 않는다 해도, 우리는 그 교리가 진실함을 믿으며 복음을 정직하게 증언하여야 합니다.

대속과 믿음의 교리를 가르치라

이처럼 죄인들이 받을 하나님의 심판에 대하여 충분히 가르친 후에야 비로소 복음을 제시하여야 합니다. 그리고 그 핵심은 그리스도께서 우리 죄를 위하여 대신 죽으셨다는 대속代贖의 교리입니다. 그리스도께서 이루신 대속에 대하여 성경은 이렇게 말합니다. "하나님이 죄를 알지도 못하신 자로 우리를 대신하여 죄를 삼으신 것은 우리로 하여금 저의 안에서 하나님의 의가 되게 하려 하심이니라" 고후 5:21.

구약성경에서 죄의 대속이라는 것은 가장 중요한 주제입니다. 이러한 사상이 제사를 통하여 제시되었는데, 레위기 1장에 나타나는 속죄제가 바로 그것입니다. 하나님 앞에 용서받기 위하여 나아 오는 죄인이 짐승을 가지고 와서 제사를 드릴 때, 제사장의 기도를 통하여 그의 죄가 짐승에게 전가되고 그 짐승은 대신 죽임을 당했습니다.

죄로 말미암아 죽어야 할 자는 하나님을 뵙기 위하여 나온 죄인인데, 아무 죄도 없는 짐승이 애매히 죽임을 당하는 것입니다. 이로써 죄인을 향한 하나님의 진노는 풀리고 그분의 용서와 구원이 회복되는데, 이것이 바로 대속의 은혜입니다.

고난 받는 메시아를 제시한 이사야 선지자는 위대한 그의 책 53장에서 이렇게 말합니다. "그가 찔림은 우리의 허물을 인함이요 그가 상함은 우리의 죄악을 인함이라 그가 징계를 받음으로 우리가 평화를 누리고 그가 채찍에 맞음으로 우리가 나음을 입었도다" 사 53:5.

그 다음에 우리가 가르쳐야 할 것이 바로, 대속의 사실을 기초로 하여 믿음으로 의로워진다는 교리입니다. 이것은 하나님이 죄인들에게 주시는 구원이 결코 인간의 행위나 공로로 이루어지는 것이 아니라 오직 그리스도의 의로운 대속으로 말미암아 이루어지며, 그것을 믿는 죄인들을 의롭다고 인정하신다는 교리입니다.

그리고 이것이 바로 구원을 값없이 거저 주시는 하나님의 은혜라는 사실도 잊지 말고 가르쳐 주어야 합니다. "너희가 그 은혜를 인하여 믿음으로 말미암아 구원을 얻었나니 이것이 너희에게서 난 것이 아니요 하나님의 선물이라 행위에서 난 것이 아니니 이는 누구든지 자랑치 못하게 함이니라" 엡 2:8-9.

아무리 대속에 대하여 잘 설명하였다고 할지라도 인간이 하나님을 믿어야 한다는 사실, 그리스도께서 십자가에서 이루신 일을 받아들여야 한다는 사실을 강조하지 않으면 우리는 회심을 보기 어려울 것입니다.

교사들은 다른 사람들이 맛보지 못한 하나님의 사랑을 먼저 맛본 사람들입니다. 그러므로 자기가 전하고자 하는 교리에 마음을 담을 수 있어야 합니다. 우리가 이 귀한 복음의 교리를 전할 때, 오직 믿음으로 얻는 구원이 그리스도의 자비하심과 죄인들을 불쌍히 여기시는 그분의 사랑을 얼마나 놀랍게 드러내는지를 스스로 감격하며 전할 수 있어야 합니다. 사람의 입에서 나온 말은 단지 사람의 머리까지 이르지만, 마음에서 우러나온 말은 듣는 사람의 마음까지 다다릅니다.

교사가 영혼들에게 하나님의 사랑을 가르칠 때, 하나님의 사랑이 인간의 사랑과 어떻게 다른지도 아울러 가르쳐서 하나님의 사랑의 교리를 방종의 기회로 삼지 않도록 하여야 합니다. 하나님의 거룩한 사랑이 인간의 자기 중심적인 사랑과 어떻게 다른지를 잘 설명해 주어서, 하나님의 사랑에 대한 증언을 들으면서 하나님의 뜻대로 살아가야겠다는 결심을 갖게 해야 합니다.

하나님의 사랑은 인간의 사랑과는 달리 총체적이고 신령합니다. 인간의 사랑은 자칫 정의를 저버리기 쉽지만 하나님의 사랑은 언제나 우리에게 자유와 은혜를 주신다는 사실, 그리고 그리스도께서 죽으시고 부활하심으로 계시된 죄인들을 향한 하나님의 사랑을 반복해서 가르쳐야 할 것입니다.

이해하게 하라

오늘날 교회 교육의 위기를 말하는 까닭은, 교사의 가르침을 영혼들이 얼마나 이해했는지를 강조하지 않고, 또 하나의 문화를 가르치는 정도에 그치기 때문입니다. 우리가 잊지 말아야 할 것은, 하나님의 모든 은혜는 진리에 대한 인간의 이해를 통해서 온다는 사실입니다.

그러므로 깨달음이 없는 곳에서 일어나는 모든 영적 변화는 믿을 수가 없는 변화입니다. 왜냐하면 성령님께서 인간에게 죄를 깨닫게 하시고 거듭나게 하시는 방편은 하나님의 말씀이기 때문입니다. 저는 오늘날 우리 교사들이 가르친 내용을 그 다음 주까지 기억하는 학생들이 얼마나 있는지 묻고 싶습니다.

우리가 앞에서 언급한 교리들을 어떻게 가르쳐야 하겠습니까? 죄인이 자기 죄를 자각하고 구원을 받는 것도 깨달음을 통해서입니다. 하나님의 모든 은혜는 깨달음을 통하여 옵니다. 따라서 이해를 통한 깨달음이 없는 곳에는 회심은 물론 영적인 회복도 없으며, 거기서 발견되는 다양한 종교적인 체험들은 모두 신뢰할 수 없는 것입니다.

저는 언젠가 교회학교 교사들을 위한 세미나에서 지난 주에 그들이 가르친 공과의 성경 본문이 어디인지를 물은 적이 있습니다. 그러나 지난 주에 공과를 가르친 교사 열 명 중 자기가 어느 본문을 가르쳤는지 기억하는 사람은 단 한 사람도 없었습니다.

교사들은 영혼들에게 복음을 전할 때 일차적으로 그들의 지성에 호소해서 그들을 깨닫게 하여야 합니다. 그러기 위해서는 영혼들이 자신의 가르침에 귀를 기울이며 집중하도록 만들 줄 알아야 합니다. 인간은 타락한 후 지성의 온전함을 잃어버렸습니다. 그러나 우리는 비록 온전하지는 않지만, 먼저 이해에 호소하여야 합니다. 그것이 바로 하나님께서 인간을 회심시키시는 방법이며, 구원에 필요한 지식을 전해 주는 은혜의 통로이기 때문입니다.

깨달음 없이 변화는 없다

하나님의 말씀을 깨닫지 못한다면 영혼의 어떤 변화도 일어날 수 없습니다. 간혹 어떤 종류의 체험이 가능하다 할지라도 그 체험이 신앙에 미치는 영향은 너무나 미미합니다.

교사들은 바로 이렇게 하나님의 말씀을 이해시키기 위하여 부름 받은 사람입니다. 그런데 이렇게 이해시키는 교육은 단지 교사가 유능하다고 되는 것이 아닙니다. 듣는 영혼들이 집중해서 이해하고자 하는 학습 태도를 가져야 합니다. 그래서 영혼들에게 말씀을 듣는 태도를 먼저 가르쳐야 합니다. 왜냐하면 집중하지 않는 영혼들에게 성경을 가르치는 것은 마치 흔들리는 컵에 물을 부으려는 것과 같기 때문입니다.

말씀드리고자 하는 요지는 이것입니다. 교사는 정확한 복음 진리를 영혼들에게 가르치기에 앞서 어떠한 태도로 그리스도의 복음을 들어야 하는지를 가르쳐야 합니다. 그들이 이해하지 않으면 깨달을 수 없고 깨닫지 않으면 영혼의 변화는 불가능하기 때문입니다.

그리고 하나님의 말씀을 이해하는 것은 다른 이 세상의 모든 지식을 이해하는 것과 마찬가지로 집중된 마음이 필요합니다. 그러므로 유능한 교사는 영혼들을 어떻게 자기의 가르침에 집중시켜야 할지를 아는 사람입니다.

익숙한 교사는 단지 가르치려는 내용에 익숙한 사람이 아니라, 가르침을 받는 영혼들의 성향이나 마음에 익숙한 사람입니다. 그들은 영혼들이 원하는 바가 무엇인지를 알며, 그들에게 무엇을 해주어야 하는지도 파악하고 있습니다. 그래서 하나님의 진리를 전할 때 영혼들의 마음을 흩어 놓는 것이 무엇이며, 어떻게 그러한 장애물들을 치우고 진리를 대면하게 할지를 아는 사람들입니다.

진리를 이해하려는 '진지한 들음과 이해의 분위기' 없이는 그 교회학교에서 어떠한 영혼들의 변화도 기대할 수 없습니다. 비록 그들이 열심을 품어 교회 생활에 정착한다고 하더라도, 그것은 오늘날 그들의 부모가 신령한 동기나 진리에 대한 사모함 없이 다른 인간적인 요구에 의하여 교회에 출석하는 것과 똑같은 종교 생활에 불과합니다. 그들은 자라서 틀림없이 형식적인 신자가 될 것이며, 그들이 교회를 떠나지 않는다고 해도 사실상 하나님을 떠난 자들과 다름없는 삶을 살게 될 것입니다.

그러므로 지혜로운 교사들은 영혼들에게 하나님의 말씀을 잘 듣게 하는 훈련을 먼저 시킵니다. 세심하게 준비된 가르칠 내용들과 익숙한 기술로 집중된 이해력을 통로로 하여 가장 효과적으로 복음 진리를 깨닫게 하고자 애써야 합니다.

불붙는 사랑의 마음으로

교사로서 영혼들에게 이러한 교리를 가르칠 때에는 단지 차가운 논리로만 가르쳐서는 안 됩니다. 물론 때로는 논리 자체에도 죄인을 굴복시키는 힘이 없지는 않습니다만, 사랑의 정서로 달아오른 마음으로 가르치는 다정한 어조의 논리는 더욱 힘이 있습니다. 저는 이러한 경험을 어느 책에서 이렇게 표현한 적이 있습니다.

"종종 사경회를 인도하면서 이런 것을 경험한다. 집회를 가면 주로 나의 관심은 저녁 집회에 있다. 한 발의 포탄을 발사하여 부숴 버리겠다고 다짐하면서 저녁 대포에다가 본문을 장전했는데, 그 포격은 만족스럽지 못한 사격이 되고 말았다. 그러나 가벼운 마음으로 잔잔하게 말씀을 풀어 나가면서 회중과 함께 찬송도 부르고, 함께 웃으면서 설교하는 시간을 통하여 회중은 그들의 마음이 깊이 무너짐을 경험하고, 회개와 함께 새롭게 되는 성령의 역사가 나타난다.

강한 쇠를 더 강한 망치로 두드리면 부서질 뿐이다. 대장장이들의 지혜를 기억해 보라. 그들은 강한 쇠를 엿가락처럼 힘들이지 않고 자기가 원하는 모양대로 만들 줄 아는 지혜를 가진 사람들이다. 화로에서 뻘겋게 달아오른 쇳덩이를 두드릴 때 사용하는 망치를 본 적이 있는가? 그들은 결코 커다란 해머를 사용하지 않는다. 그리 크지 않은 망치를 가지고 한 손으로 집게에 쇳덩이를 물리고, 다른 한 손으로 재빠른 망치질을 한다. 그러면 순식간에 투박한 쇳덩이가 호미로, 낫으로 변한다.

화난 듯이 고래고래 소리 지르면서 '당신들, 그렇게 살면 안 됩니다!' 라고 외치는 두려운 선포보다는, 가르치고자 하는 성경 본문에 나타난 하나님의 마음을 느끼며 듣는 이를 사랑하는 마음으로 천천히 말씀을 풀어 갈 때, 오히려 죄인들의 마음이 물같이 녹는 일이 일어난다.

그러므로 복음을 전할 때 사랑의 온기로 호소하라. 죄를 다룰 때에도 심판자의 입장에서만 말하지 말고 죄 가운데 살아갈 수밖에 없게 된 상대방의 비참한 처지에 연민을 느끼면서 죄를 설명하고, 죄를 능가하는 하나님의 사랑의 온기로 청중을 녹여야 한다. 이러한 사실은 폭격을 당해도 잘 부서지지 않던 댐이 천천히 스며드는 물줄기에 붕괴되는 것과 같은 이치이다."[12)

한 영혼이 교사인 우리에게 다가올 때 우리의 가장 시급한 관심은 그의 회심 여부이어야 합니다. 회심도 경험하지 못한 사람에게 거룩한 삶을 가르치는 것은 마치 거지의 머리에 왕관을 씌우는 것과 같고, 죽은 시체에게 분을 바르는 것과 같습니다.

그러므로 우리는, 어쩌면 우리가 그 영혼들에게 회심을 주는 마지막 도구일지도 모른다는 생각으로 온 마음과 정성을 다하여 다급한 마음으로 그들의 회심을 위하여 기도하여야 합니다. 그가 죄인이라는 사실과, 그리스도의 십자가 앞에서 회개하고 믿지 아니하면 하나님의 진노를 피할 수 없다는 사실을 마음을 다하여 가르쳐야 합니다.

아직 구원받지 못한 그들에게 가장 시급한 것은 복음을 깨닫고 회심하는 것입니다. 그것 없이는 그 어떤 좋은 기독교 교육도 그들을 행복하게 할 수 없습니다. 우리가 영혼들을 가르치되 회심을 목표로 가르쳐야 할 이유가 바로 여기에 있습니다. 올해도 우리가 섬기는 영혼 중에 이런 복스러운 회심에 이른 영혼들이 얼마나 있습니까?

아아, 이 질문은 얼마나 우리의 마음을 찌르는 질문입니까? 우리가 가르치는 영혼도 변화가 없고, 가르치는 우리도 변하지 않으니 얼마나 마음 아픈 일입니까?

---

12) 김남준, 『한국 교회, 영적 기상도를 본다』(서울: 두란노, 1997), p. 141.

제가 하나님을 깊이 경험하게 된 것도 사실은 회심하지 않은 영혼들을 끌어안고 고민하면서부터였습니다. 저는 변화되지 않는 영혼들을 바라보며 진흙 바닥에 나뒹구는 듯한 절망적인 고통을 느꼈습니다. 당시 저의 소원은 저 자신의 영적인 상태의 개선이나 편안한 신앙 생활이 아니었습니다. 그때 저의 가장 큰 관심은 변화되지 않은 영혼들과 영적인 위기에 둘러싸인 공동체였습니다.

당시 저는 신학 대학의 교수로 있었지만, 제게는 안락한 가정의 삶도, 교수의 생활도, 개인의 삶도, 휴식도 없었습니다. 그렇게 영적인 부담을 안고 홀로 영혼들을 섬기노라면 하나님께서 후일 모두 갚아 주시리라는 보상에 대한 기대는 제게 너무 사치였습니다.

하나님께서는 저와 함께 섬기는 사랑하는 교사들에게 하루하루 자신을 던질 수밖에 없도록 공동체의 영적 상황과 위기를 보여 주셨습니다. 만약 우리의 편안함을 위해 희생을 아낀다면 그것은 하나님 앞에 악한 것이라는 생각이 들었습니다. 저뿐 아니라 몇몇 교사들이 영혼을 섬기는 중 일생 최대의 변화를 경험하였습니다.

하늘을 가르고 강림하시는 하나님의 현존을 지각하는 영광스러운 경험은, 그렇게 눈물로 공동체와 영혼들의 변화를 위하여 자신의 모든 것을 드리던 사랑하는 동역자들의 섬김과 먼저 깨어난 사랑하는 영혼들의 목숨을 건 기도가 불러온 축복이었습니다. 죽은 자와 같던 영혼들이 살아나고, 잃어버렸던 양떼들이 돌아왔습니다. 자신의 죄악 된 상태를 아파하는 탄식과 고통스러운 회개 뒤에는 항상, 위로하시고 고쳐 주시는 하나님의 사랑이 물 붓듯 부어졌습니다.

꿈결처럼 느껴지는 기간이었지만, 우리는 영원보다도 긴 시간을 산 것 같습니다. 주일마다 우리는 무슨 일이 일어날지 모르는 긴박감 속에서 때로는 감사와 환희, 때로는 아픔과 눈물을 간직한 채 교회당을 오갔습니다. 어떤 지체들은 자기의 죄를 뉘우치며 울었고, 어떤 지체들은 자기의 영혼을 축복하신 하나님의 크신 사랑에 감격하며 울었습니다.

하나님의 사랑이 부어질 때마다 지체들은 하나님을 등진 다른 지체들을 위해 기도하였고, 그때마다 너무나 마음이 아픈 나머지 가슴을 쳤습니다. 우리는 밤샘 기도회가 끝나는 새벽이면 주먹으로 두드린 왼쪽 가슴이 퍼렇게 멍이 드는 경험을 자주 하였습니다. 저는 저의 첫 번째 책에서 이때 있었던 영혼들이 회심하는 한 장면을 다음과 같이 술회하였습니다.

지상에 내려온 하늘나라

"어느 해 여름밤에 하나님께서 말씀을 전하도록 기회를 주셨습니다. 그 날 설교단에 오르는 순간, 나의 마음과 전신이 하나님의 손에 붙잡혀 있으며, 하나님은 일찍이 내가 경험하지 못한 어떤 일을 이 한 편의 설교를 통하여 하실 것이라는 신적인 확신이 나를 사로잡았습니다.

그리고 저는 설교가 행해지는 예배 장소 바깥에서 배회하는 사람들을 모두 들어오도록 강권하였습니다. 그리고 예배 순서를 따라 설교하기 시작했습니다. 그 날 설교할 본문은 예루살렘의 멸망을 예고하시며 우시던 예수 그리스도의 모습이 기록된 누가복음 19장 41절부터 44절까지였습니다.[13]

설교는 한 시간 남짓 계속되었고 설교가 계속되는 동안 무엇인가 만지면 곧 터질 것 같은 경건한 슬픔이 교회당을 강하게 엄습하였습니다. 설교가 계속되는 동안에 여기저기서 억제된 흐느낌이, 약간 어두운 교회당

---

13) "가까이 오사 성을 보시고 우시며 가라사대 너도 오늘날 평화에 관한 일을 알았더면 좋을 뻔하였거니와 지금 네 눈에 숨기웠도다 날이 이를지라 네 원수들이 토성을 쌓고 너를 둘러 사면으로 가두고 또 너와 및 그 가운데 있는 네 자식들을 땅에 메어치며 돌 하나도 돌 위에 남기지 아니하리니 이는 권고받는 날을 네가 알지 못함을 인함이니라 하시니라"(눅 19:41-44).

을 가득 메웠습니다. 그들은 마치 한 말씀이라도 더 듣기 위하여 복받치는 설움을 참고 있는 것 같았습니다.

장소는 깊은 산중이었고 때는 어두운 밤이었습니다. 밖에는 폭우와 번개를 동반한 세찬 비바람이 휘몰아치고 있었습니다. 우리의 죄의 심각성과 하나님의 진노하심에 대하여 설교할 때 순간순간 하늘이 찢어지는 것 같은 굉음이 들렸고 먼 산기슭에 벼락이 떨어지는 소리가 들렸습니다. 기이한 빛이 교회당 안에 번뜩이면서 설교는 절정을 향하여 치달았습니다. 저는 오랜 세월이 흐른 지금도 성령께서 그 같은 자연 환경을 설교 듣는 영혼들의 마음을 움직이는 데 사용하셨다고 생각합니다.

설교가 끝나자마자 마치 총에 맞은 짐승들의 울부짖음 같은 비통한 부르짖음이 온 교회당 안에 가득하였고, 그 부르짖음은 극도에 달해서 집회하는 예배당의 천정이 찢어지는 듯한 느낌을 받았습니다. 그들의 울부짖음은 고요한 밤하늘에 이따금 울려 퍼지는 천둥소리를 타고 골골이 휘돌아 나갔습니다.

사람들은 설교 중에 극심한 충격으로 정신을 잃고 쓰러지기도 하였습니다. 하나님께서는 영적으로 눌린 자들을 드러내시고, 설교를 듣던 사람들은 끝없이 깊은 죄 의식에 사로잡혀서 자신을 가리켜 '죄악 덩어리' 라고 고백하였습니다. 자신에 대한 이러한 패배감은 예수 그리스도에 대한 시므온의 예언을 생각나게 하였습니다.[14]

이 복된 패배감은 그리스도에 대한 갈망으로 이어졌습니다. 저녁 7시 30분 경에 시작된 예배는 이튿날 새벽 2시 30분이 되었는데도 끝나지 않

---

14) "그 부모가 그 아기에 대한 말들을 기이히 여기더라 시므온이 저희에게 축복하고 그 모친 마리아에게 일러 가로되 보라 이 아이는 이스라엘 중 많은 사람의 패하고 흥함을 위하여 비방을 받는 표적 되기 위하여 세움을 입었고 또 칼이 네 마음을 찌르듯 하리라 이는 여러 사람의 마음의 생각을 드러내려 함이니라 하더라" (눅 2:33-35).

앉습니다. 어떤 사람들을 일어선 채 벽을 붙들고 서서 앉는 것도 잊어버린 채 2시간 넘도록 폭포수 같은 눈물로 회개하였습니다.

성령은 집회의 인도자를 밀치시고 스스로 예배를 주관하셨습니다. 성령은 임하셨고 죄인들의 마음을 녹이셨으며, 회개가 끝나자 성령의 각양 은사들이 모인 지체들을 뒤덮었습니다. 그것은 분명히 은혜 체험 이상의 사건이었습니다.

영혼 가운데 괄목할 만한 변화는 그 이후에 일어났습니다. 그 이전까지만 해도 하나님의 말씀을 전할 때, 설교자로서 그들 앞에서 느끼는 저의 느낌은 목석 앞에서 설교한다는 느낌이었습니다. 그들은 단지 귀를 기울일 뿐 아무런 느낌도 설교를 통하여 기대하지 아니하였습니다. 후일 그들은 저의 말씀 증거를 설교가 아니라 단지 소리로 느꼈다고 술회하며 말씀에 대한 자신의 태도를 후회하였습니다.

그런 놀라운 일이 있고 난 후에 제일 먼저 달라진 것은 예배였습니다. 대다수의 사람들이 하나님의 말씀을 듣고 하나님을 찬양하고 기도하는 것 외에 주일을 통하여 아무 것도 기대하지 않는 것처럼 보였습니다. 그들은 짧으면 한 시간 반, 혹은 길면 약 세 시간 가까이 계속되는 저의 설교를 마음을 다하여 경청하였습니다.

설교를 듣는 영혼들의 모습은 마치 석고상을 깎아 놓은 것 같았습니다. 영혼들은 좌석에 앉아서는, 설교가 끝날 때까지 추호의 미동微動도 없었습니다. 저는 그 이후로도 그들처럼 하나님의 말씀을 어린아이와 같이 그토록 사모하며, 마음을 다해 귀를 기울이는 영혼들 앞에서 설교해 본 적이 없습니다. 그렇게 하나님 앞에 나아오는 사람들은 한번 들은 하나님의 말씀을 결코 잊어버리지 아니하였습니다.

그 중에 어떤 사람들은 몇 주, 혹은 몇 년씩이나, 아니 지금 제가 이 글을 쓰는 이 시간도 그 설교를 기억하고 그 말씀의 지배를 받으며 살아가고 있습니다. 뛰어난 영적인 축복을 누렸던 탁월한 시기는 비록 몇 달 동안이었지만, 그 동안은 마치 하늘나라가 지상에 내려와 있는 것 같았습니다. 그 후 헤아릴 수 없는 날 동안 설교했지만, 그와 같은 일이 일어나는 것을 보지 못하였습니다. 후일에야 그것이 참된 영적 부흥이었다는 것을 알았습니다. 끝없는 고통과 대적이 둘러싸고 있었으나 제 인생 어느 때에도 그렇게 행복한 때가 없었습니다."[15]

우리에겐 꿈이 있습니다

누가 우리의 마음을 알겠습니까? 회심하지 않는 영혼들을 부둥켜안고 영광스러운 부흥이 없는 교회의 한 구석에서 흐느끼는 교사의 마음을 누가 알겠습니까? 변하지 않는 그들의 파리한 영혼은 우리의 마음에 아픔이 되었고, 살아 있어도 실상은 죽은 자라고밖에 부를 수 없는 영혼들의 생기 잃은 삶을 보면서도 아무 도움이 되지 못하는 고통을 누가 알겠습니까?

그러나 우리를 거기로 부르신 분은 하나님이시고, 우리는 우리를 향한 갚을 길 없는 주님의 사랑 때문에 그 부르심에 응답하였습니다. 주님을 섬기듯이 영혼을 섬기겠다고 말입니다.

언젠가 회심하지 않는 영혼들을 섬기며 찢어지는 아픔 때문에 가슴에 피멍이 드는 것 같을 때, 주님은 말씀하셨습니다. "울지 마라. 울지 마라. 내가 네 마음을 안다." 저는 알고 있습니다. 그 음성이 조국 교회에서 변화되지 않는 영혼들을 붙들고 남몰래 눈물 흘리는 모든 교사들을 향한 말씀이라는 것을…….

그러나 언젠가 주님의 잔에 우리의 눈물이 가득 차는 날, 회심치 않고

---

[15] 김남준, 『설교자는 불꽃처럼 타올라야 한다』(서울: 두란노, 1995), pp. 209-212.

우리 마음을 많이 아프게 하였던 수많은 영혼들과 함께 하나님의 이름을 찬송할 것입니다. 주님의 이름을 높이고 그 영광을 노래하며 우리의 섬김을 축복하셨던 그분을 인하여 말할 수 없는 행복을 맛볼 것입니다.

그 주님의 손이 우리 눈에 눈물을 씻기실 때, 우리는 이 덧없는 세상에서 영혼을 섬기게 해주셨던 하나님께 가슴 벅찬 감사를 드릴 것입니다. 우리의 섬김을 통해 회심한 영혼들과 함께…….

| 묵 | 상 | 질 | 문 |

1. 본 장에 인용된 리처드 백스터의 글을 읽고 오늘날 우리 교사들이 영혼을 대하는 것과 얼마나 다른 마음으로 섬겼는지 비교해 봅시다.
2. 저자가 말하는 회심이란 무엇이며, 양떼들이 진정으로 회심치 못한 증거들은 어떻게 드러나고 있습니까?
3. 당신이 맡은 양떼들을 회심케 하기 위해 당신이 할 수 있는 일은 무엇입니까?
4. 여름 성경학교나 특별 집회를 통해 아이들이 은혜를 받지만 그 아이들의 삶의 경향성이 변화되지 않는 이유는 무엇입니까? 그에 대한 대안은 무엇인지 진정한 회심의 의미와 관련해서 생각해 봅시다.

이 책을 꼭 읽으십시오

『놀라운 회심 이야기』

- 이 책은 조나단 에드워즈의 부흥에 관한 여러 저술 중 "The Narrative of Surprising Conversion"이라는 부분을 번역한 것이다. 이 기록은 에드워즈 당시 노샘프턴(Northampton)에서 에드워즈와 그의 교인들이 경험한 부흥의 시기에 있었던 놀라운 회심의 이야기다. 이 글은 회심에 대한 이론보다는 천재적인 철학자이자 신학자가 설교자와 목회자로서 경험한 부흥과 회심의 기록이라는 점에서 가치가 있다.
- 그 당시는 소위 '반쪽 언약(half-way covenant)의 상태'에 있는 자들에게도 성찬을 주어야 한다는 주장이 광범위한 설득력을 얻고 있는 시기였다. 에드워즈는 당시의 이러한 견해가 비성경적이므로 확실한 회심의 표징이 없는 사람들을 교회의 정식 회원으로 받을 수 없고 따라서 성찬에 참여하게 할 수 없다는 입장 때문에 교회를 사임하였다. 그런 상황에서 이 이야기는 하나님께서 어느 시대에든지 얼마든지 영혼들을 특별한 회심에 이르게 하실 수 있다는 사실을 입증한 증거이기도 하여 더욱 의미가 깊다. 피비 바틀렛(Phebe Barttlet)이라는 이름을 가진 여섯 살도 채 안 된 어린아이가 회심과 함께 경험한 하나님의 말씀에 대한 이해와 거룩한 삶에 대한 갈망과 죄에 대한 혐오감은 우리를 부끄럽게 한다.

조나단 에드워즈 지음
정부흥 옮김
서울: 기독교문서선교회,
2002
162쪽

『천국에의 초대』

조셉 얼라인 지음
이길상 옮김
서울: 생명의말씀사, 2007
216쪽

- 이 책은 쓰인 지 300년이 넘었는데도 여전히 찬란한 빛을 잃지 않는 회심의 교과서이다. 조셉 얼라인(Joseph Alleine)의 시대에는 걸출하고 거룩한 말씀의 종들이 많았음에도 불구하고, 이 책은 회심의 표준서로 받아들여지고 있다. 조셉 얼라인은 이 책을 쓴 목적을 두 가지로 말한다. 한편으로는 구원받았음에도 불구하고 자신의 구원 여부를 놓고 불안해 하는 사람들에게 확신을 주고, 또 한편으로는 구원받지 못했음에도 불구하고 거짓된 평안에 빠져 있는 사람들에게 깨우침을 주기 위해서다.
- 이 책은 18세기의 전설적인 설교자 조지 휫필드(George Whitefield)와 19세기 마지막 청교도라 불리는 찰스 하든 스펄전(Charles H. Spurgeon)을 회심에 이르게 한 책으로도 유명하다. 원래 맨 처음에는 『회심하지 않는 자에게 주는 경고』(An Alarm to the Unconverted)라는 제목으로 출판되었다. 이 책의 번역본은 현재 시중에 두 가지가 있는데, 생명의말씀사와 목회자료사에서 각각 출판되어 있다. 생명의말씀사에서는 몇 해 전까

지 『회개에의 경종』이라는 제목으로 출판되다가, 후일 『천국에의 초대』라는 제목을 달고 장정도 바꿨다. 목회자료사에서는 이 책을 『회개의 참된 의미』라는 제목으로 출판하였는데 전자보다 좀 더 읽기에 편한 번역으로 생각된다.

- 언젠가 내가 전도사 시절에 학부 신학생에게 이 책을 주고 읽게 했더니, 일주일 후 하얗게 질린 얼굴로 찾아와 이 책을 통해 드러난 자신의 영적인 비참함 앞에 어찌할 줄 모르며 도움을 구하던 일이 생각난다.
- 이 책을 읽기 전에는 회개와 회심에 대하여 말하지 말라고 충고할 정도로 고전적인 책이니, 모든 교사들은 꼭 읽기를 바란다. 돈이 없다면 다른 책을 팔아서라도 사서 읽기를 바란다.

『회심』(回心)

- 이 책은 회심하지 아니한 자기 교구의 주민을 바라보는 목회자의 절절한 아픔이 젖어 있는 회심의 교과서이다. 리처드 백스터(Richard Baxter)는 키더민스터 교구를 16년 간 목회하였다. 그가 처음 부임하였을 때는 그 마을 전체에서 매일 기도회를 갖는 가정이 한두 집에 불과하였으나, 그가 16년 간의 사역을 마쳤을 때에는 한두 가정을 제외하고는 매일 가정 기도회로 모였다. 한 마을이 거의 하나님의 나라가 된 것이다. 백스터가 사역을 마칠 즈음에는 그 마을에는 적어도 '하나님을 아는 지식이 없기 때문에 경건한 생활을 하지 않는 가정은 하나도 없을 정도'였다. 내 생각으로는 그는 아마 사도 시대 이후로 이 땅에 존재했던 목회자들 가운데 가장 열렬하고 부지런하게 목회한 사람인 듯하다.

리처드 백스터 지음
백금산 옮김
서울: 지평서원, 1999
329쪽

- 4절판에 깨알 같은 글씨로 출판된 그의 전집은 4,000쪽이 넘는다. 그의 저술은 대부분 자기 교구민들을 분명하게 회심에 이르게 하고 거룩한 성도로서 생활하도록 가르치는 과정에서 저술된 작품들이다. 영혼을 돌보는 사역의 본질이 가르치는 것이라는 사실을 백스터만큼 사역의 현장에서 풍부히 보여 준 사람은 드물다고 생각된다. 우리는 이 두툼한 양의 회심에 관한 고전을 대하면서 구원받지 못한 영혼들과 변화가 없는 신자들에 대한 목자로서의 애끓는 마음과 진리에 대한 단호함, 유모와 같이 영혼들을 구원의 도리로 이끌려는 열정을 함께 읽게 된다. 이 책이 우리말로 번역된 것은 커다란 축복이다.

생명의말씀사

사 | 명 | 선 | 언 | 문

> 너희가 흠이 없고 순전하여……세상에서 그들 가운데 빛들로
> 나타내며 **생명의 말씀**을 밝혀 (빌 2:15-16)

1. 생명을 담겠습니다.
만드는 책에 주님 주신 생명을 담겠습니다.
그 책으로 복음을 선포하겠습니다.

2. 말씀을 밝히겠습니다.
생명의 근본은 말씀입니다.
말씀을 밝혀 성도와 교회의 성장을 돕겠습니다.

3. 빛이 되겠습니다.
시대와 영혼의 어두움을 밝혀 주님 앞으로 이끄는
빛이 되는 책을 만들겠습니다.

4. 순전히 행하겠습니다.
책을 만들고 전하는 일과 경영하는 일에 부끄러움이 없는
정직함으로 행하겠습니다.

5. 끝까지 전파하겠습니다.
모든 사람에게, 땅 끝까지, 주님 오시는 그날까지
복음을 전하는 사명을 다하겠습니다.

생명의말씀사 서점안내

광화문점 110-061 종로구 신문로1가 58-1 구세군 회관 2층
TEL.(02) 737-2288 / FAX.(02) 737-4623

강 남 점 137-909 서초구 잠원동 75-19 반포쇼핑타운 3동 2층 전관
TEL.(02) 595-1211 / FAX.(02) 595-3549

구 로 점 152-880 구로구 구로3동 1123-1 3층
TEL.(02) 858-8744 / FAX.(02) 838-0653

노 원 점 139-200 노원구 상계동 749-4 삼봉빌딩 지하1층
TEL.(02) 938-7979 / FAX.(02) 3391-6169

분 당 점 463-824 경기도 성남시 분당구 서현동 269-5 서원프라자 서현문고 서관 4층
TEL.(031) 707-5566 / FAX.(031) 707-4999

신 촌 점 121-806 마포구 노고산동 107-1 동인빌딩 8층
TEL.(02) 702-1411 / FAX.(02) 702-1131

일 산 점 411-370 경기도 고양시 일산구 주엽동 83번지 레이크타운 지하 1층
TEL.(031) 916-8787 / FAX.(031) 916-8788

의정부점 484-010 경기도 의정부시 금오동 470-4 성산타워 3층
TEL.(031) 845-0600 / FAX.(031) 852-6930

파 주 점 413-012 경기도 파주시 금촌 2동 68번지 송운빌딩 2층
TEL.(031) 943-6465 / FAX.(031) 949-6990

인터넷서점

http://www.lifebook.co.kr